卓越工程师教育培养机械类创新系列教材

工程制图基础习题集

（近机械类及非机械类）

左晓明　董育伟　主编

科学出版社

北　京

内 容 简 介

本习题集为“卓越工程师”人才培养规划教材《工程制图基础》（近机械类及非机械类）的配套用书。

本习题集内容包括制图的基本知识和基本技能、AutoCAD 基础知识、投影法基础、立体表面的交线、组合体视图、轴测图、机件的常用表达方法、标准件与常用件、零件图和装配图。

本习题集以培养学生机械工程图样的初步识读能力为主，兼顾尺规绘图和运用 AutoCAD 绘图的初步能力的培养，将精选的传统制图内容和当今广泛应用的 AutoCAD 辅助绘图软件运用融合编写，力求简明、精练、实用。

本习题集由左晓明、董育伟主编，可作为高等院校的近机械类和非机械类学生教材，也可作为高职高专院校、开放大学、成人教育、民办高校以及三本高校近机械类及非机械类专业学生（50～80 学时）的教材，同时也可供有关工程技术人员参考使用。

图书在版编目（CIP）数据

工程制图基础习题集：近机械类及非机械类/左晓明，董育伟主编. —北京：科学出版社，2016.12

（卓越工程师教育培养机械类创新系列教材）

ISBN 978-7-03-050831-7

Ⅰ. ①工…　Ⅱ. ①左…②董…　Ⅲ. ①工程制图-高等学校-习题集　Ⅳ. ①TB23-44

中国版本图书馆 CIP 数据核字（2016）第 289201 号

责任编辑：邓　静 / 责任校对：桂伟利

责任印制：吴兆东 / 封面设计：迷底书装

科学出版社出版

北京东黄城根北街 16 号

邮政编码：100717

http://www.sciencep.com

天津市新科印刷有限公司印刷

科学出版社发行　各地新华书店经销

*

2016 年 12 月第　一　版　开本：787×1092　1/16

2025 年 7 月第十一次印刷　印张：9 3/4

字数：250 000

定价：39.80 元

（如有印装质量问题，我社负责调换）

前　言

本习题集是根据教育部组织制定的《工程制图课程教学基本要求》，结合最近几年多所院校教学改革实践经验编写而成。主要有以下特点：

（1）以应用为目的，以必需够用为度。在编写过程中，加强了基本理论的应用能力与绘图方法、技能训练，注意与工程实际的联系。

（2）题量丰富、题型多样，有选择题、判断题、填充题和作图题等，图形简明易懂，题目难易适中，具有层次性，由浅入深，便于巩固和提高应用能力。少数难题用“*”标记，供教学时选择使用。

（3）注意将传统绘图知识和计算机绘图有机组合，穿插了运用 AutoCAD 绘制工程图样的内容，培育读者运用计算机软件绘图的能力。

（4）全书采用最新颁布的国家标准编写。

本习题集可作为高等院校的近机械类和非机械类学生教材，也可作为机械类相近专业学生的教学用书，同时也可供有关工程技术人员参考。本习题集与科学出版社出版发行的《工程制图基础》（近机械类及非机械类）配合使用。

本习题集之中运用 AutoCAD 绘图的内容，各校可根据实际情况安排分散教学或集中教学，具体操作时也可作适当增加或删减。

本习题集由左晓明、董育伟主编。其中第 1 至 6 章由董育伟编写，第 7 至 10 章由左晓明编写并最终统稿、定稿。本习题集由汪通悦教授担任主审。

在本书编写过程中得到了多所学校有关领导和同志的关心和帮助，在此一并表示衷心感谢。

由于水平所限，恳请有关专家和使用本习题集的师生们，对其中的不足和不当之处批评指正。

编　者

2016 年 7 月

目　录

1-1　字体练习（一）

大 元 装 会 非 知 弯 用 是 弄 部 成 功

A B C D E F G H I J K L M

N O P Q R S T U V W X Y Z

班级________姓名________学号________

1-2　字体练习（二）

校 元 装 洪 件 朋 弯 累 是 阀 部 轴 家

1 2 3 4 5 6 7 8 9 0 R ∅

I II III IV V VI VII VIII IX X

班级________ 姓名________ 学号________

1-3 抄画下列图形

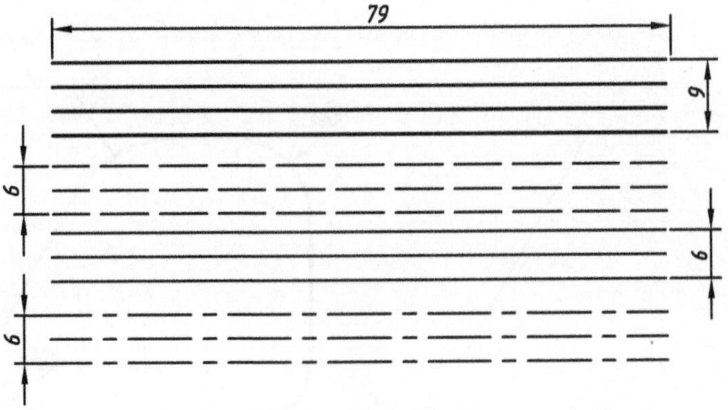

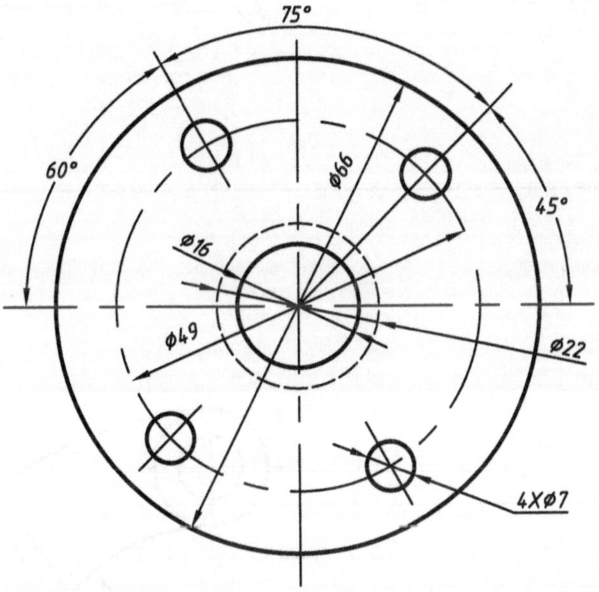

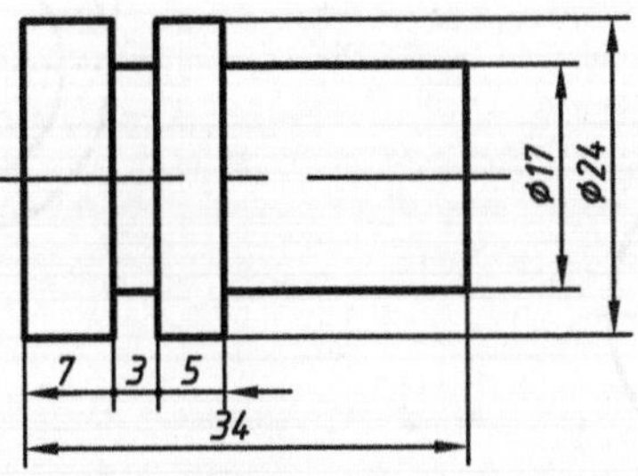

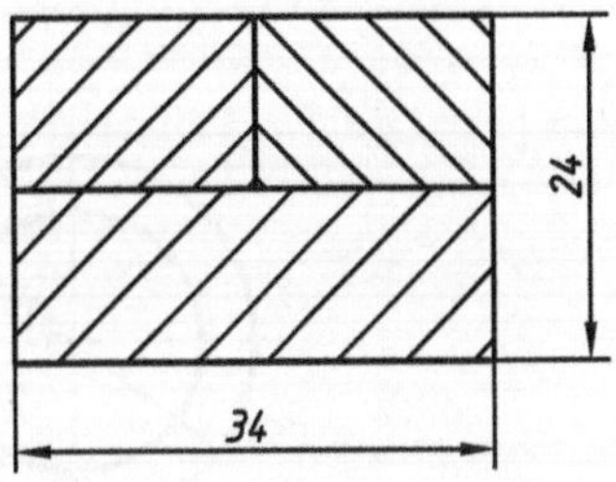

班级________姓名________学号________

1-4 按图完成圆弧连接，并用粗实线加深

1.

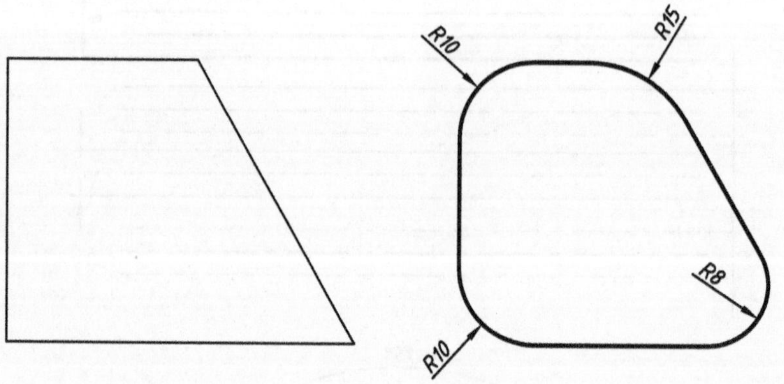

2.

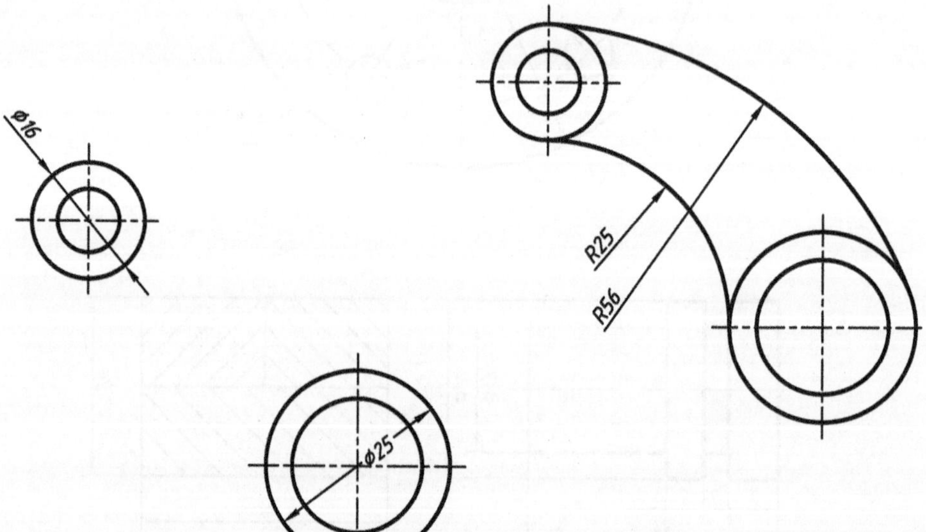

1-5 在下列各图中标注尺寸（数值从图中量取并取整数）

1.

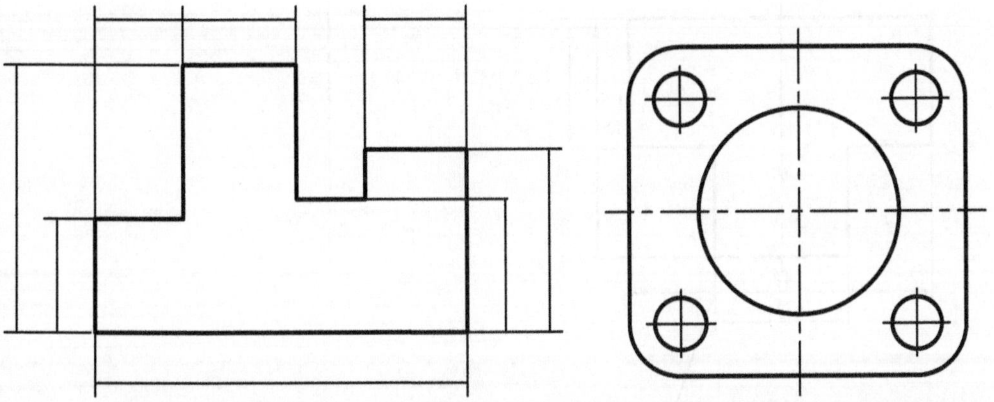

2.

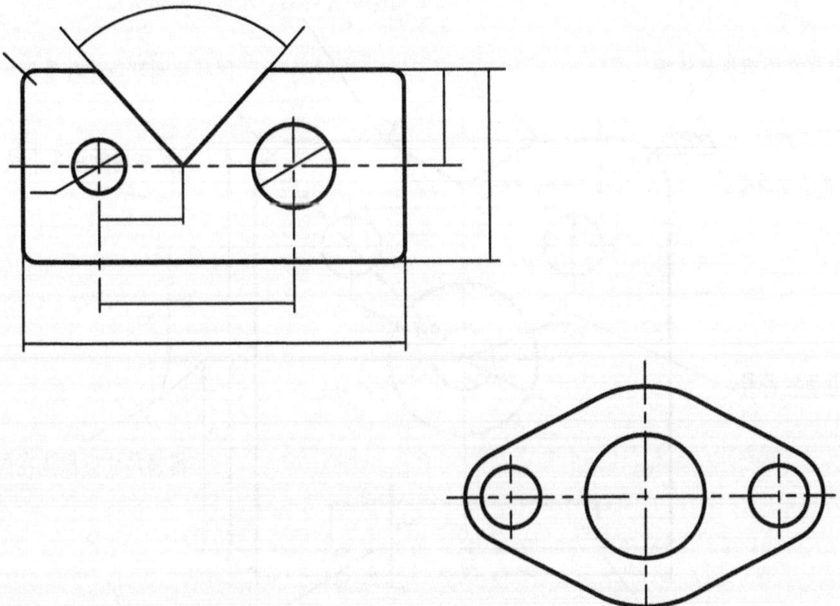

班级________姓名________学号________

1-6 分析下列图形尺寸标注的正误，然后在右边绘制图形并正确标注

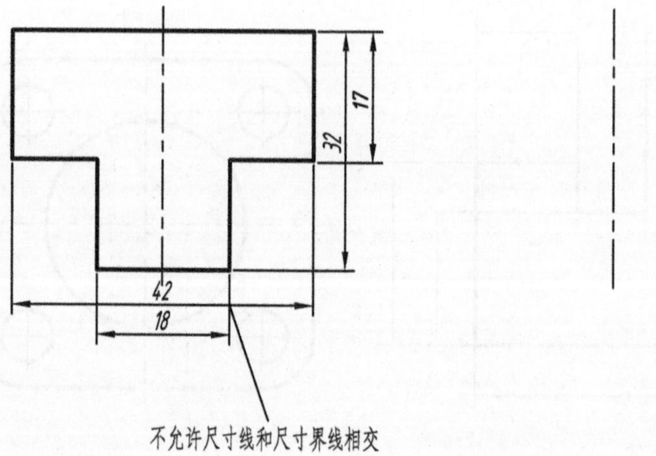

1-7 分析下列图形尺寸标注的错误，然后自己绘制图形并正确标注

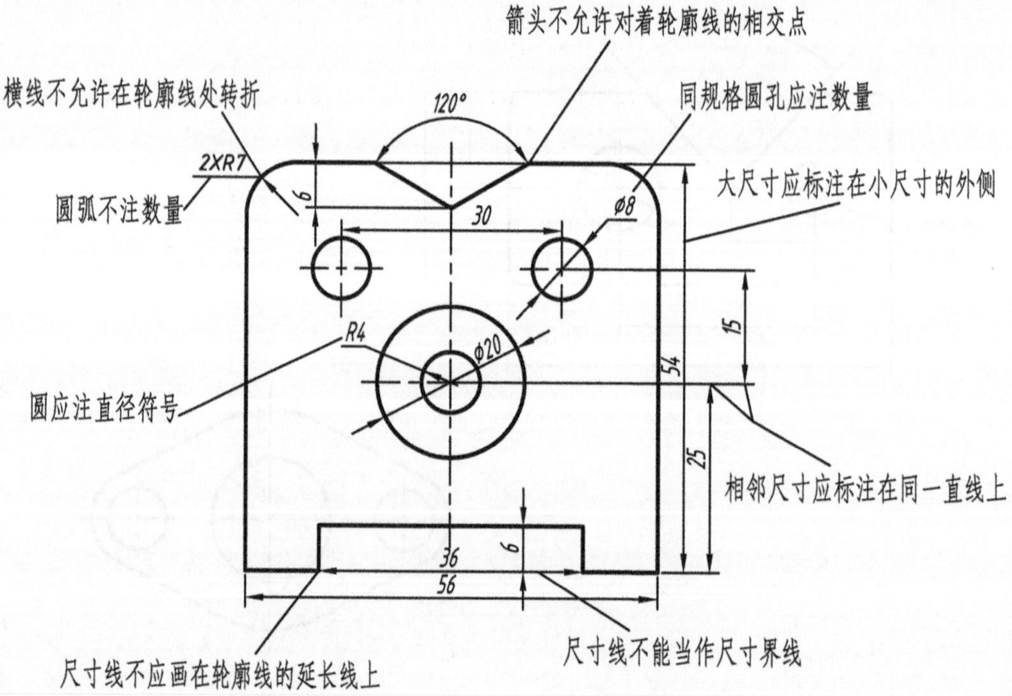

1-8 应用适当放大的比例，在A4图纸上抄画下列图形

1.

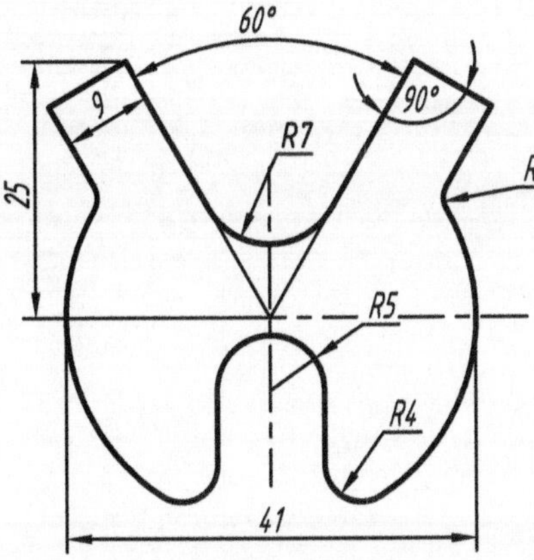

2.

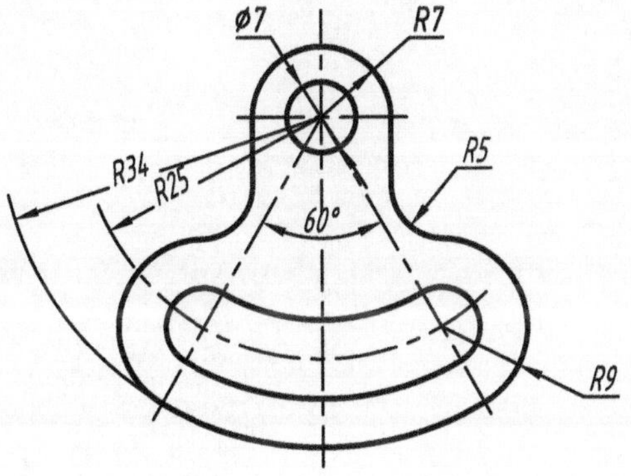

3.

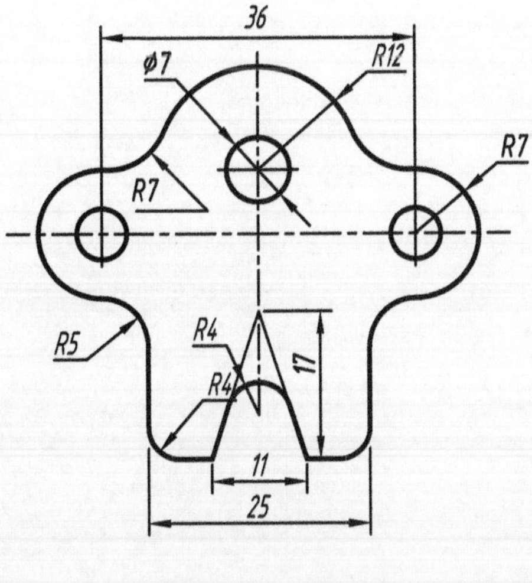

第2章　AutoCAD基础知识

班级________姓名________学号________

2-1　判断题（正确的画勾，错误的画叉）

1. 调用AutoCAD命令的方法有：

（1）在命令行输入命令。（　）

（2）在命令行输入命令缩写字。（　）

（3）单击下拉菜单中的菜单选项。（　）

（4）单击工具条中的对应选项。（　）

（5）以上均可。（　）

2. 正常退出AutoCAD的方法是：

（1）在命令行输入Quit。（　）

（2）单击下拉菜单:File--Exit。（　）

（3）单击标题栏中“ x ”图标。（　）

（4）直接关机。（　）

（5）以上均可。（　）

2-2　将左边命令和右边对应的功能连线

1. ESC	打开已有的图形文件
2. NEW	将当前图形易名存盘
3. QUIT	取消和终止当前命令
4. SAVE	将当前图形原名存盘
5. SAVEAS	创建新的图形文件
6. OPEN	当前图形不存盘退出

2-3　填空题

1. 设置绘图界限的命令是________________。

2. AutoCAD管理不同性质图线的工具是________________。

3. 相对直角坐标的表示方法是________________。

4. 相对极坐标的表示方法是________________。

5. 特性刷的作用是________________。

班级________姓名________学号________

2-4 运用AutoCAD画出下列图形

1.

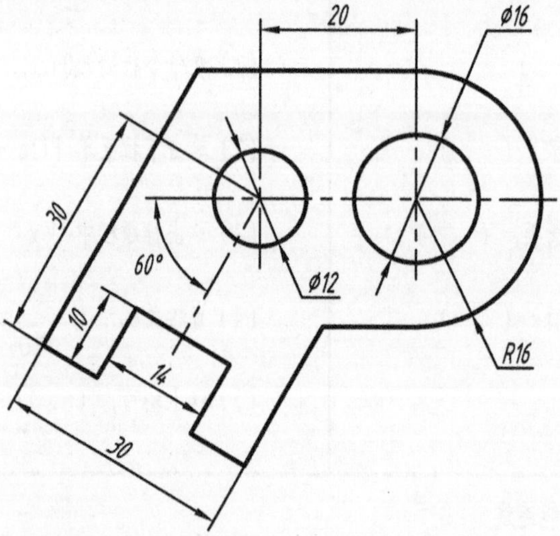

2.

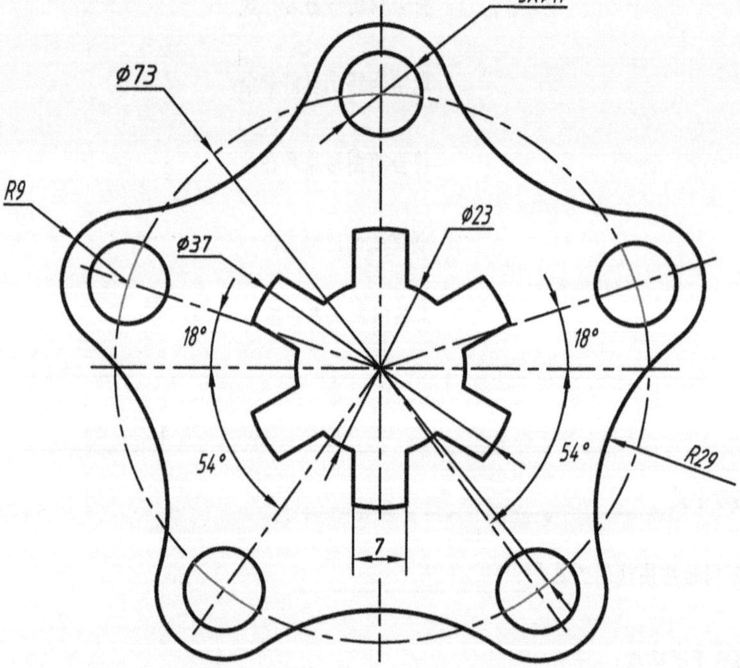

2-4（续）

3.

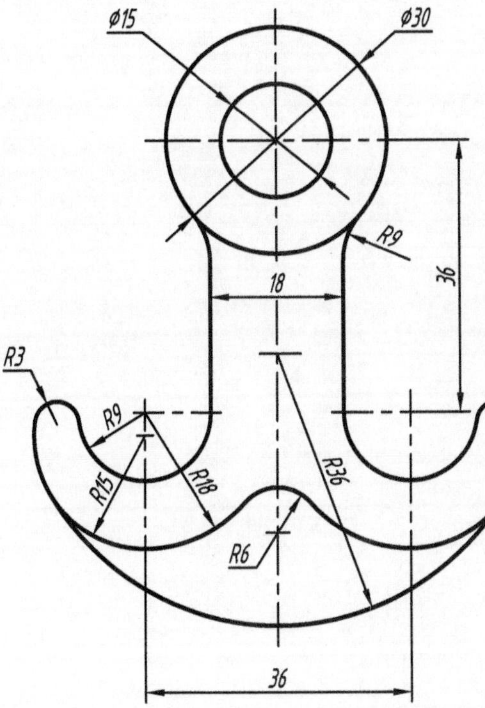

Ø15
Ø30
R9
18
36
R3
R9
R15
R18
R36
R6
36

4.

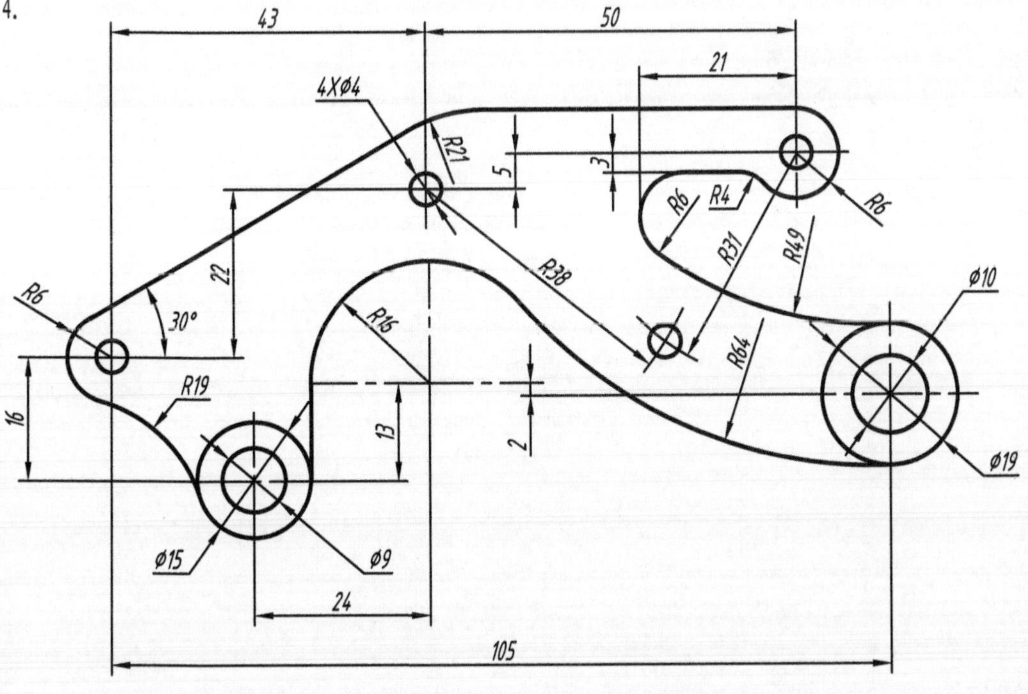

43
50
21
4XØ4
R21
5
3
R6
R4
R6
22
R38
R31
R49
R6
30°
R16
Ø10
R64
R19
16
13
2
Ø19
Ø15
Ø9
24
105

3-1 根据轴测图，在下面空白处画出A、B、C点的三面投影

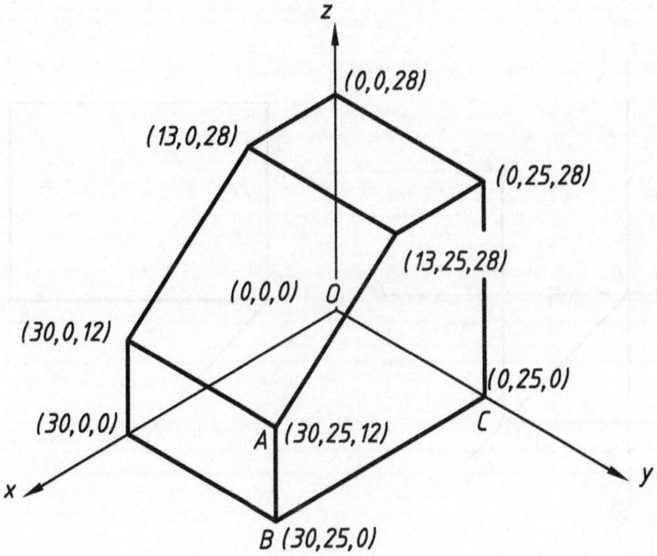

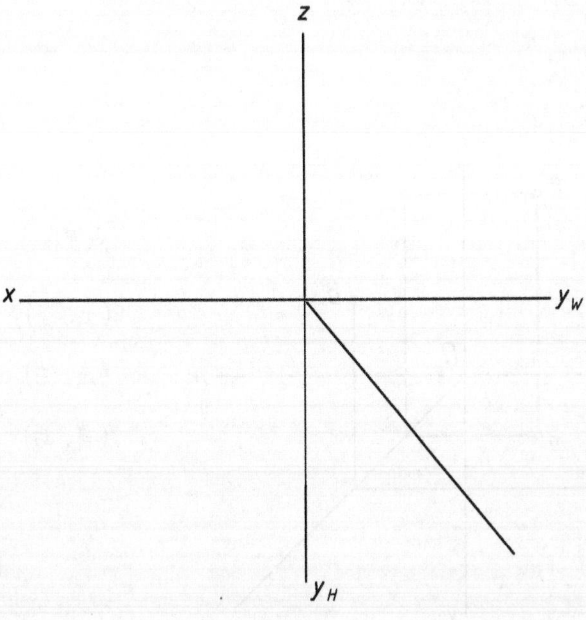

班级________ 姓名________ 学号________

3-2 已知点D、E的两面投影作出其第三面投影以及各点的轴测图

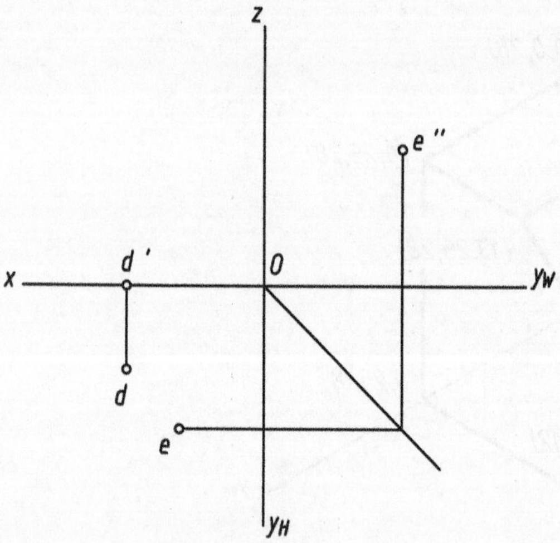

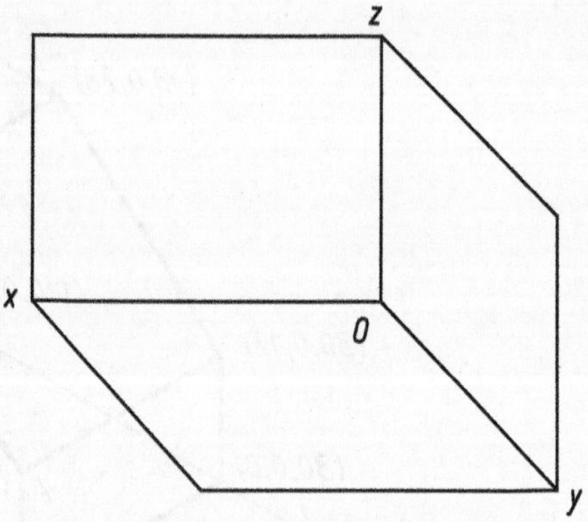

3-3 比较A、B两点的位置并填空

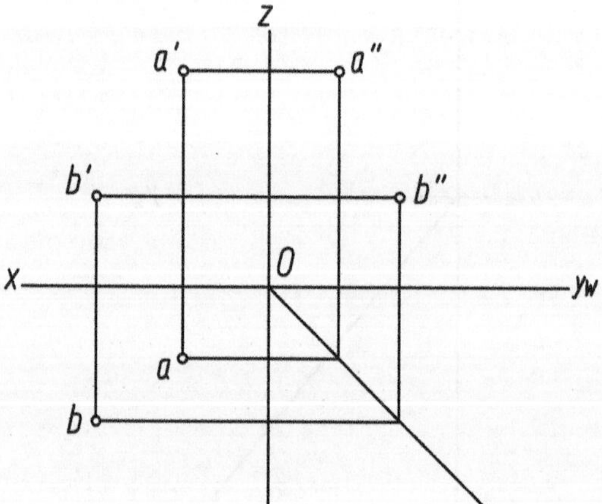

点B在点A:

(上、下) ________

(左、右) ________

(前、后) ________

3-4　根据轴测图作出直线AB及CD的投影图

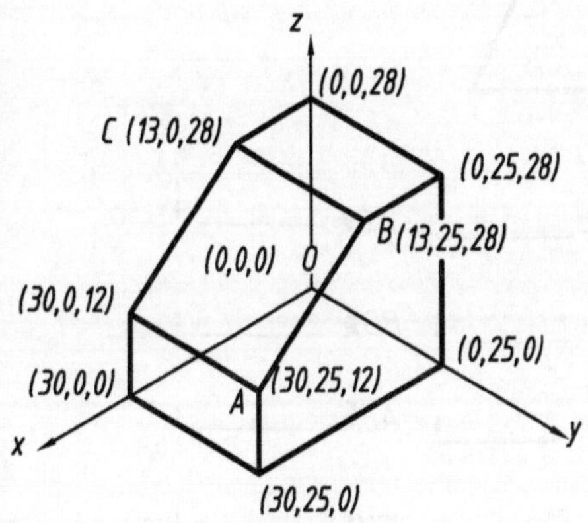

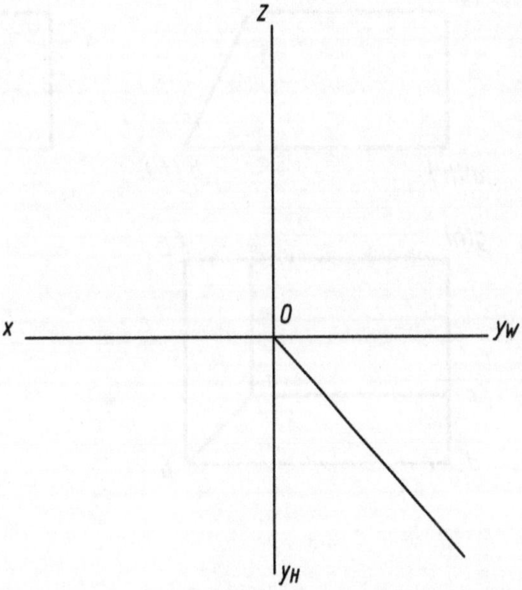

3-5　判断下列直线与投影面的相对位置

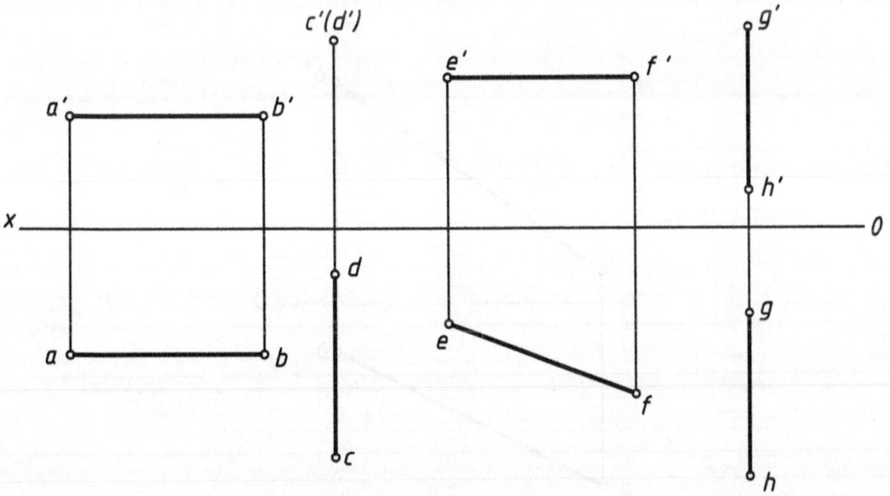

AB是____________；　　EF是____________；

CD是____________；　　GH是____________；

3-6 判别直线的空间位置

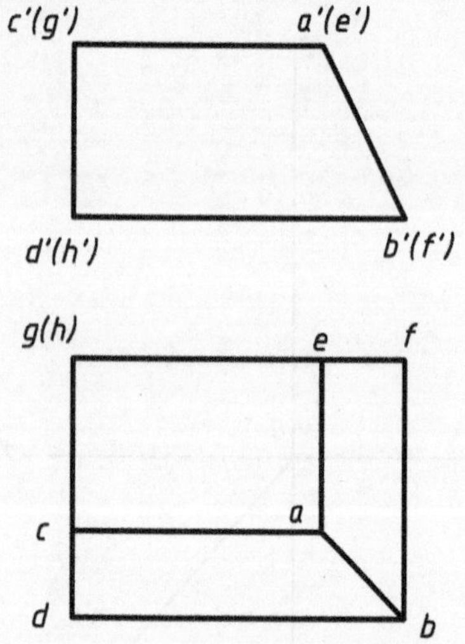

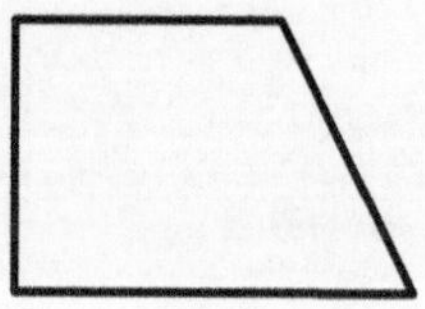

AB是________；AC是________；

CD是________；BD是________；

EF是________；AE是________；

BF是________；GH是________；

3-7 已知点K、Q在直线AB上，分别距H面、V面为15及12mm，试作出K、Q点的两面投影

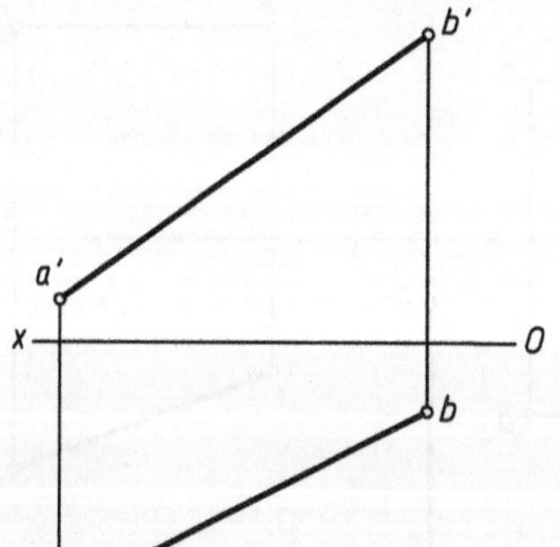

3-8 在直线AB上确定一点K，使K点到H面的距离等于V面的距离

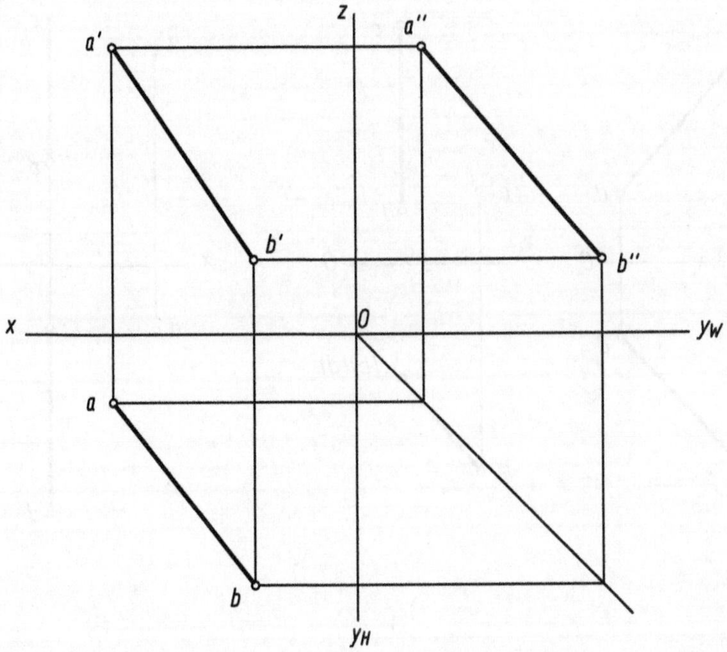

3-9 已知A点的正面及水平投影，又已知B点在V面上，试作出AB的三面投影

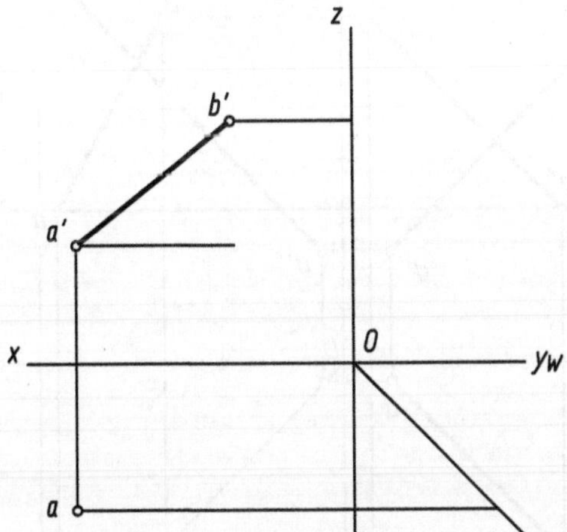

班级________姓名________学号________

3-10 作直线AB与CD相交，并且使交点B到H面的距离为20mm

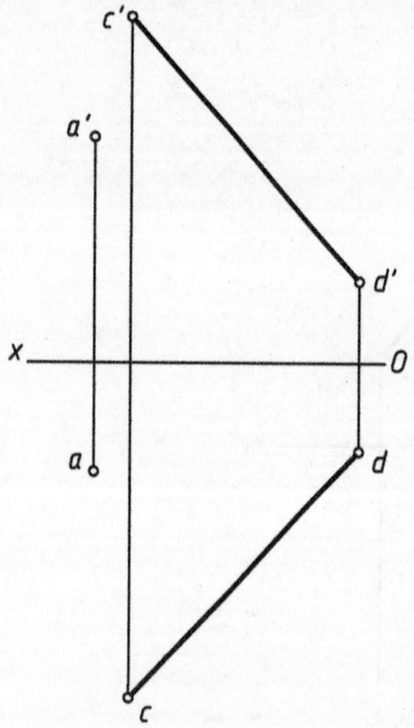

(1)

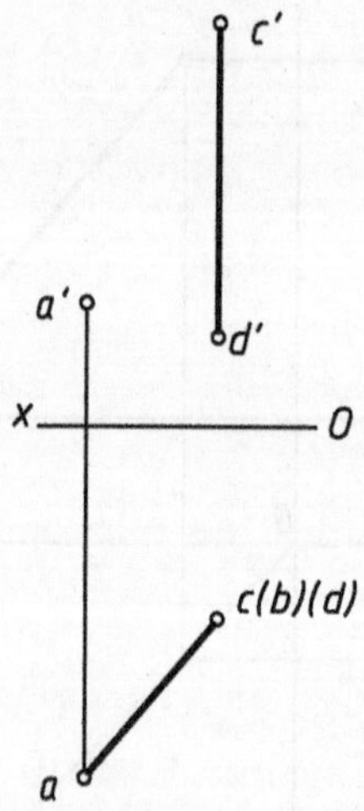

(2)

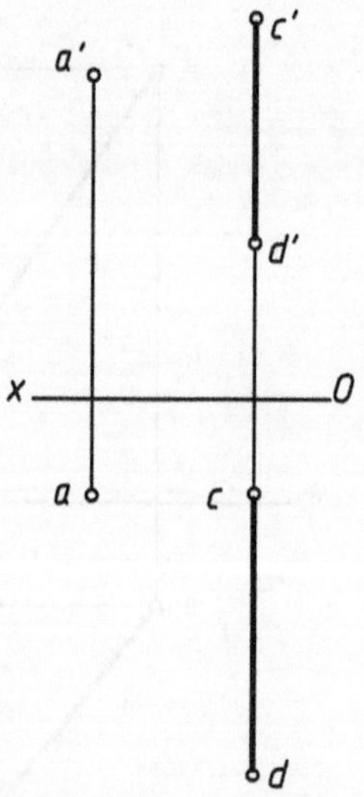

(3)

3-11 已知直线AB与CD，试作出它们在H、V、W面上的重影点，并判别可见性

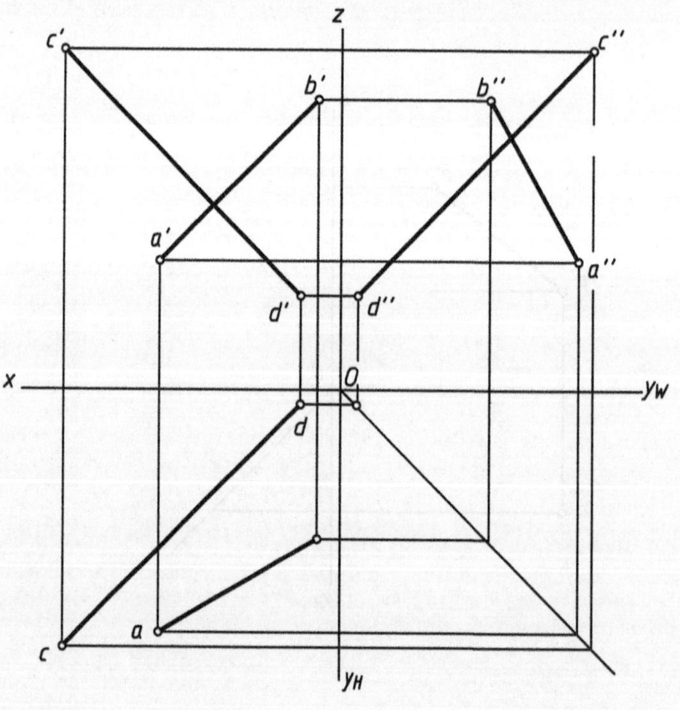

3-12 判别立体上两直线的空间位置关系

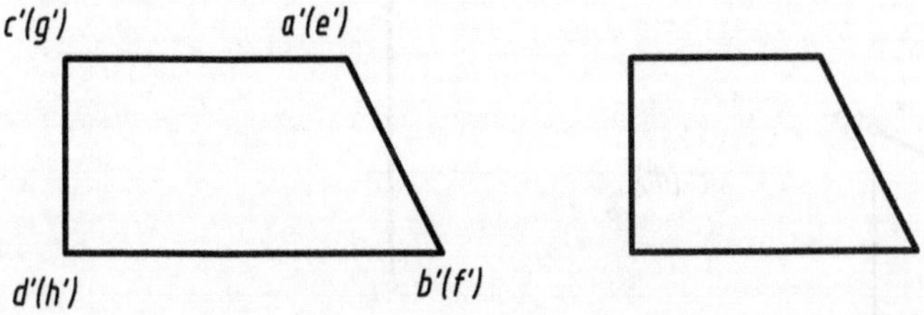

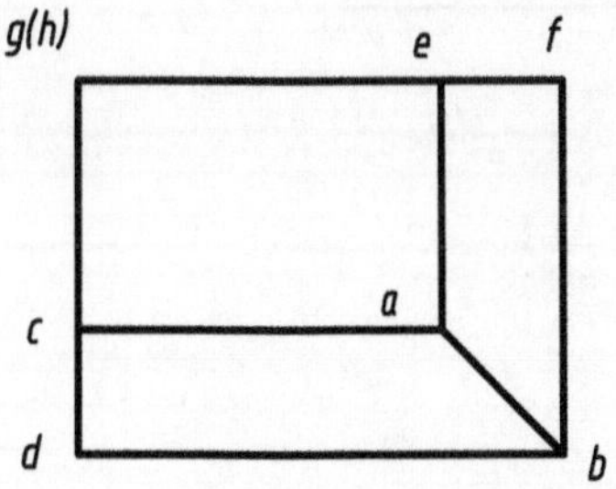

AB与AC________；AC与AE________；

AB与CD________；AC与BD________；

AB与CG________；AC与BF________；

3-13 判断已知两直线的空间相对位置，并在下方填空

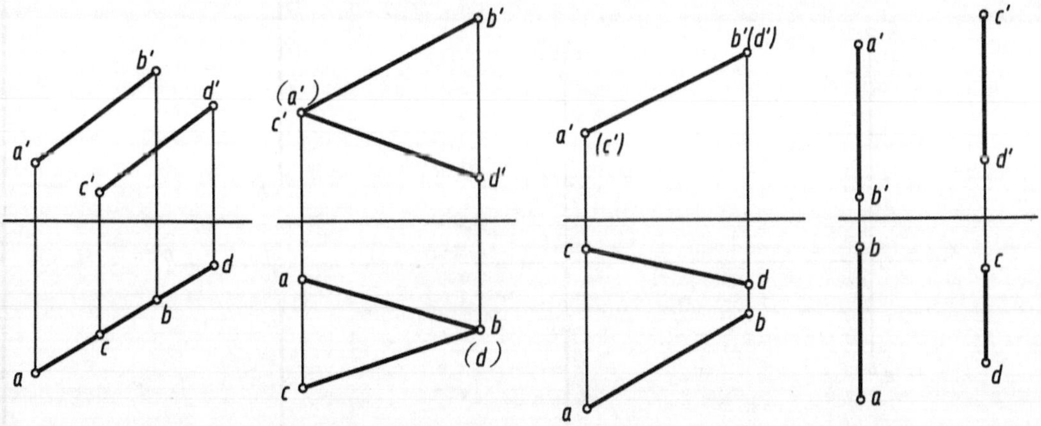

(　　)　(　　)　(　　)　(　　)

班级________姓名________学号________

3-14 作一直线*MN*，使*MN*平行于*AB*，并且与直线*CD*、*EF*都相交

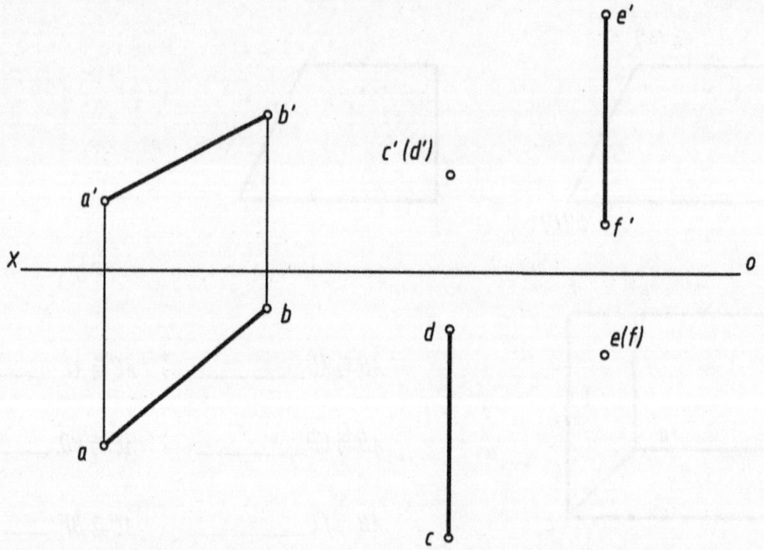

3-15 作一直线*EF*，使*EF*与直线*AB*、*CD*都相交

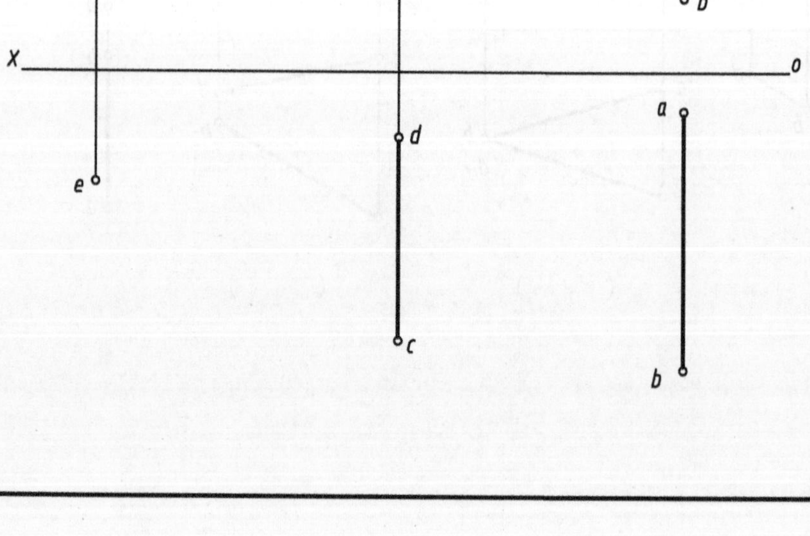

3-16 根据立体图及所标注的尺寸，画出平面ABCD及ABEFG的投影

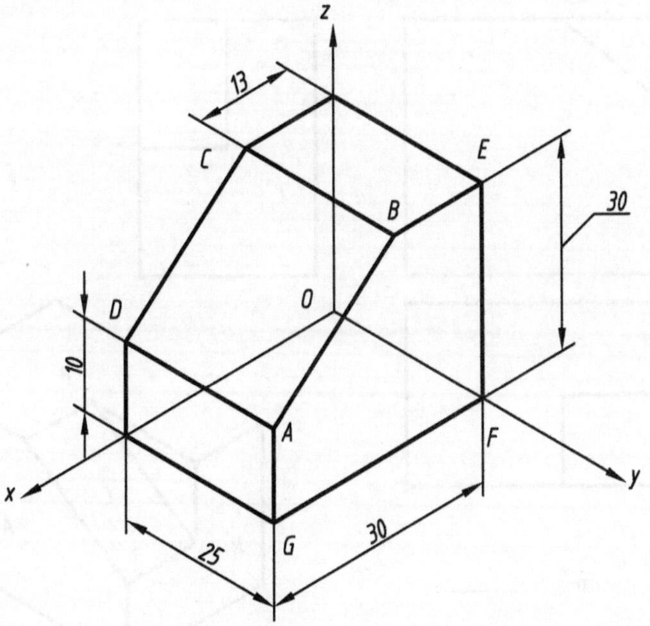

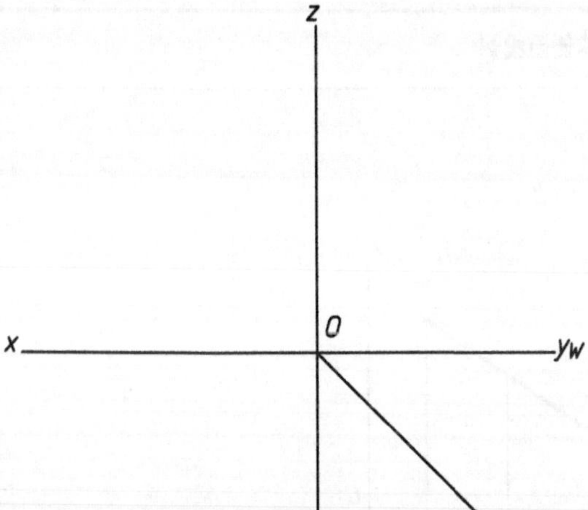

（1）平面ABCD的投影

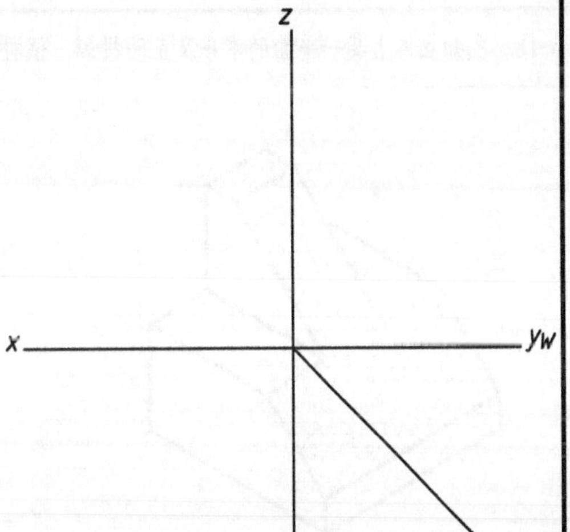

（2）平面ABEFG的投影

班级________ 姓名________ 学号________

3-17 根据立体图，在投影图中标记出A、B、C三个平面，并在下方填空

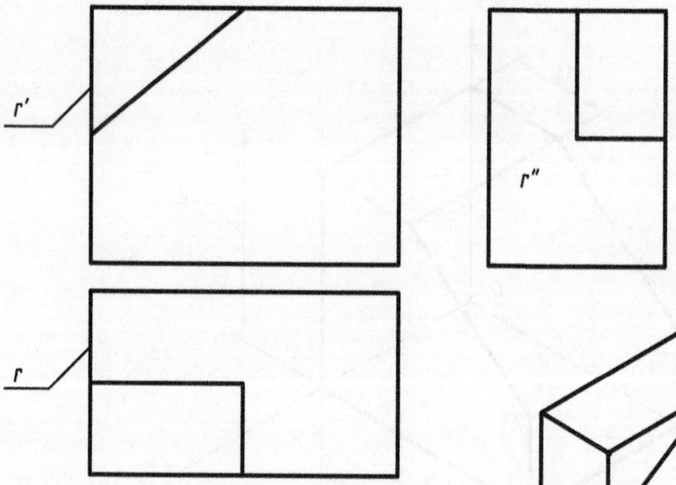

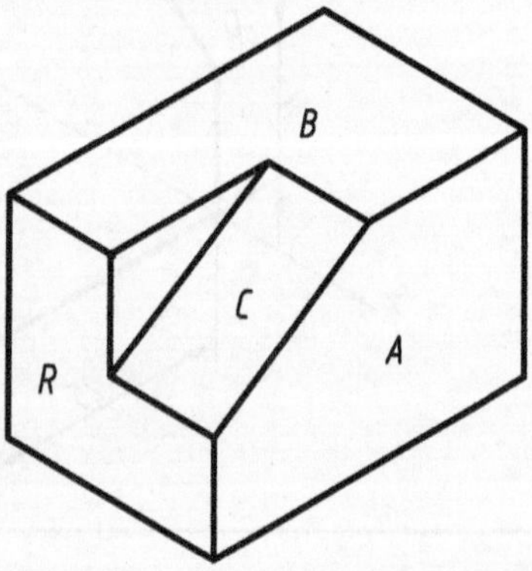

R面是________； A面是________；

B面是________； C面是________；

3-18 已知立体上某一平面的水平及正面投影，试补画其侧面投影

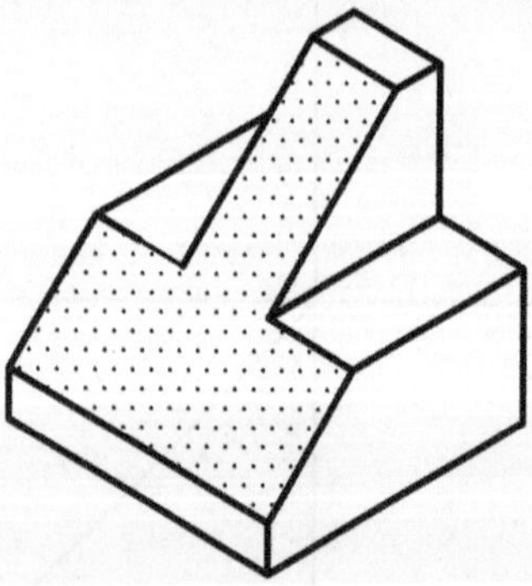

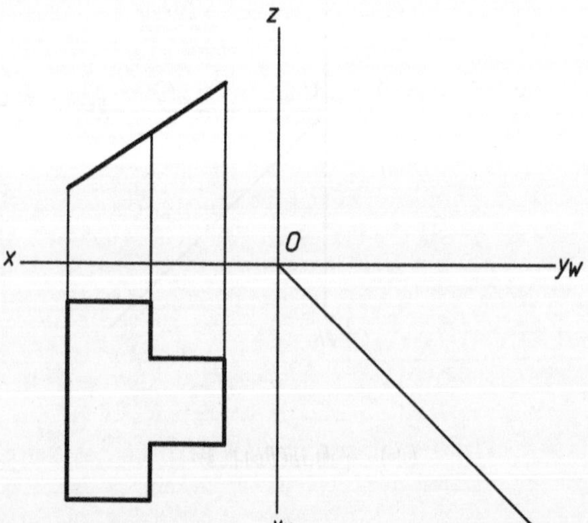

3-19　将下面两立体图中的A面及B面的三面投影涂色，或用箭头指出其积聚投影

1.

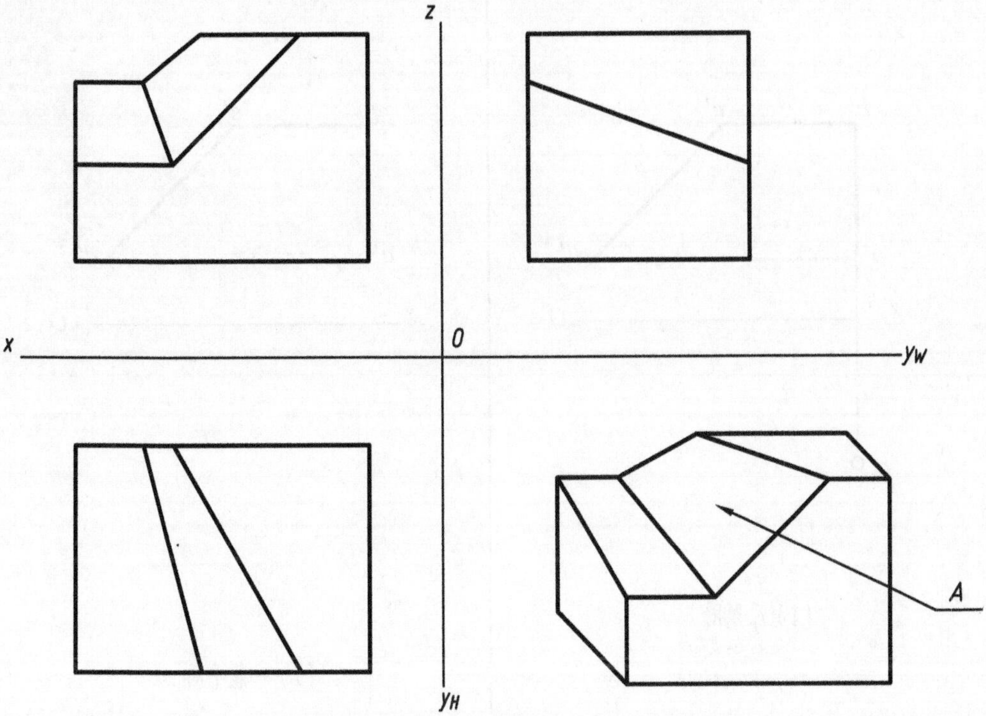

2.

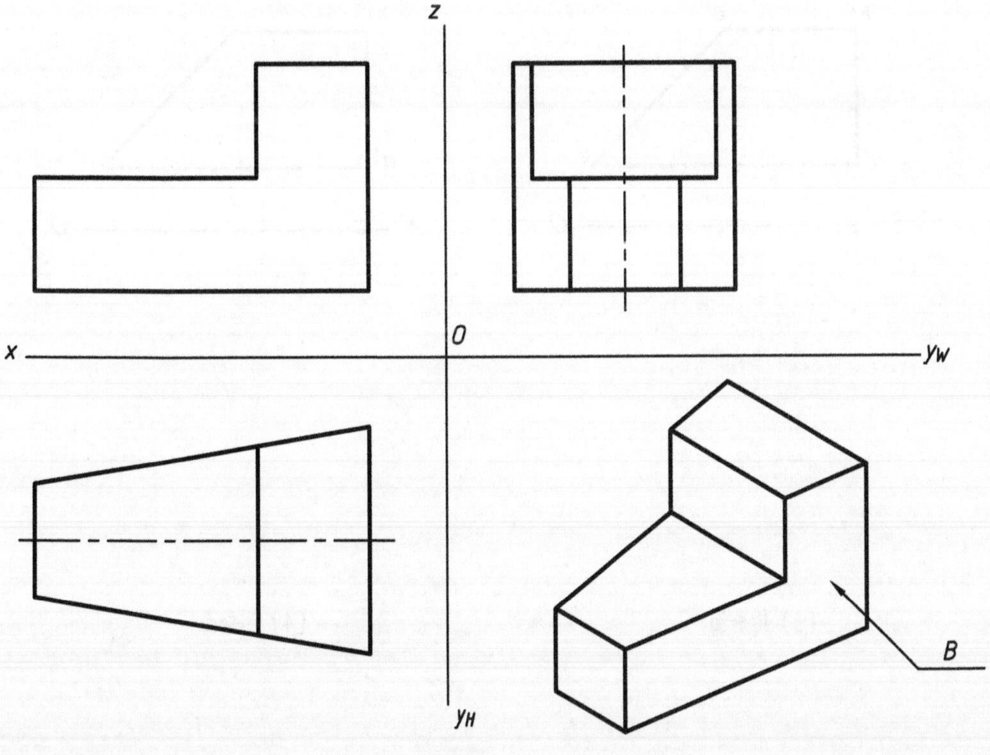

班级________姓名________学号________

3-20 补画四边形ABCD的水平投影，使其分别为一般位置平面、铅垂面和侧垂面

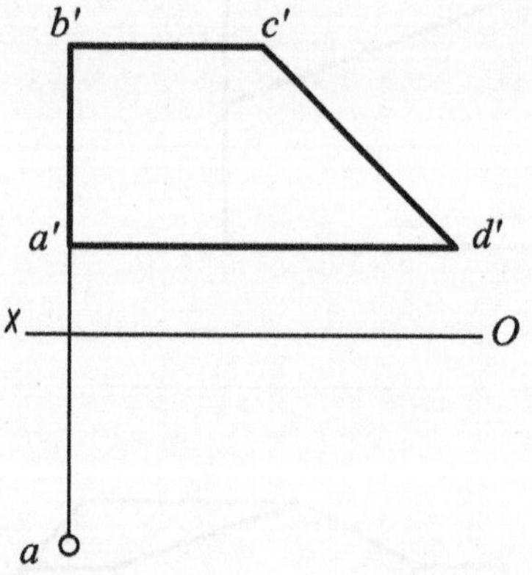

(1) 原题图

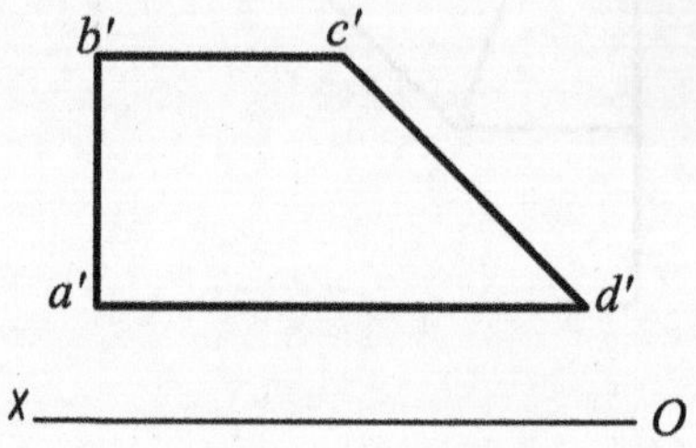

(2) 一般平面

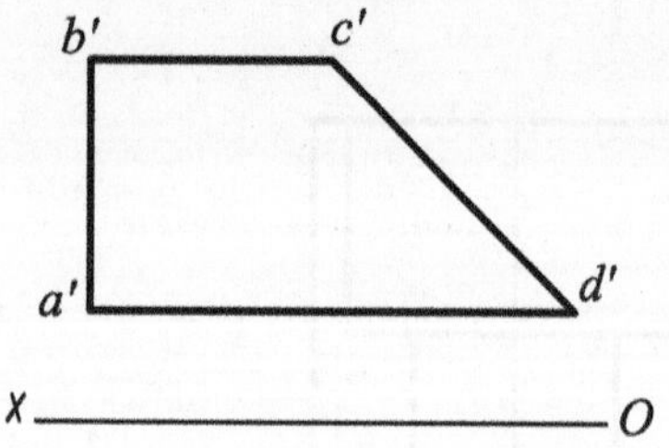

(3) 铅垂面

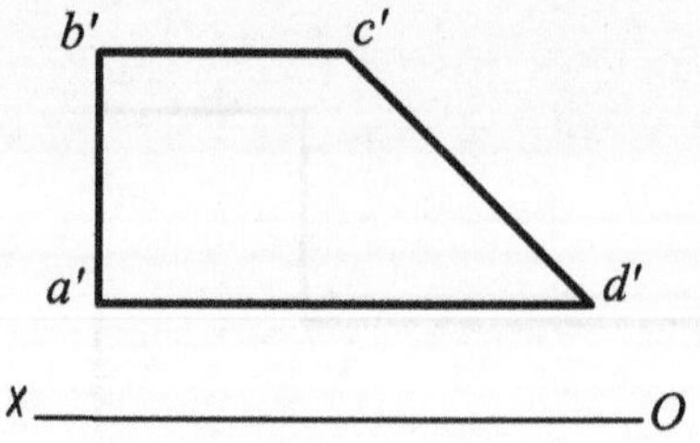

(4) 侧垂面

3-21 在三角形ABC内定一条正平线EF，使其到V面的距离为30mm

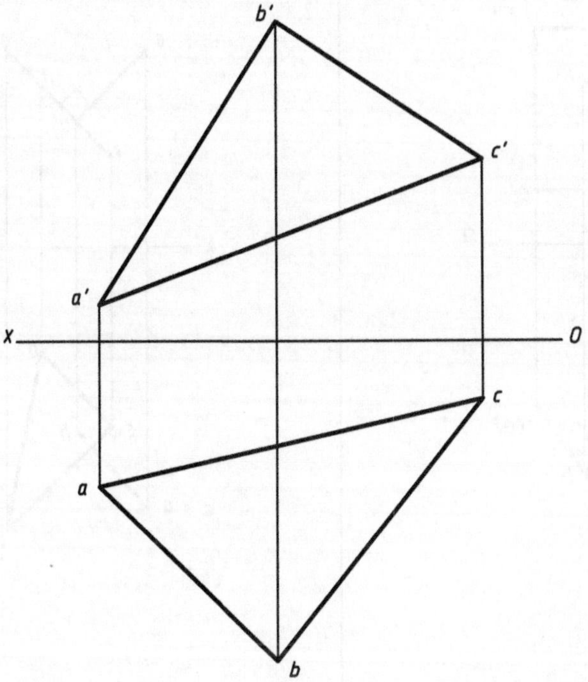

3-22 在三角形ABC内定一点D，使其到H、V面的距离分别为20mm和25mm

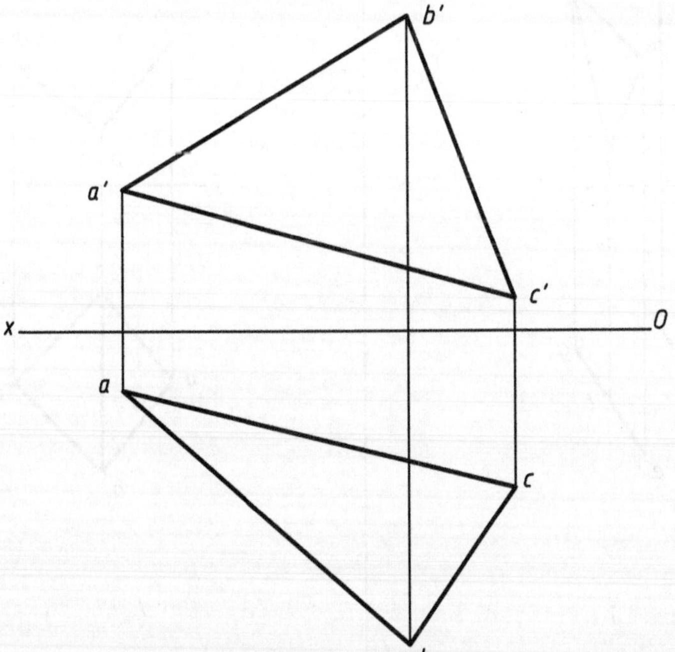

班级________姓名________学号________

3-23 判断直线和平面、平面和平面之间的相对位置，并在下方括号中填空

1.

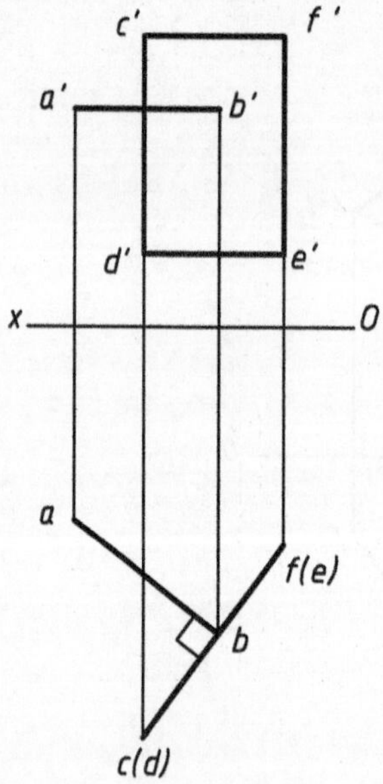

(　　)

2.

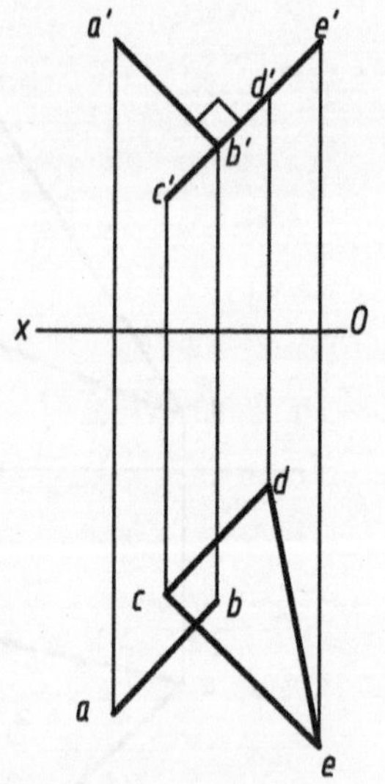

(　　)

3.

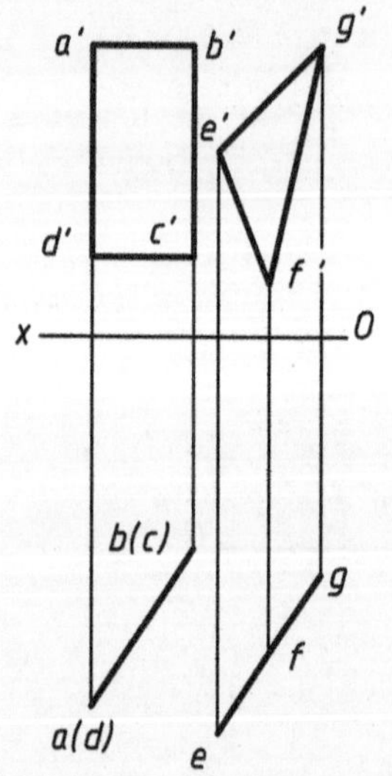

(　　)

4.

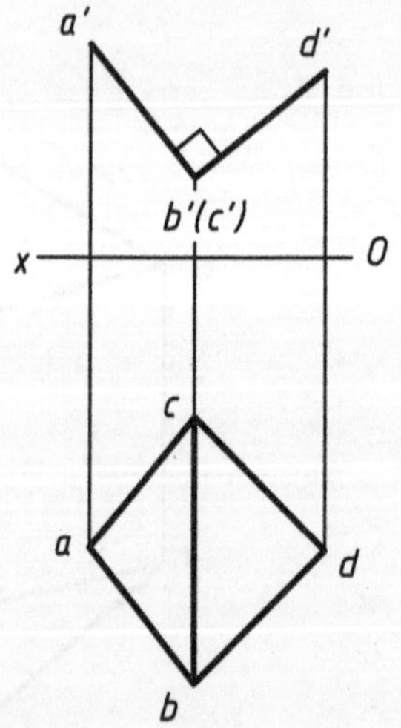

(　　)

3-24 根据平面立体的两个视图，补画其第三视图

1.

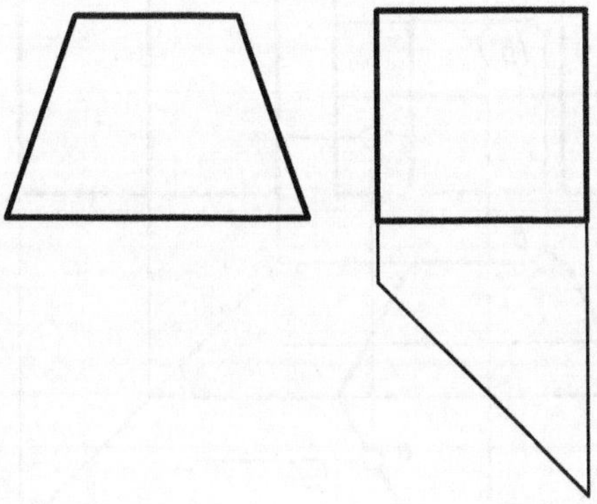

2.

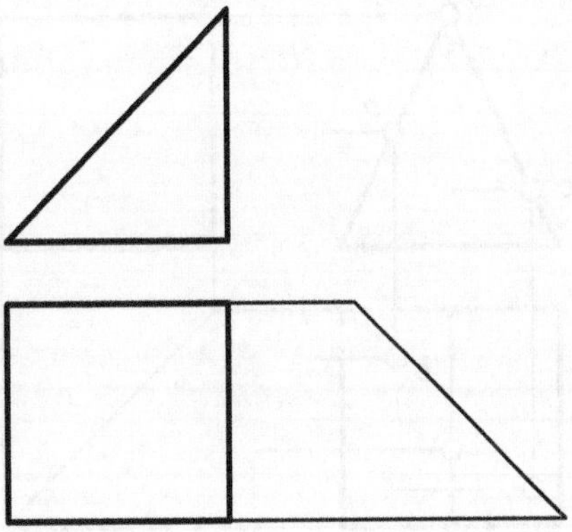

3.

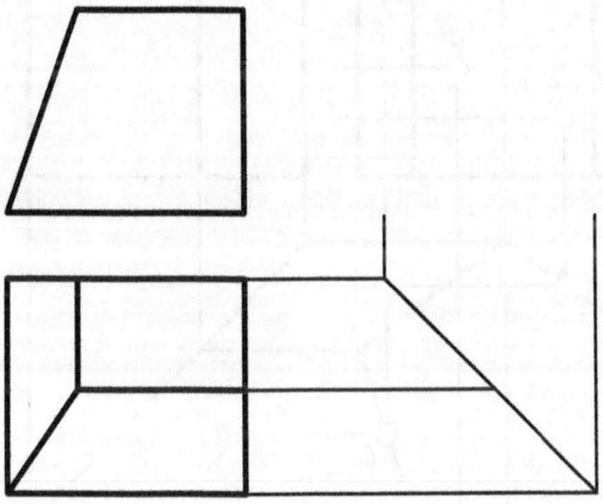

4.

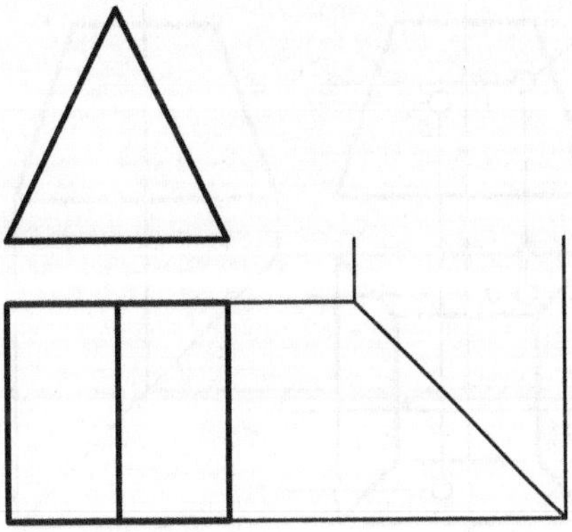

5.

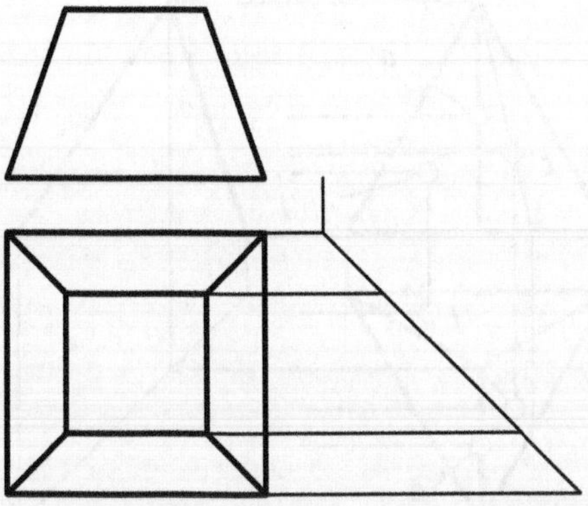

6.

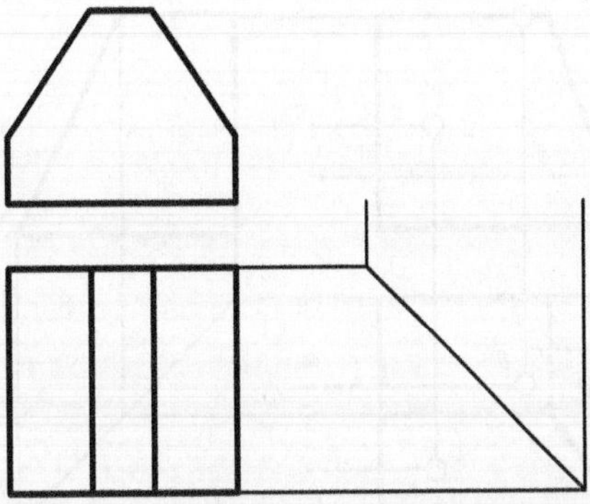

3-25　补全立体表面上*A*、*B*、*C*点的投影，不可见的投影加括号

1.

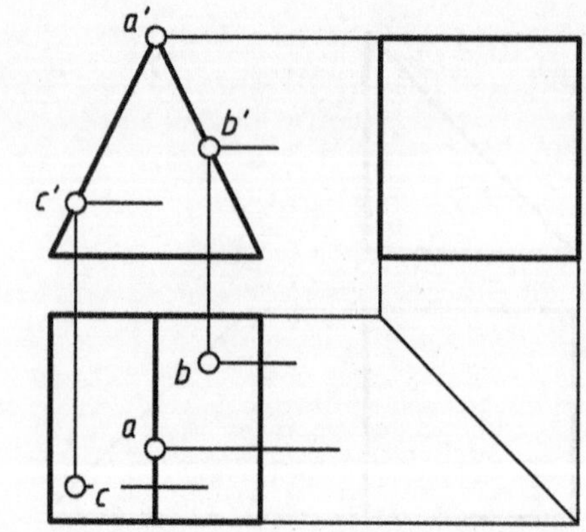

2.

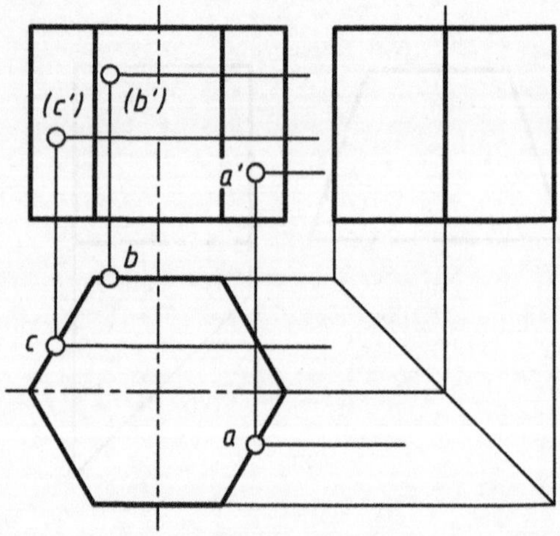

3.

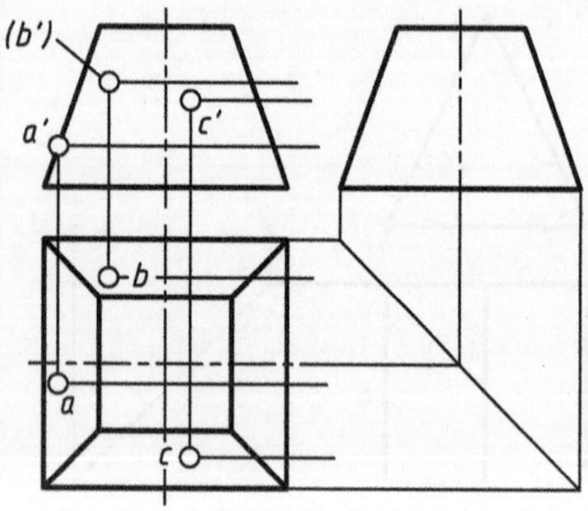

4.

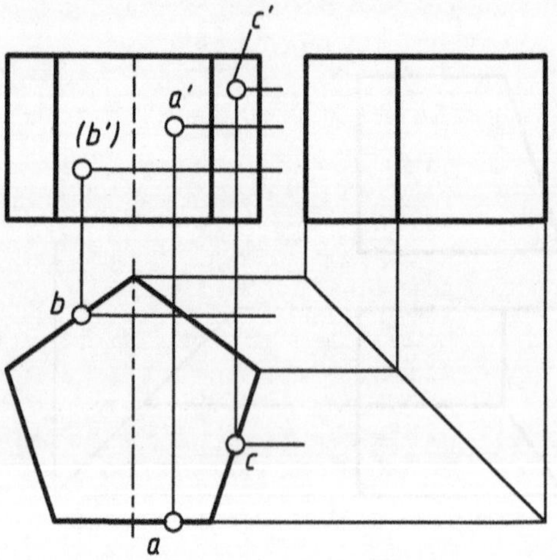

5.

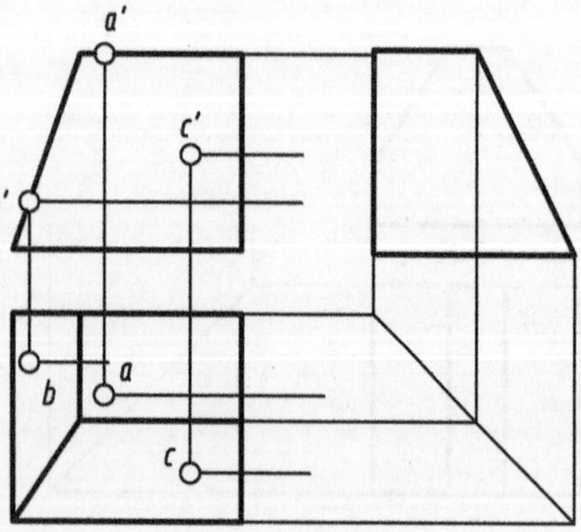

6.

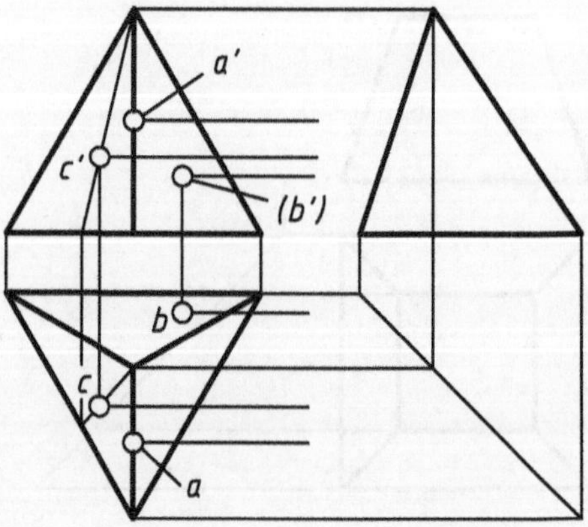

3-26 求作三棱柱的侧面投影，并作出其表面上折线*ABCDE*的水平投影和侧面投影，不可见部分画虚线

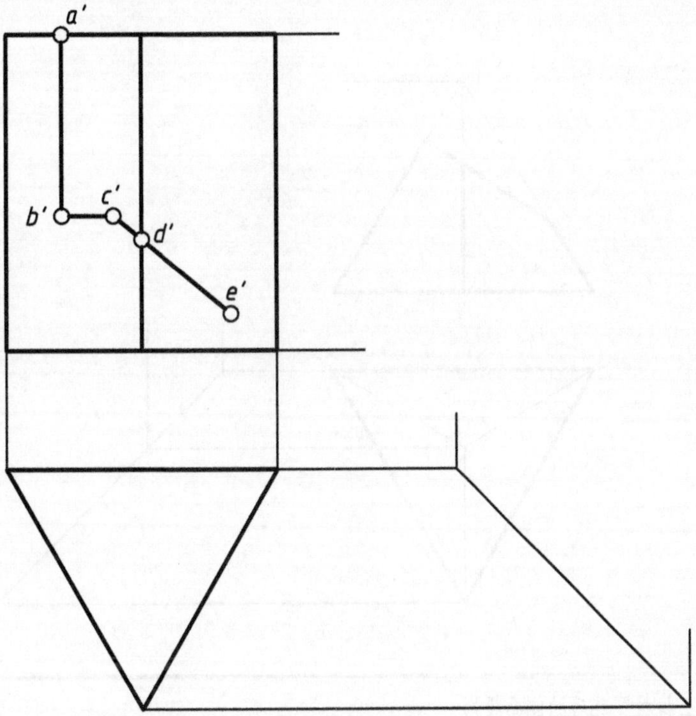

3-27 补画三棱柱被正垂面切割后的侧面投影

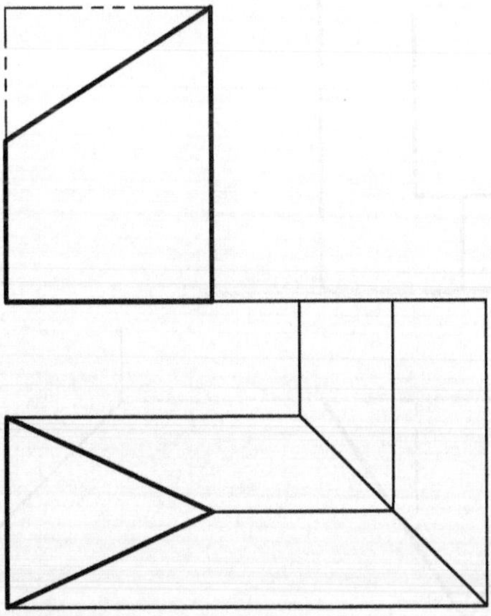

班级________姓名________学号________

3-28 补画三棱锥被正垂面切割后的水平投影和侧面投影

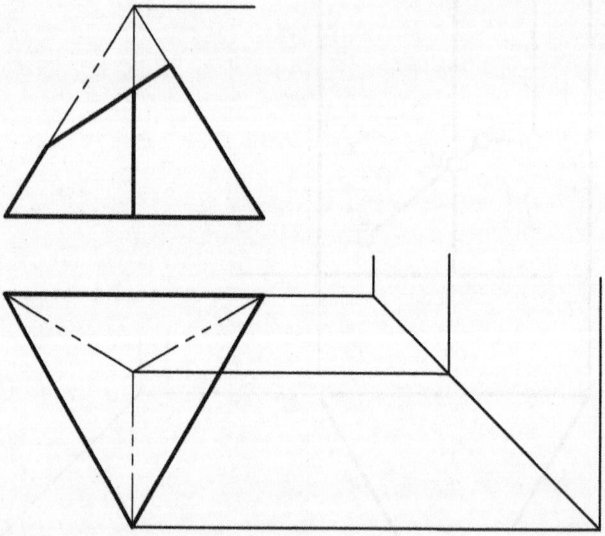

3-29 求作三棱柱穿孔后的侧面投影

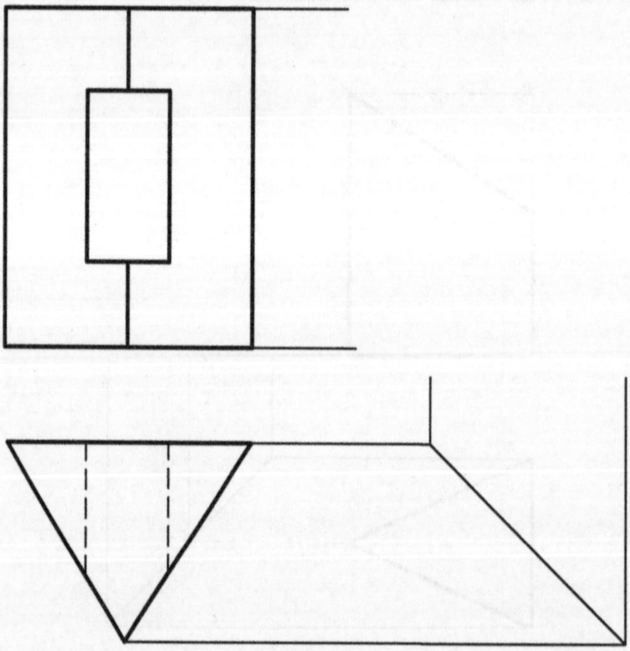

3-30 求作三棱锥被切割后的水平和侧面投影

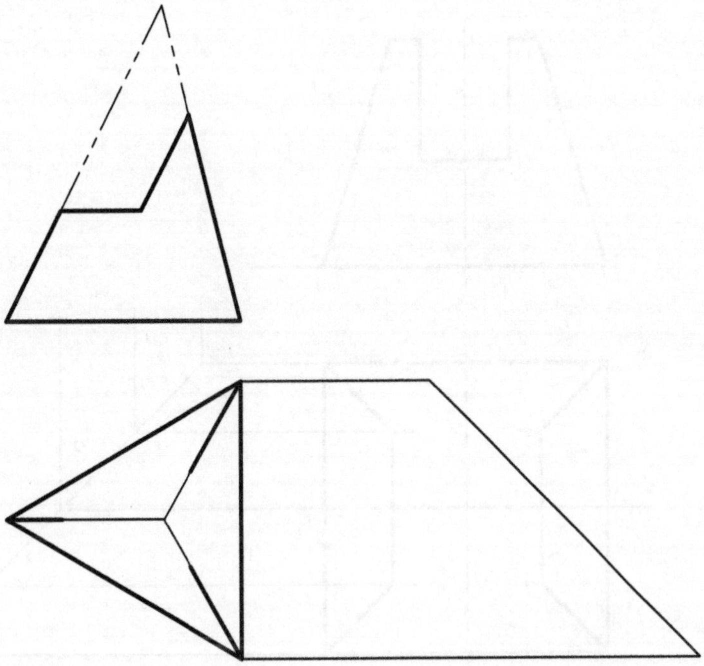

*3-31 求作具有正方形通孔的六棱柱被正垂面切割后的侧面投影

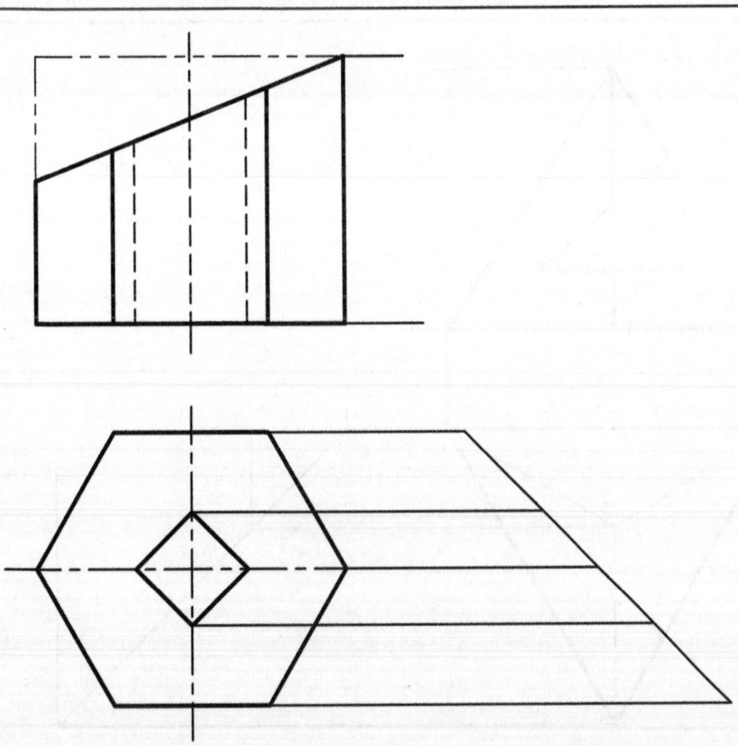

班级________姓名________学号________

*3-32 补画四棱台被切割后的水平和侧面投影

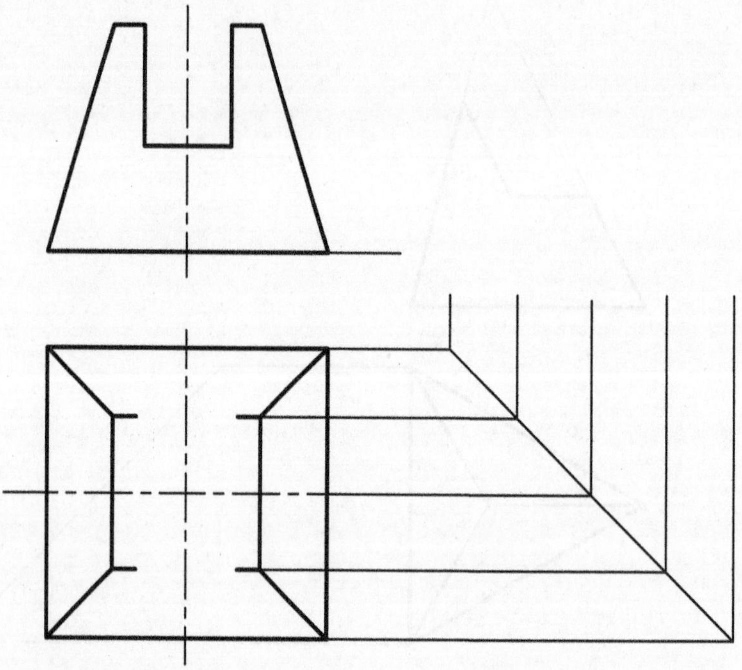

*3-33 补画三棱锥被切割后的水平和侧面投影

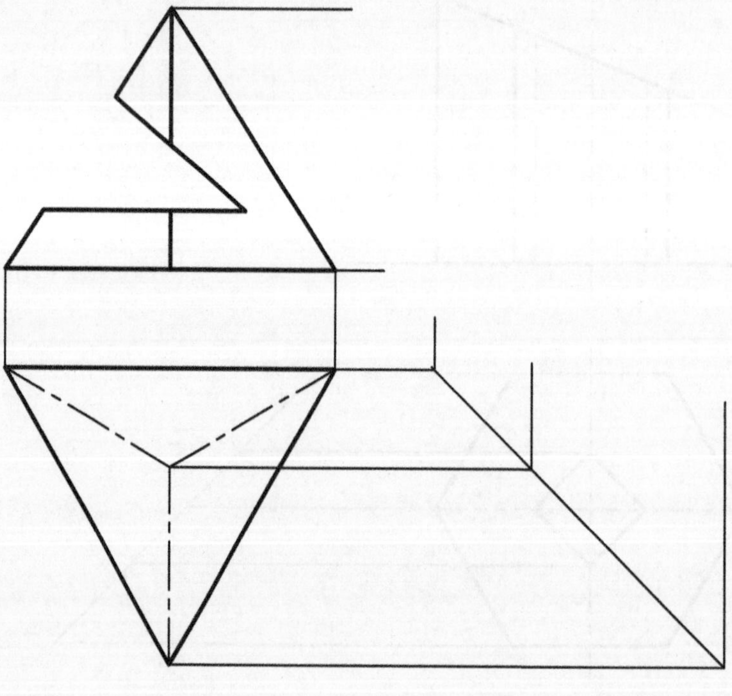

班级________姓名________学号________

3-34 根据曲面立体的两个视图,补画其第三视图

1.

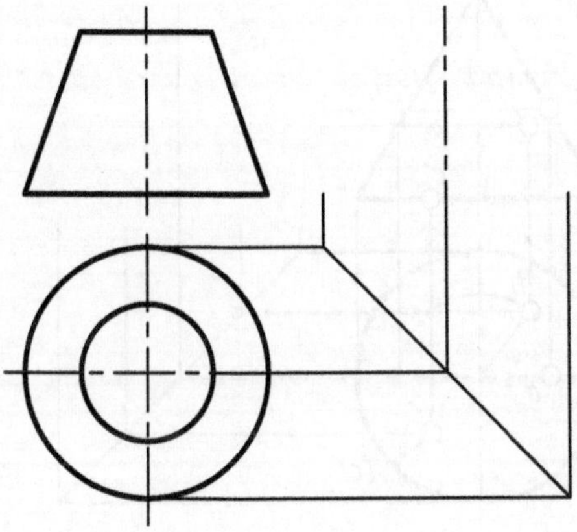

2.

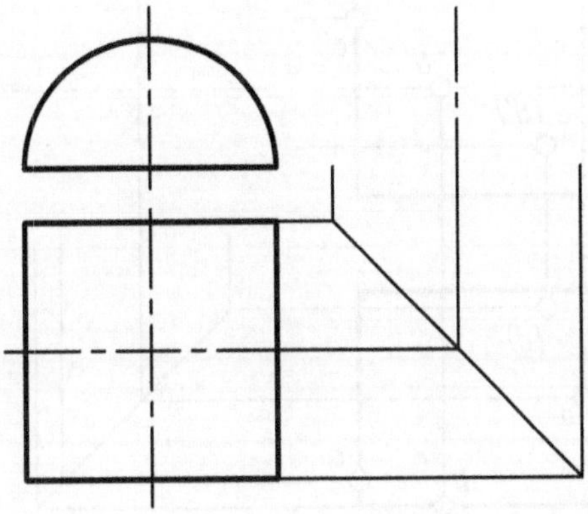

3.

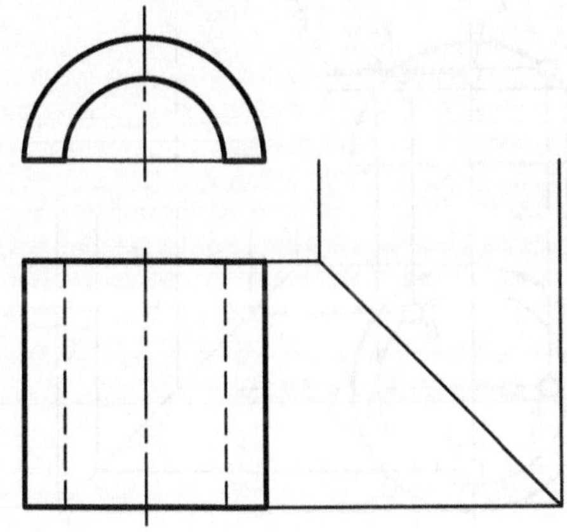

4.

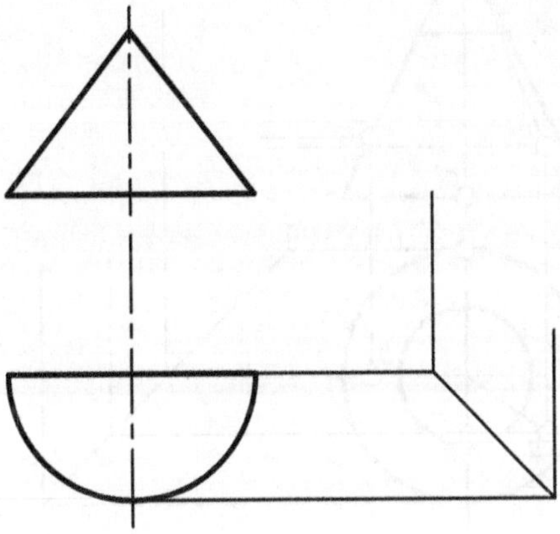

5.

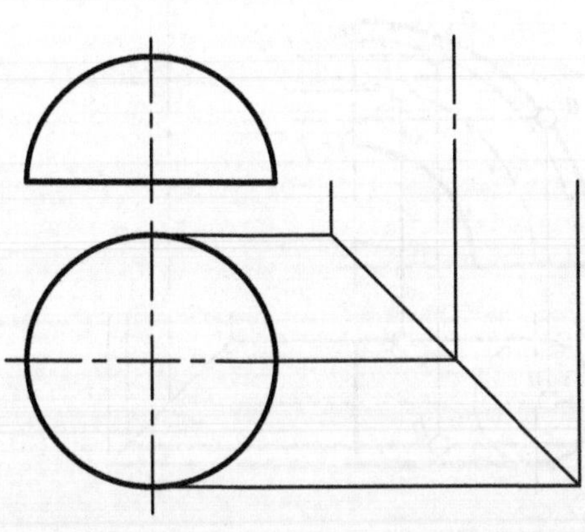

6.

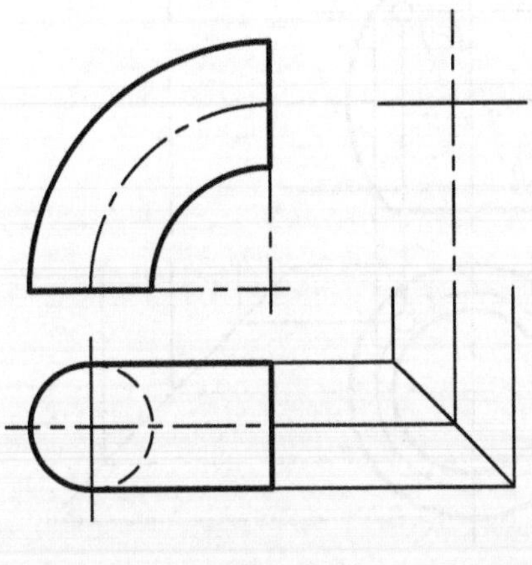

班级________ 姓名________ 学号________

3-35 根据各曲面立体的形体特点，补画其表面上点的其它投影

1.

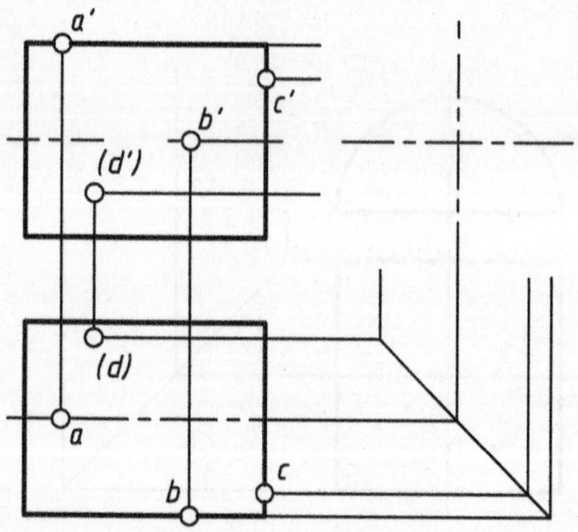

2.

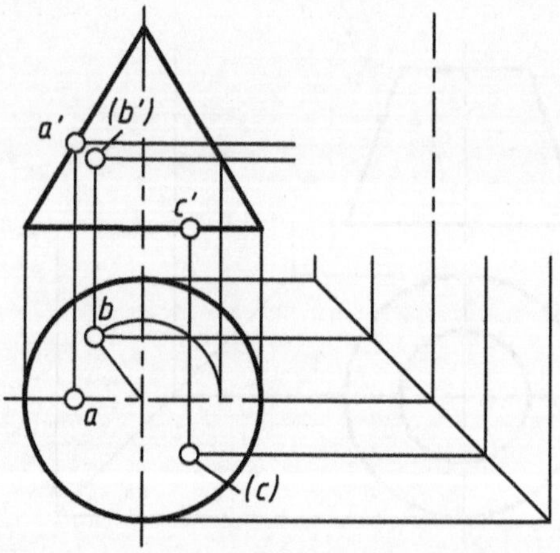

3.

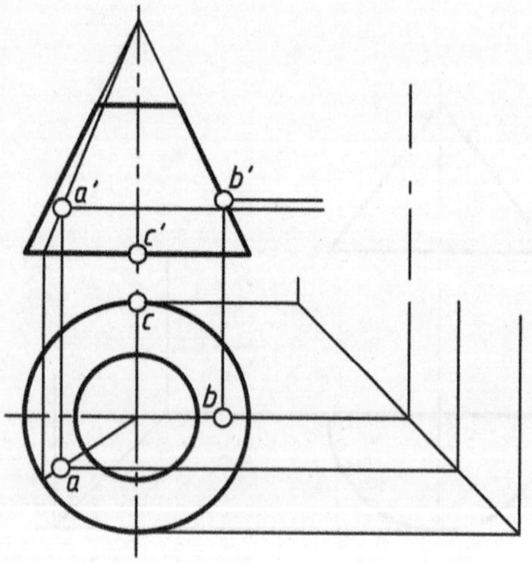

4.

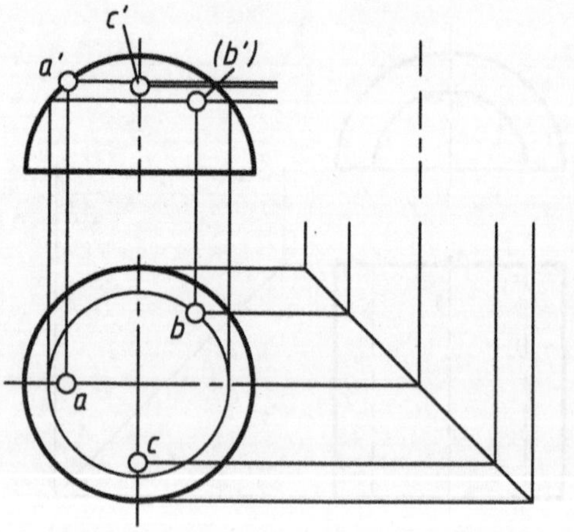

5.

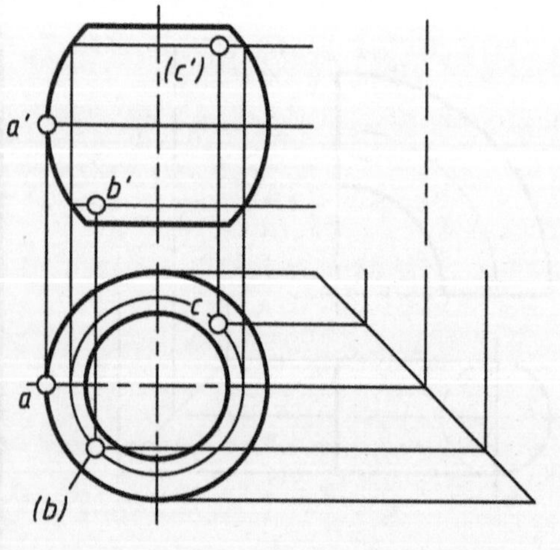

*6.

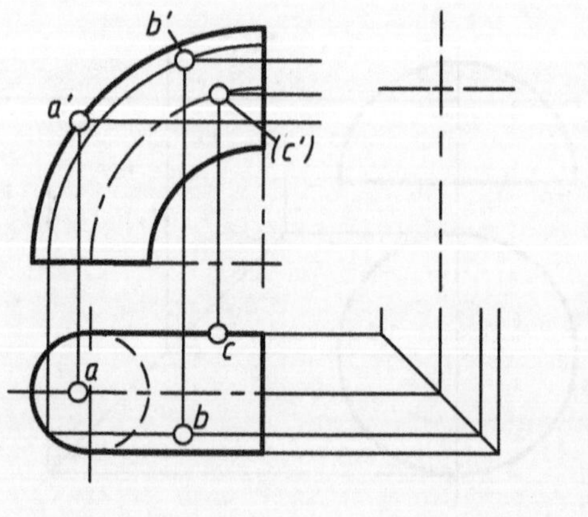

4-1　求作圆柱被切割后的水平投影和侧面投影

1.

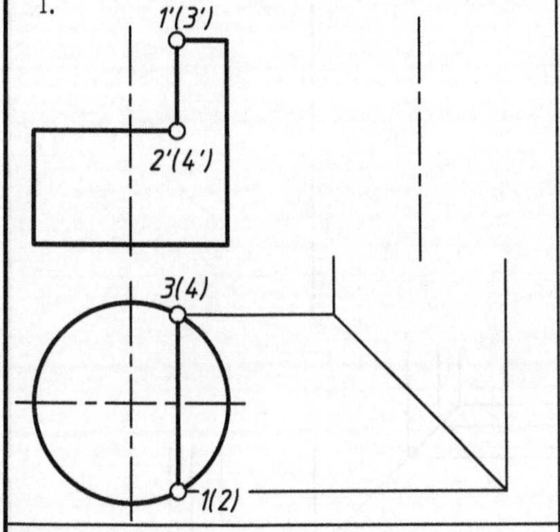

2.

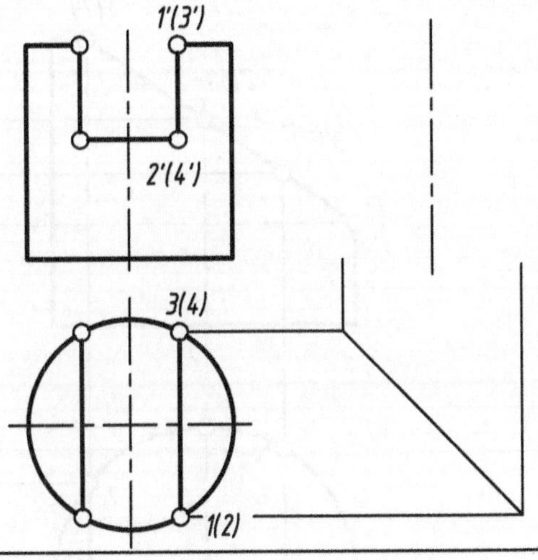

3.

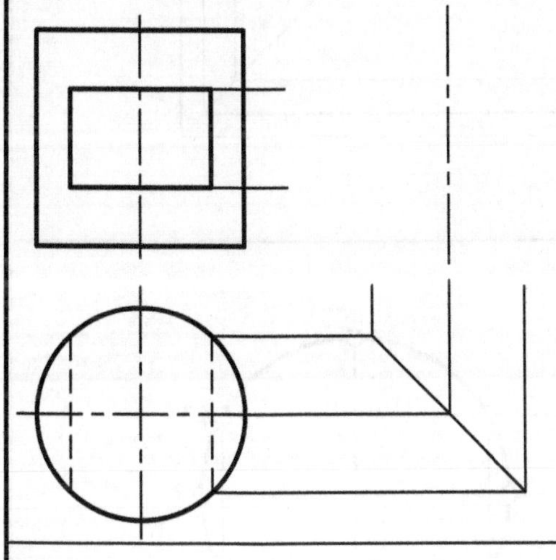

4.

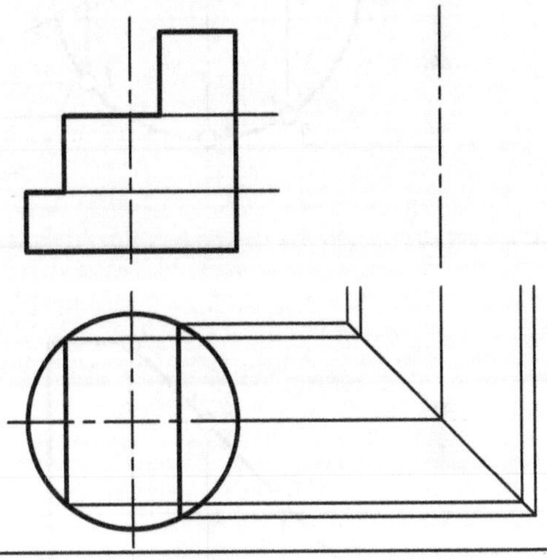

5.

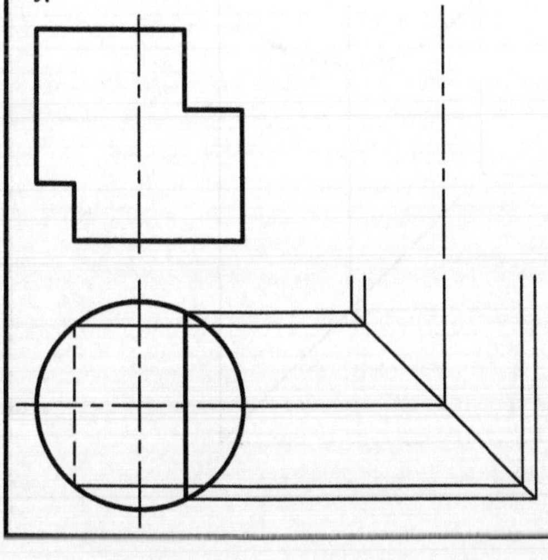

6.

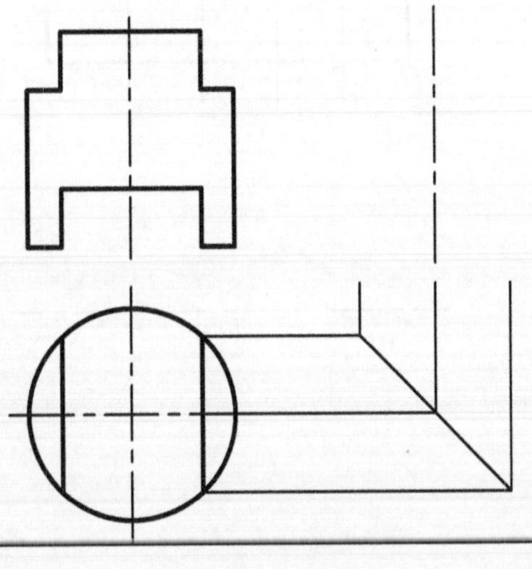

班级________姓名________学号________

4-2　求作圆柱被截切后的第三面投影

1.

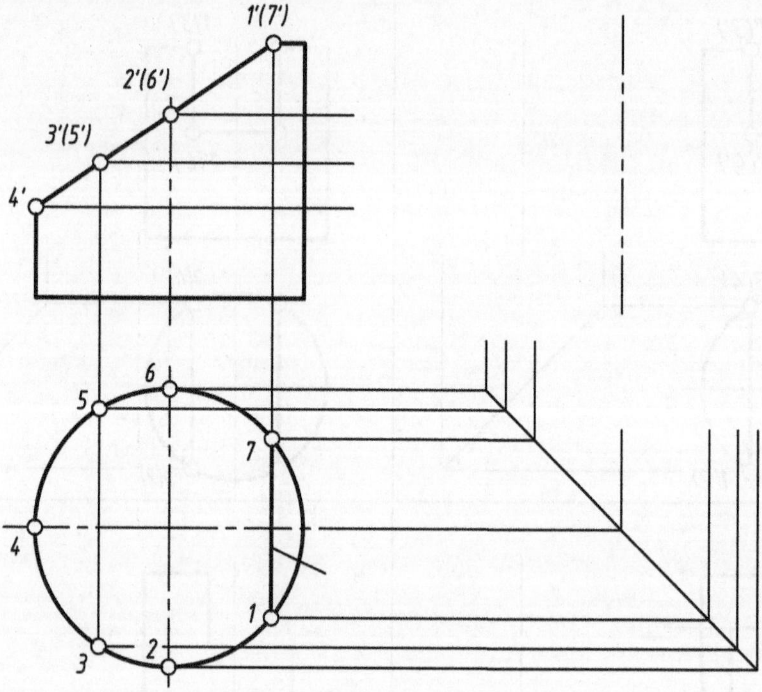

2.

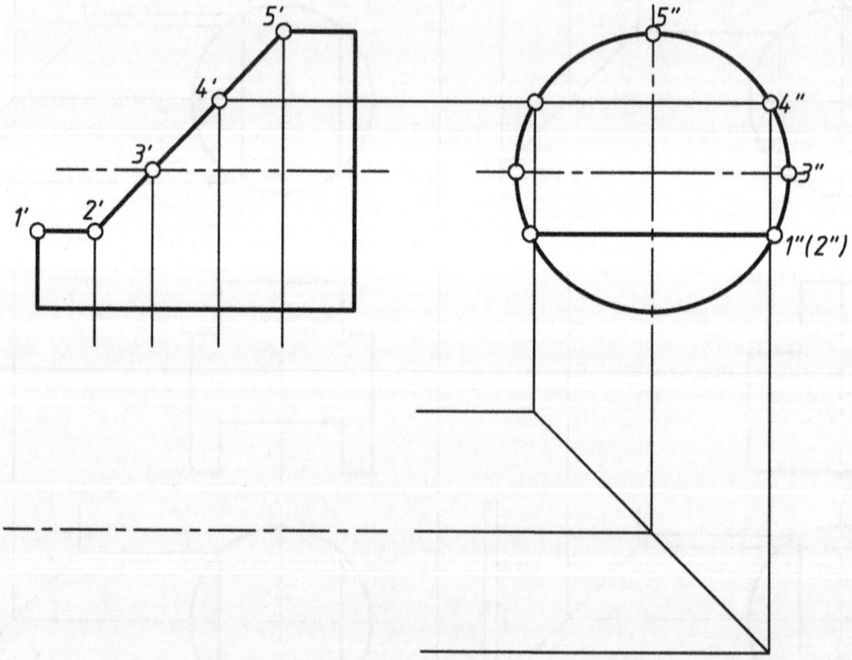

4-3 求作空心圆柱被截切后的第三面投影

1.

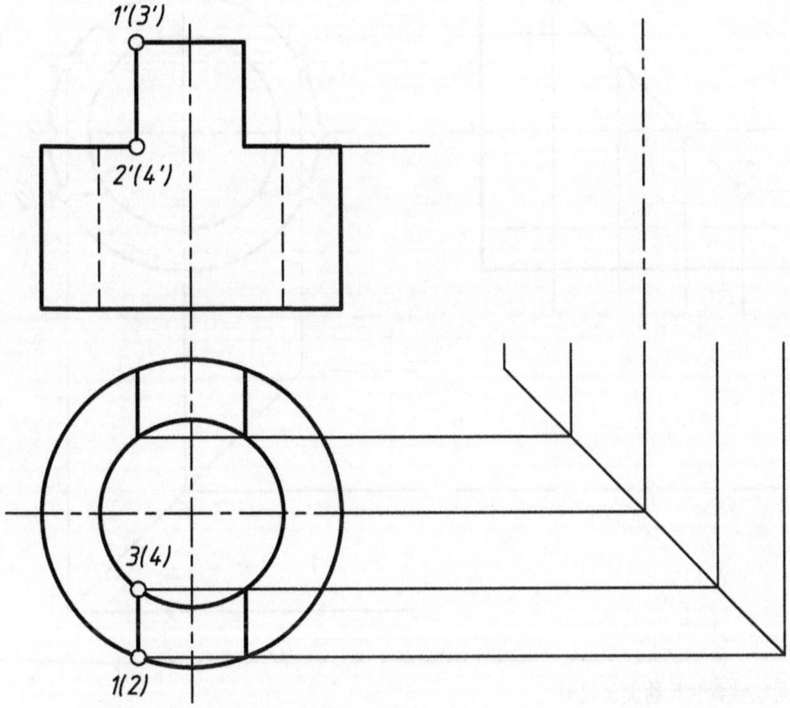

2.

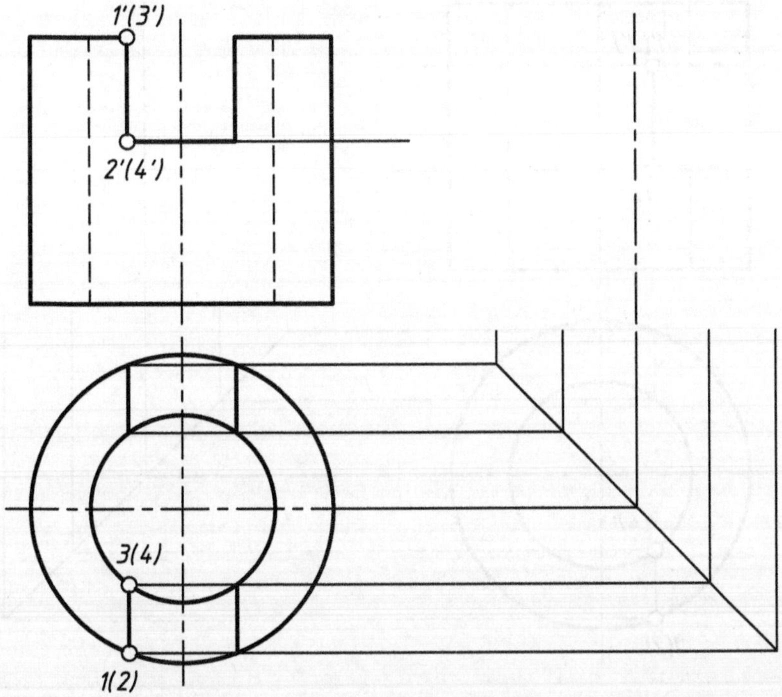

班级________姓名________学号________

4-4 求作空心圆柱被截切后的水平投影

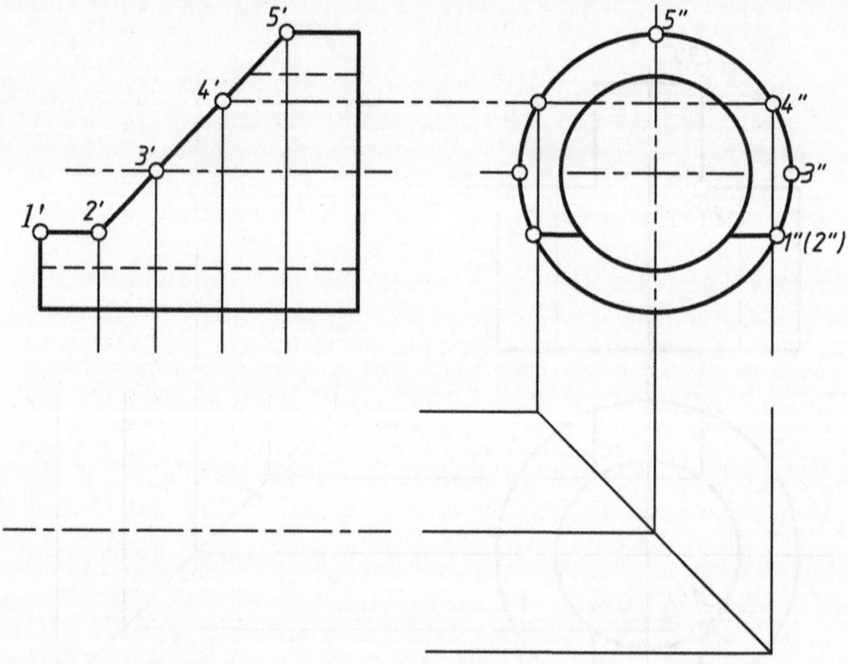

4-5 求作空心圆柱被截切后的侧面投影

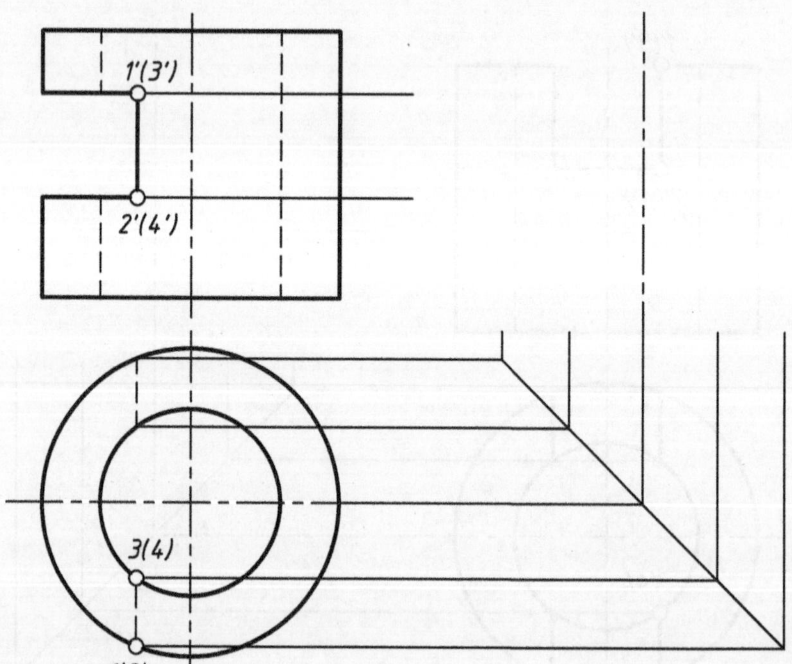

4-6 求作圆锥被截切后的第三面投影

1.

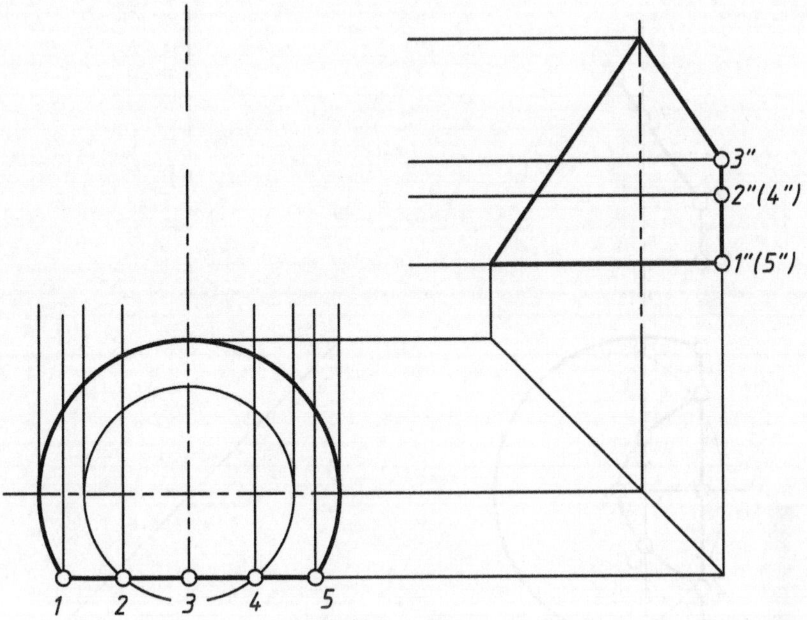

2.

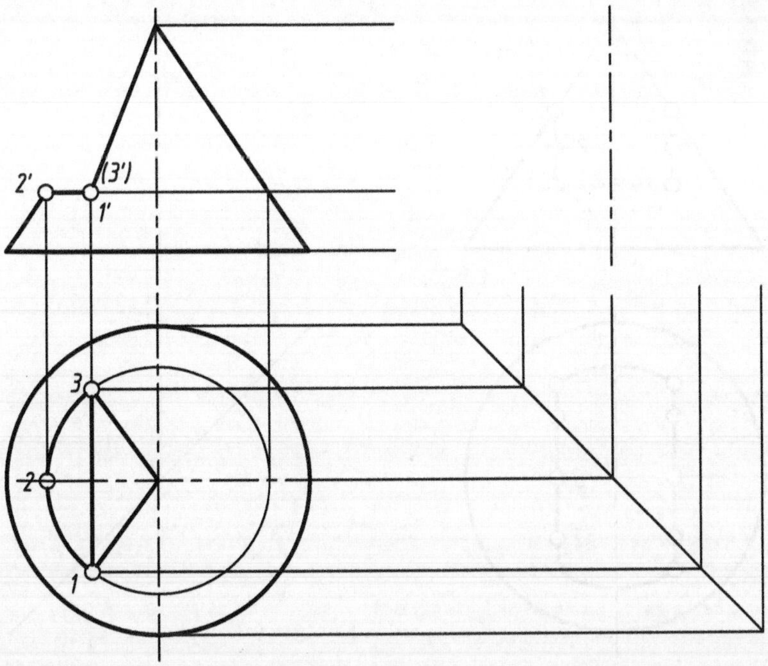

班级________ 姓名________ 学号________

4-7 根据圆锥被截切后的正面投影，补画出水平投影和侧面投影

1.

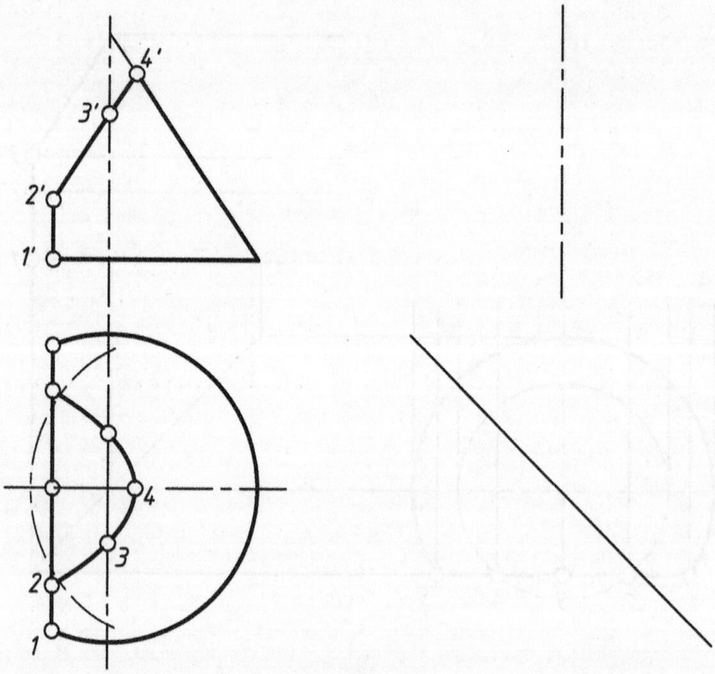

2.

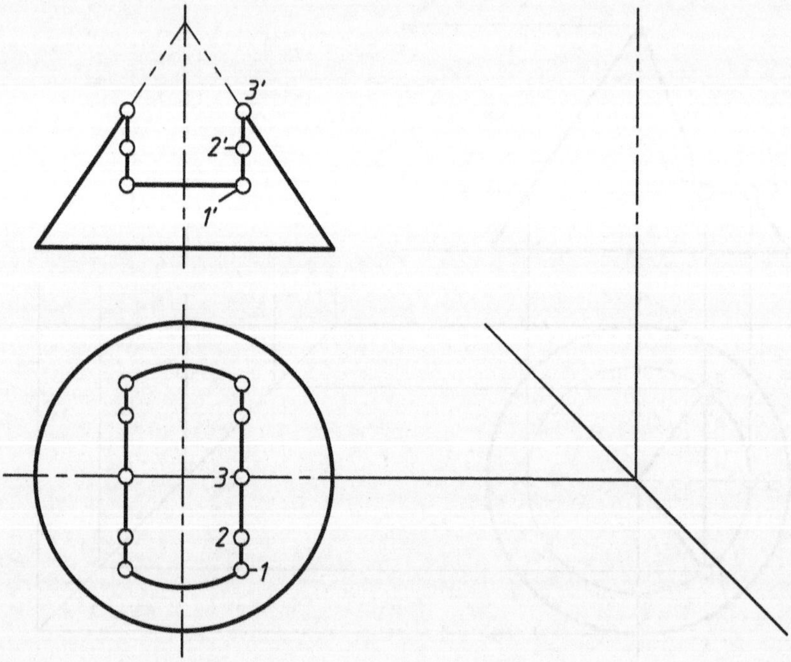

4-8 求作半圆球被截切后的第三面投影

1.

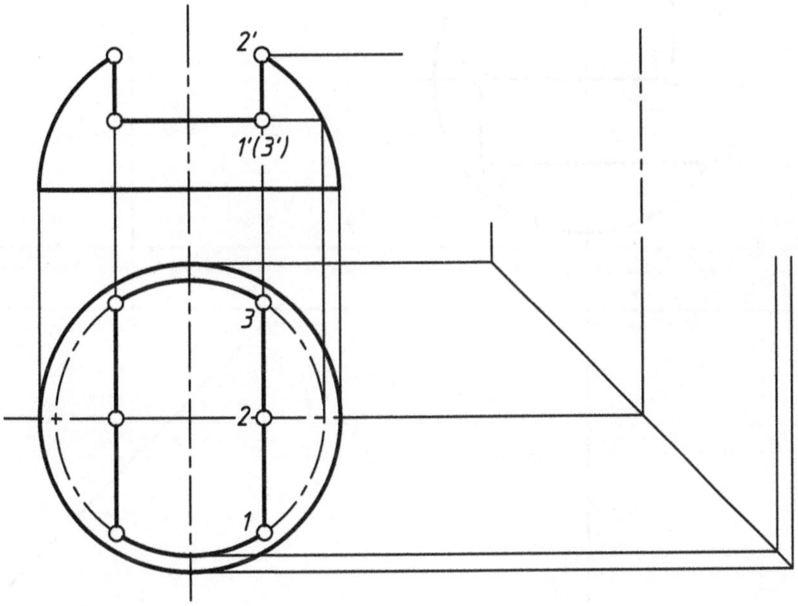

2.

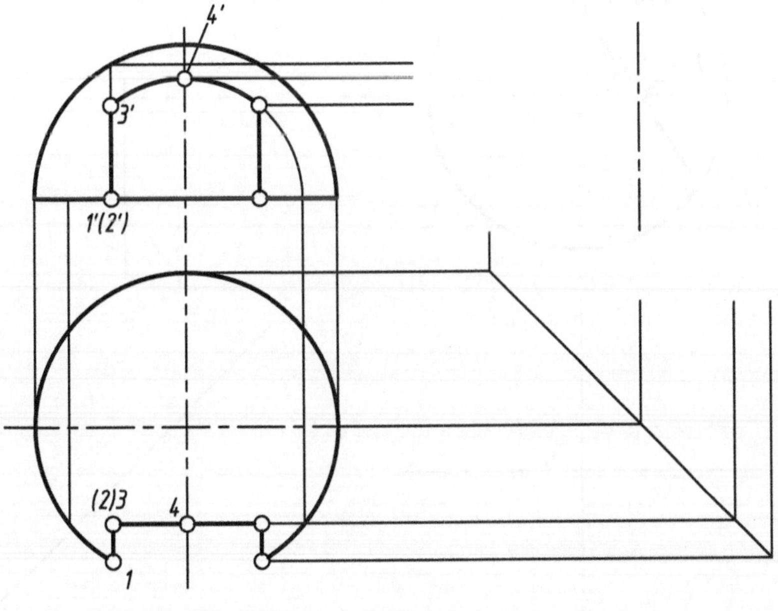

班级________姓名________学号________

4-9 根据圆球被截切后的正面投影，补画其它两面投影

*1.

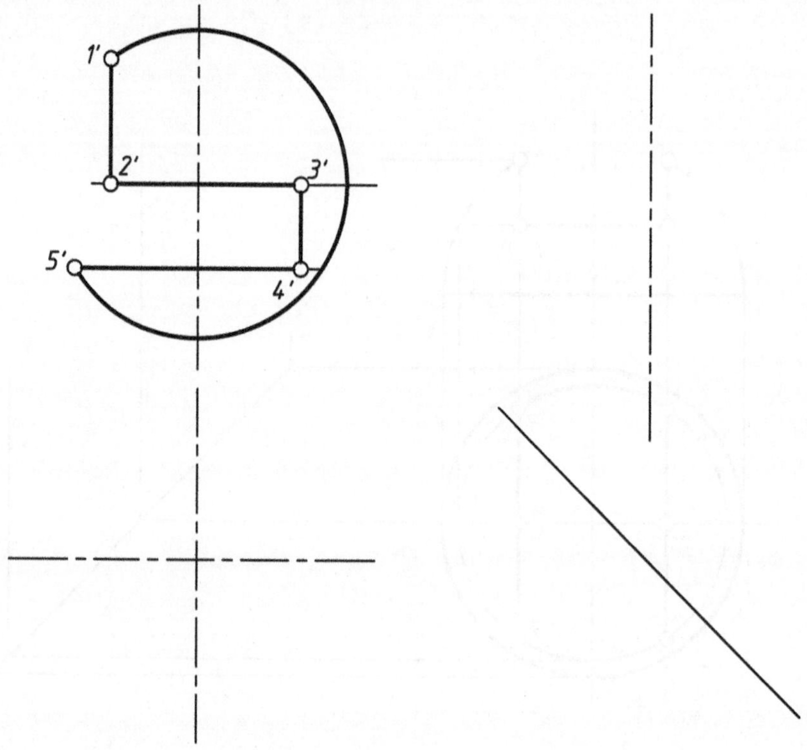

2.

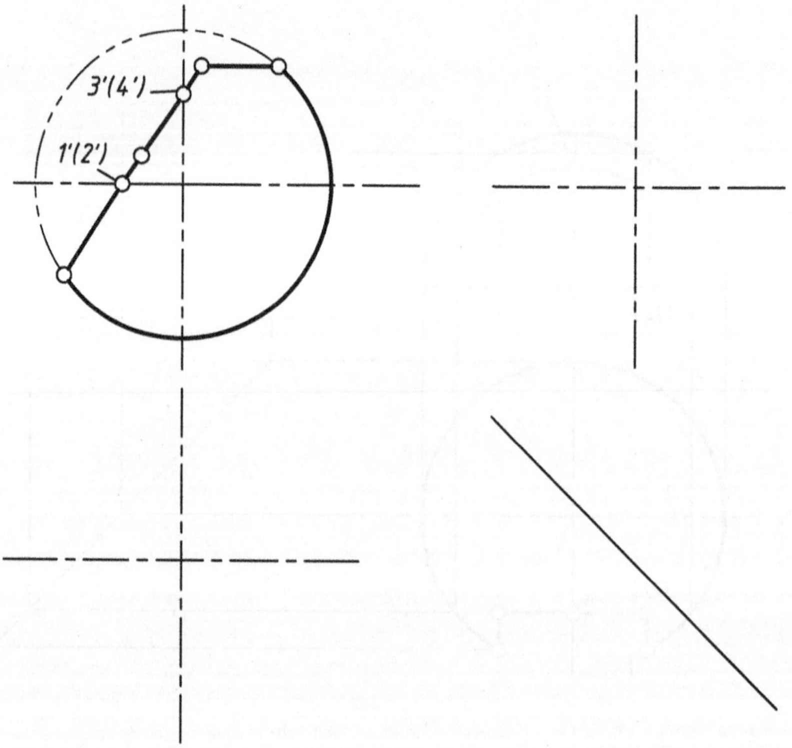

班级________姓名________学号________

4-10 求作立体被截切后的第三面投影

1.

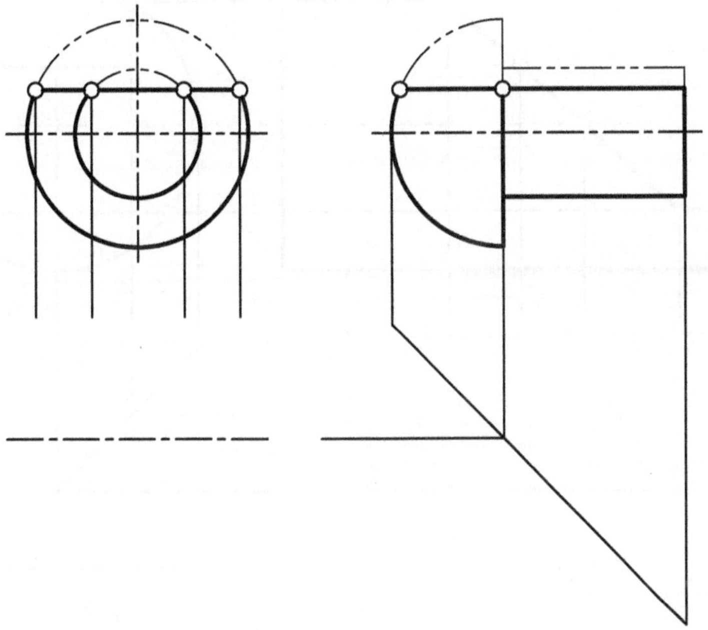

2.

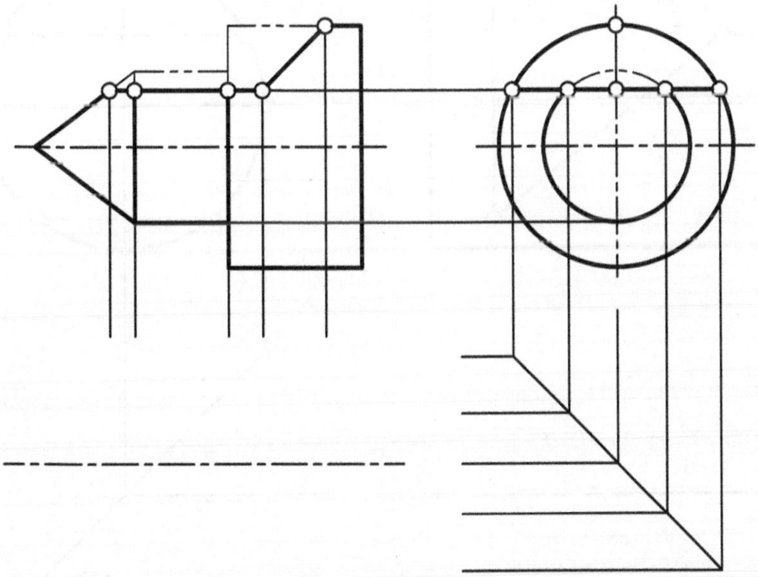

4-11 求作被截切圆柱的第三面投影

1.

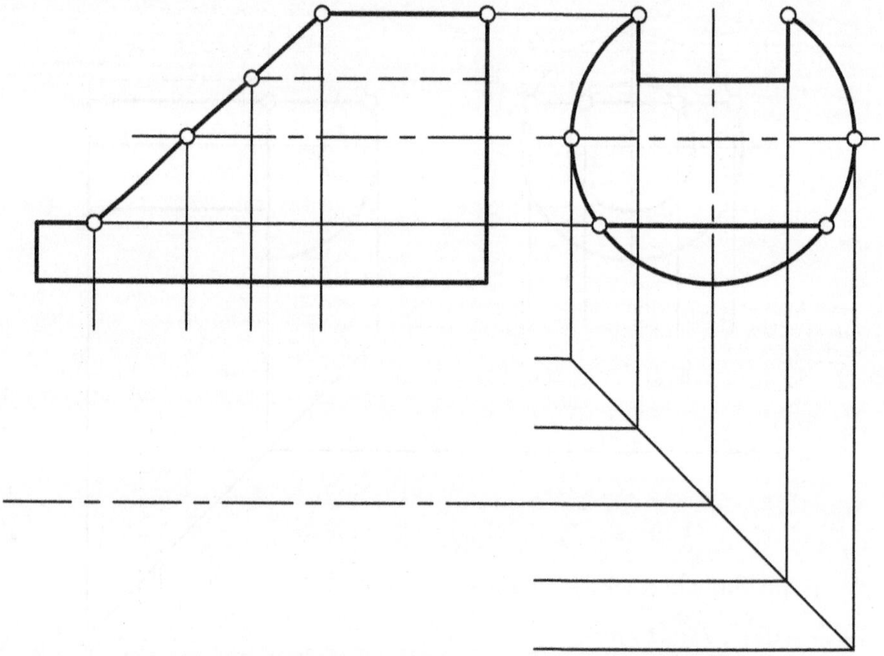

2.

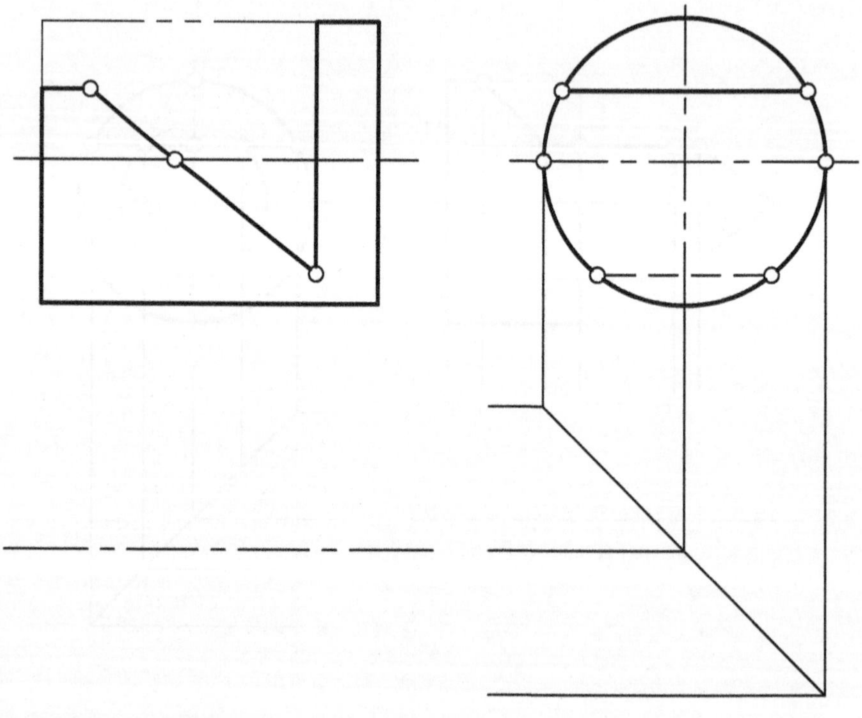

*4-12 补画被截切立体的投影

1.

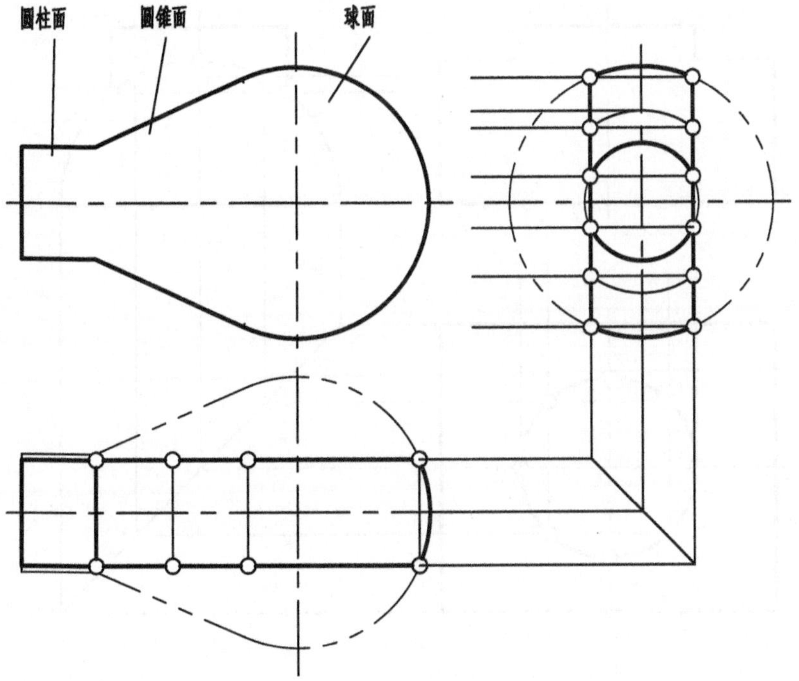

2.

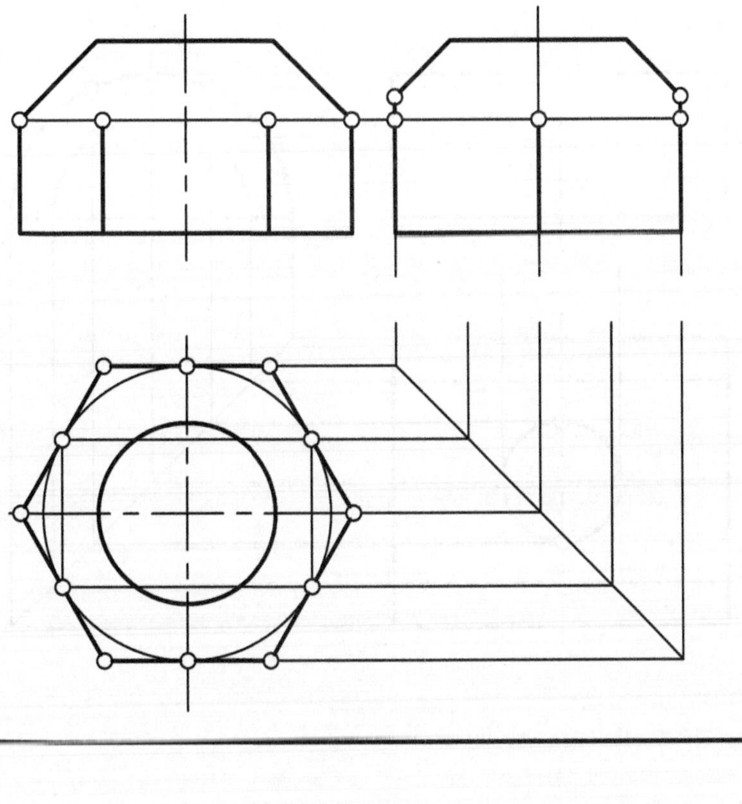

班级________姓名________学号________

4-13 求作两立体的表面交线

1.

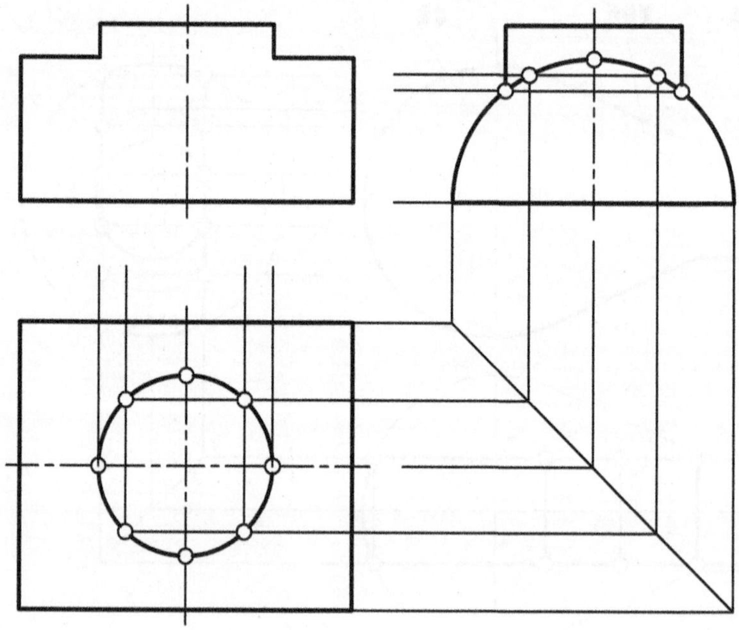

2.

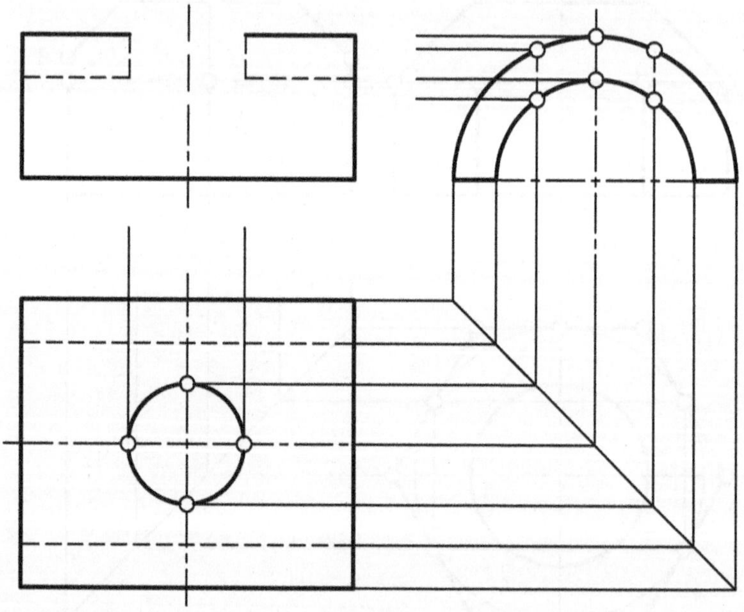

4-14 求作两立体的相交的正面投影

1.

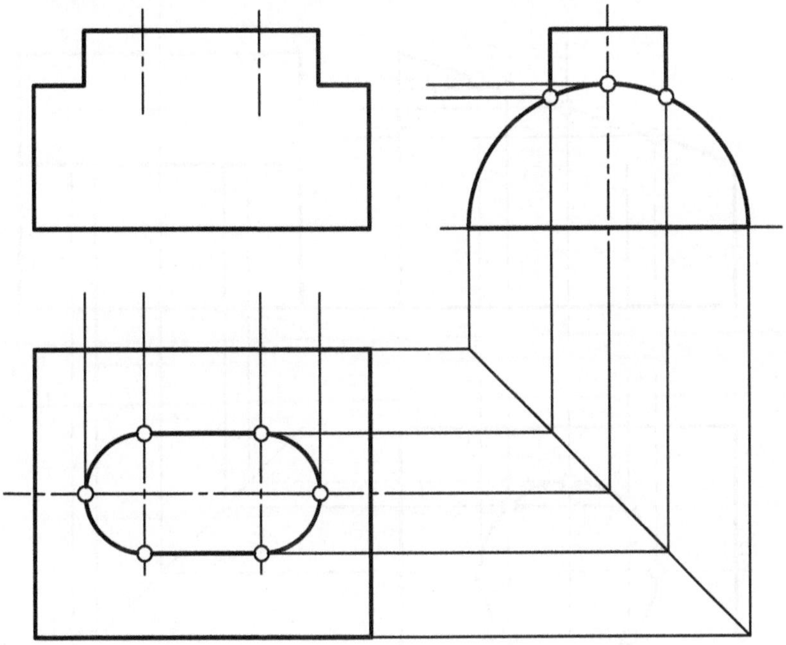

2.

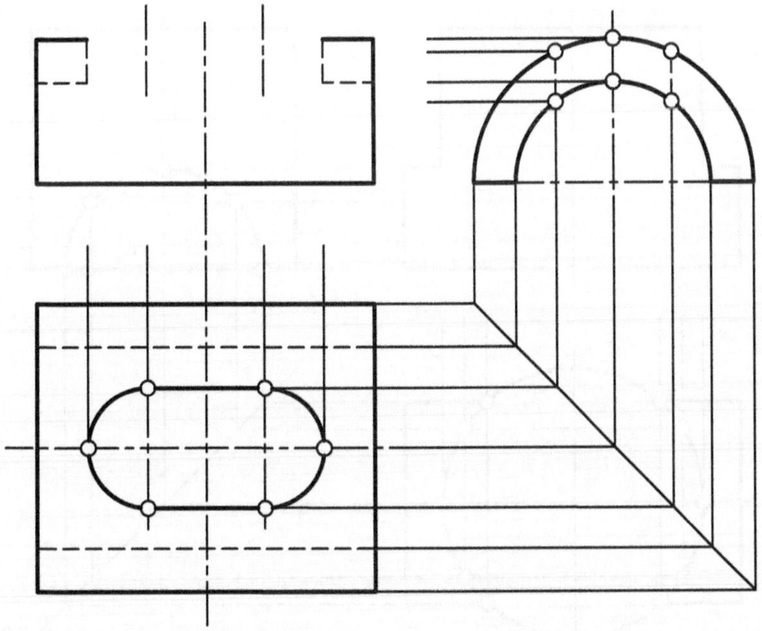

班级________姓名________学号________

4-15　求作两立体的表面交线

1.

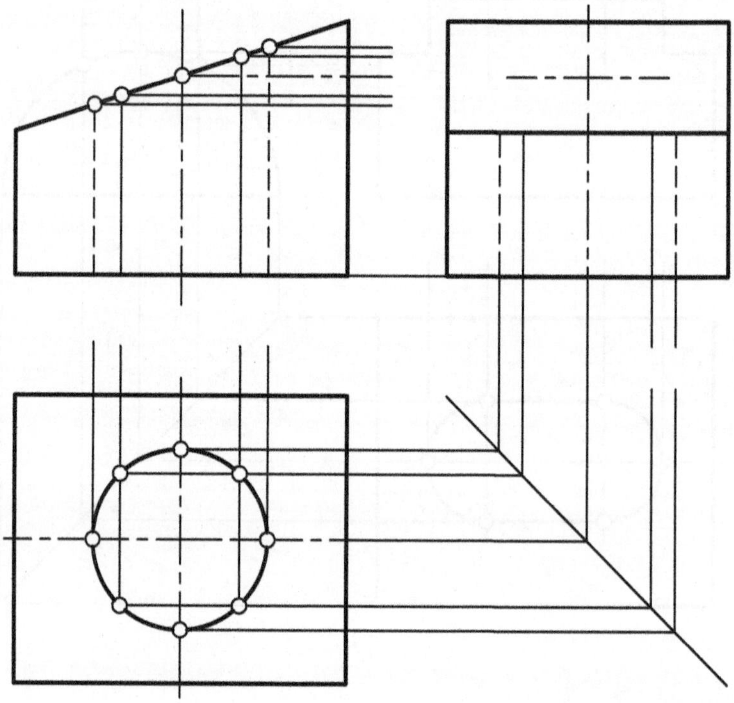

2.

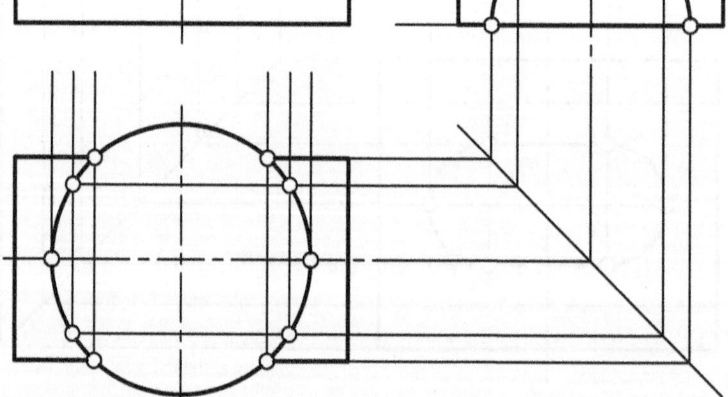

4-16 求作两立体的相交的正面投影

1.

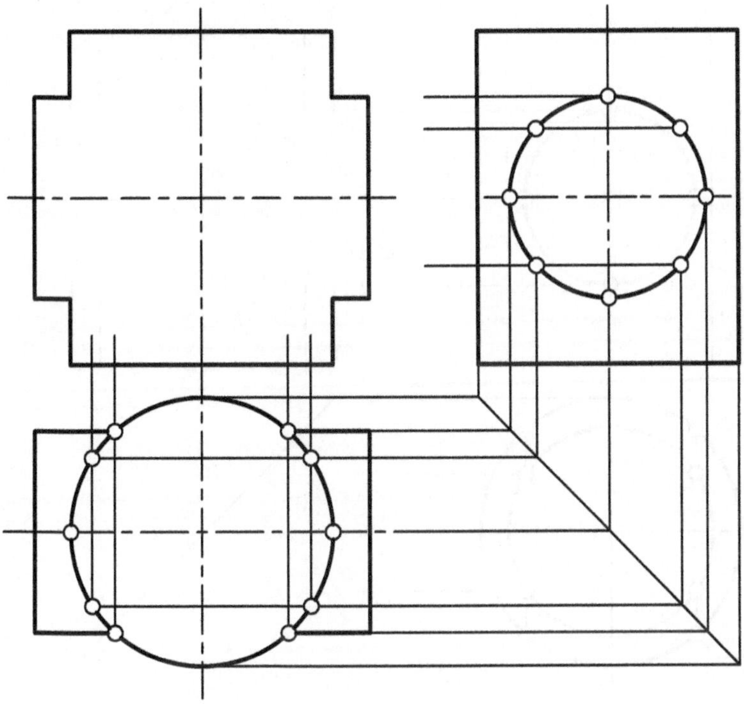

2.

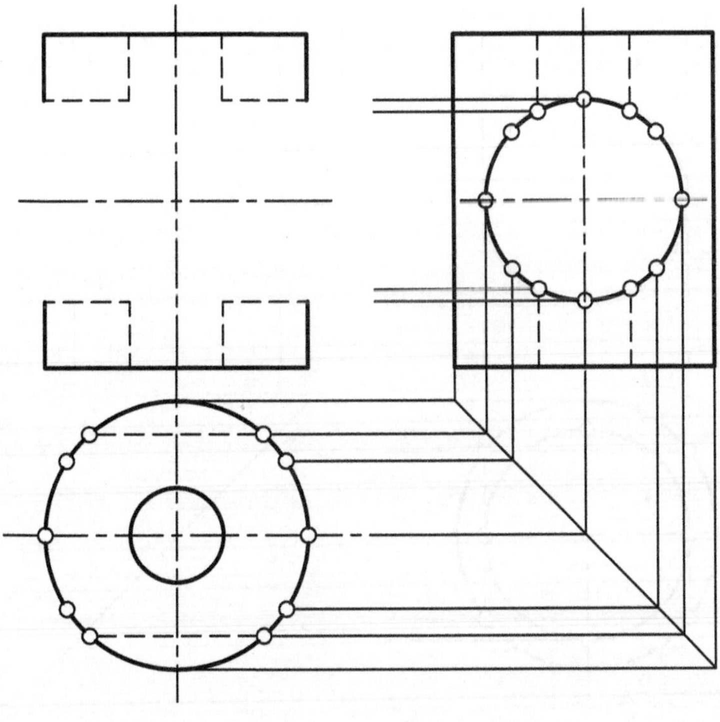

班级________姓名________学号________

4-17 求作空心圆柱开圆孔的表面交线

1.

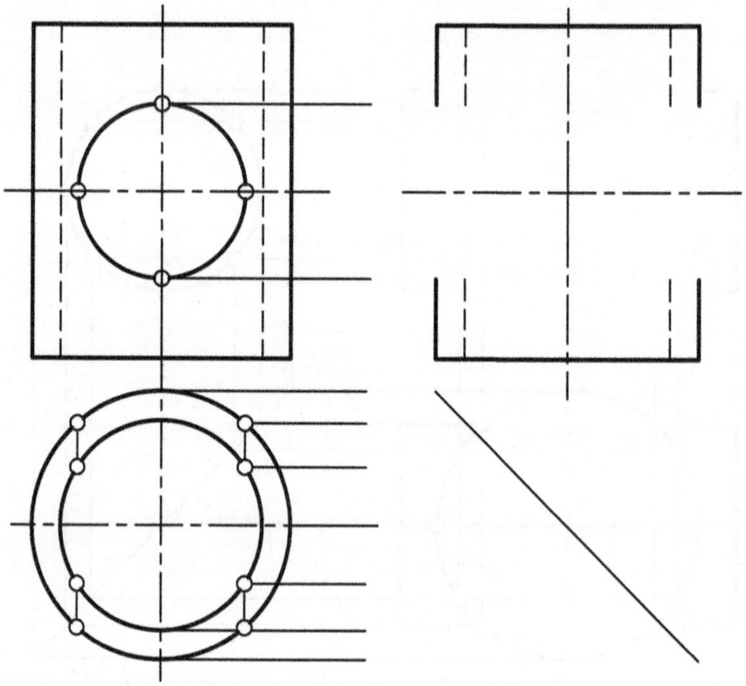

2.

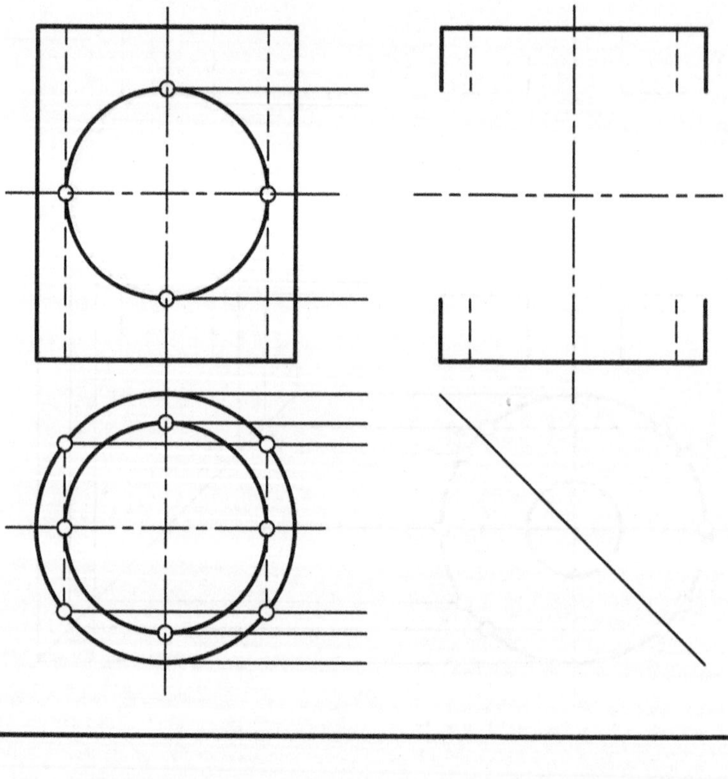

4-18 补画两立体相交的三面投影

1.

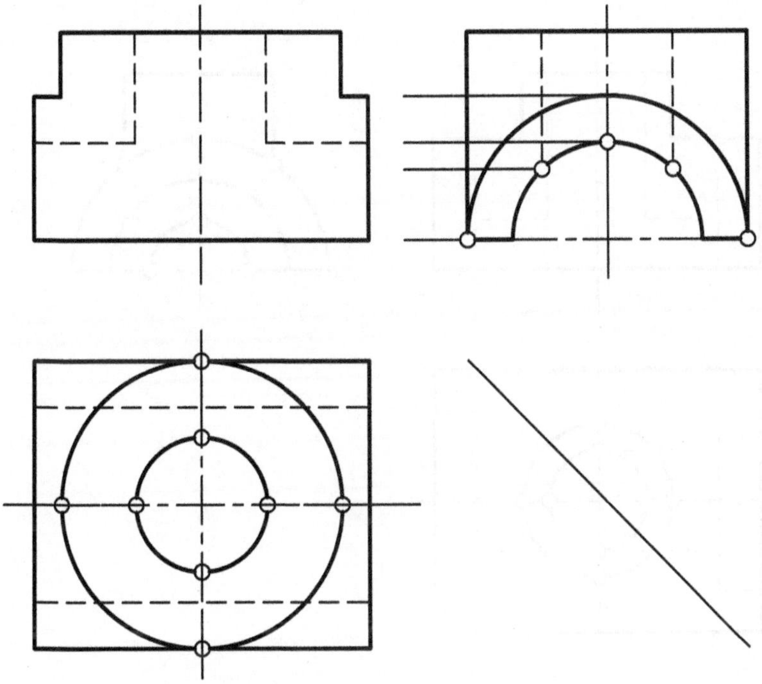

2.

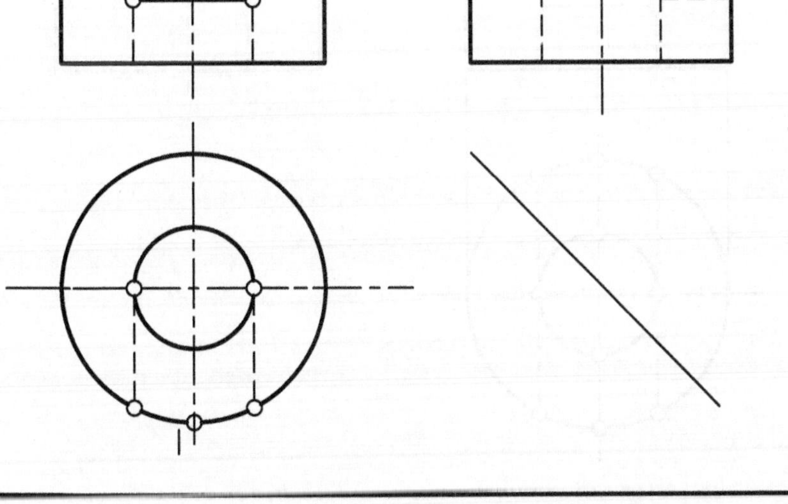

班级________ 姓名________ 学号________

4-19 补画立体的三面投影

1.

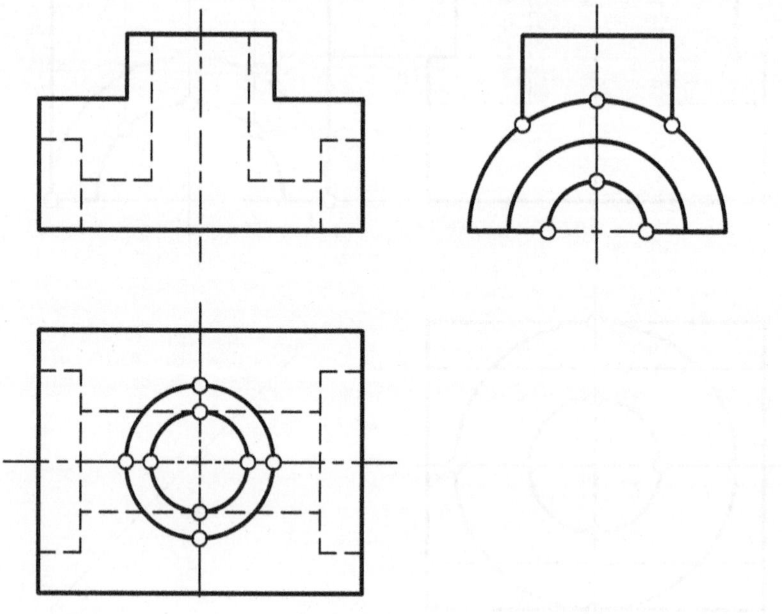

2.

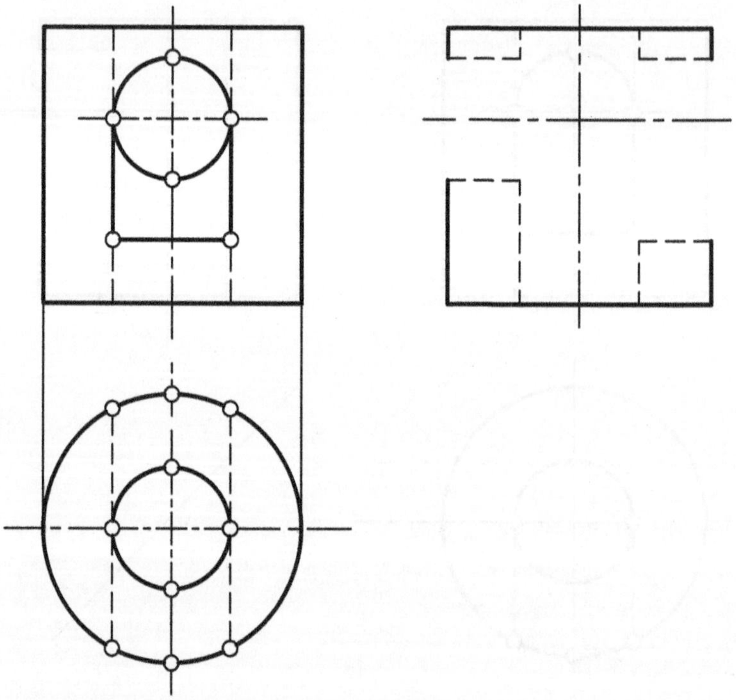

4-20 补画立体的三面投影

1.

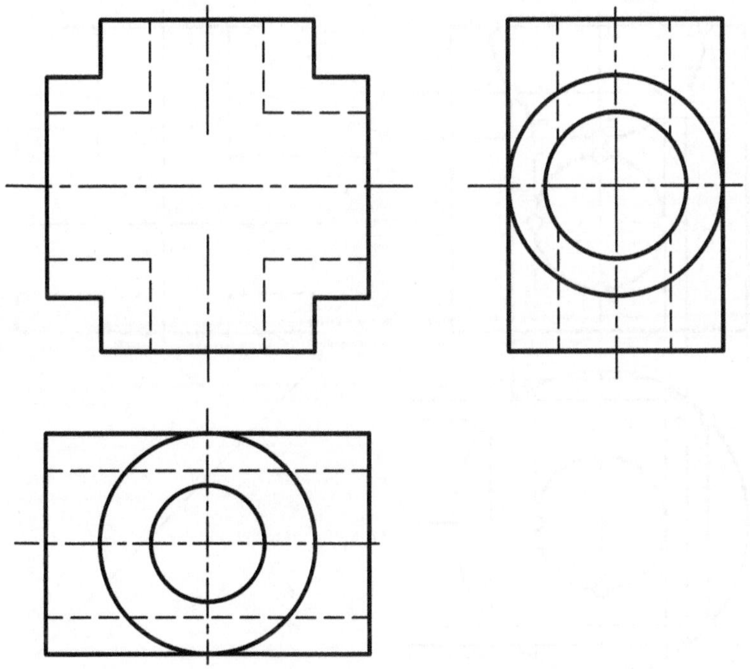

*2.

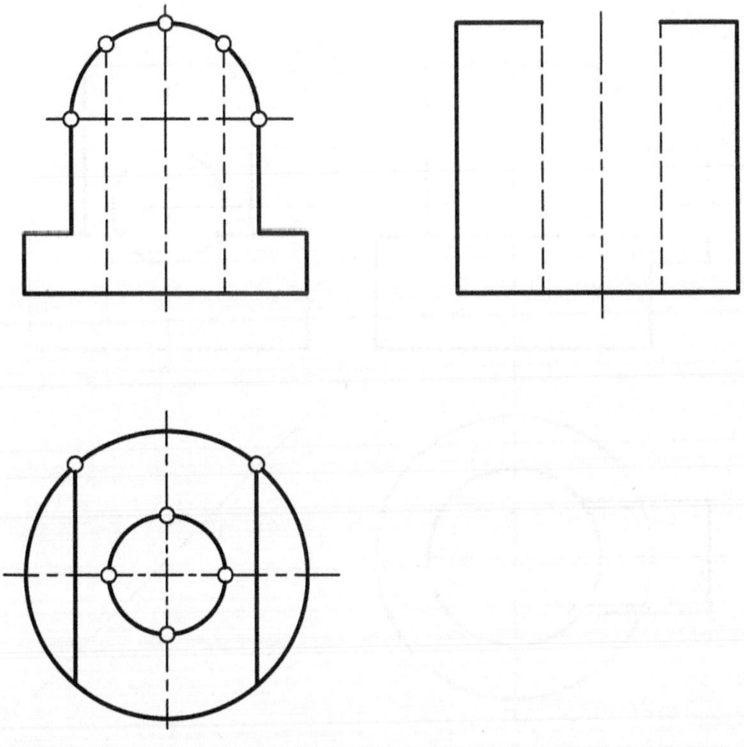

班级________姓名________学号________

*4-21　补画立体的三面投影

1.

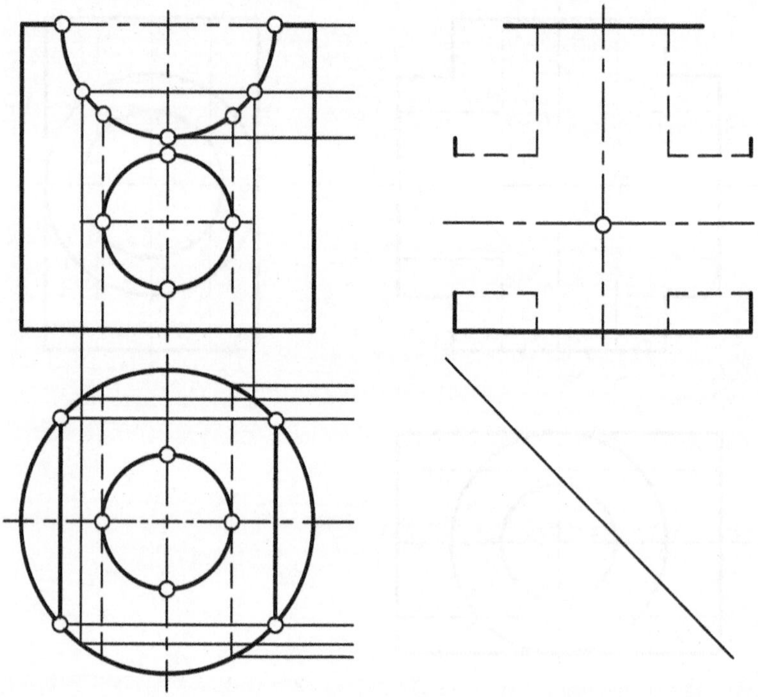

2.

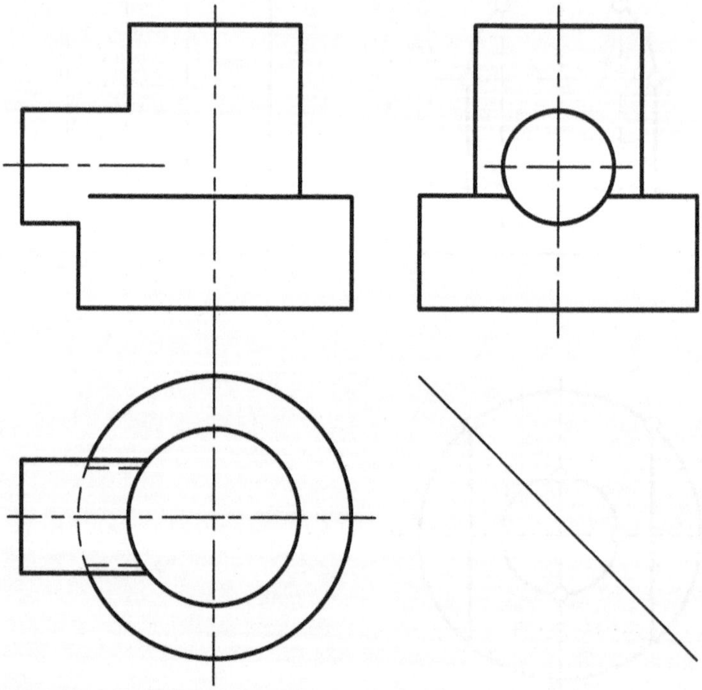

*4-22　补画两立体相交的三面投影

1.

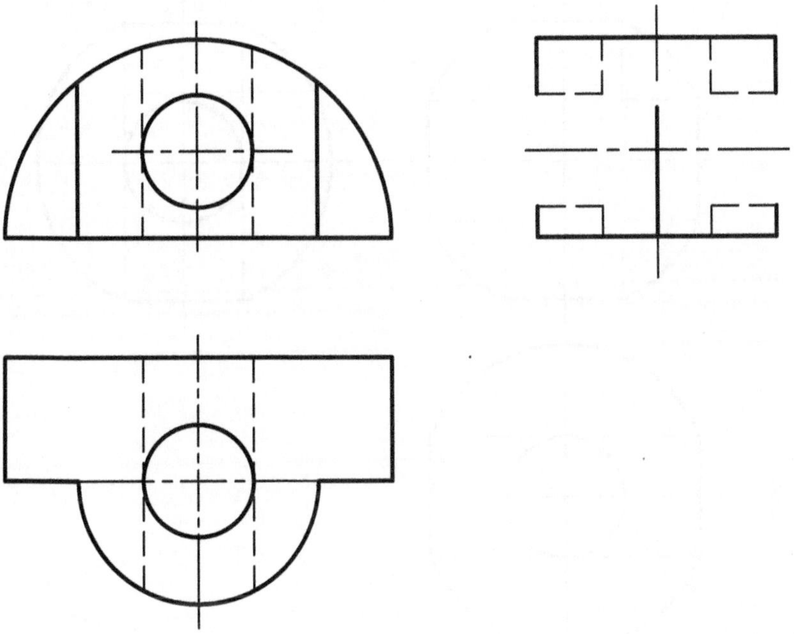

2.

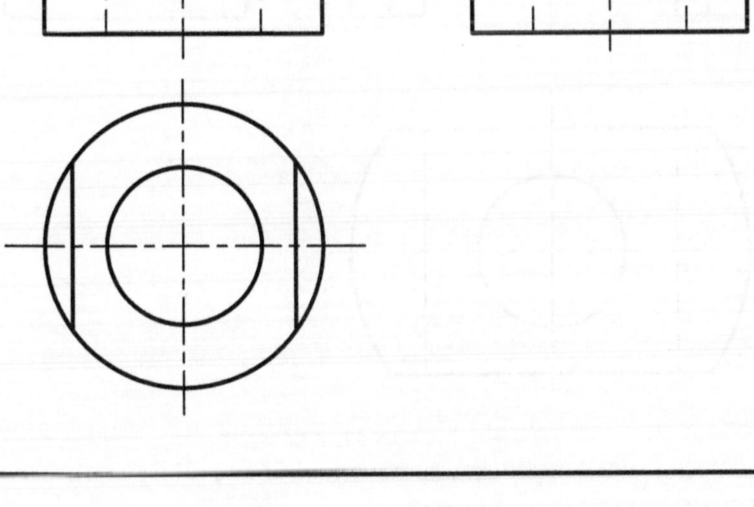

班级________姓名________学号________

4-23 补画两立体相交的漏线

1.

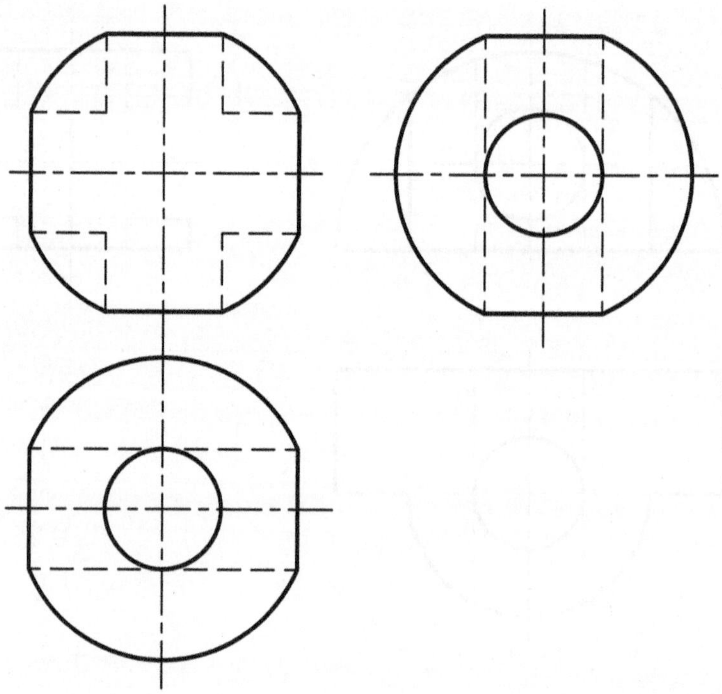

2.

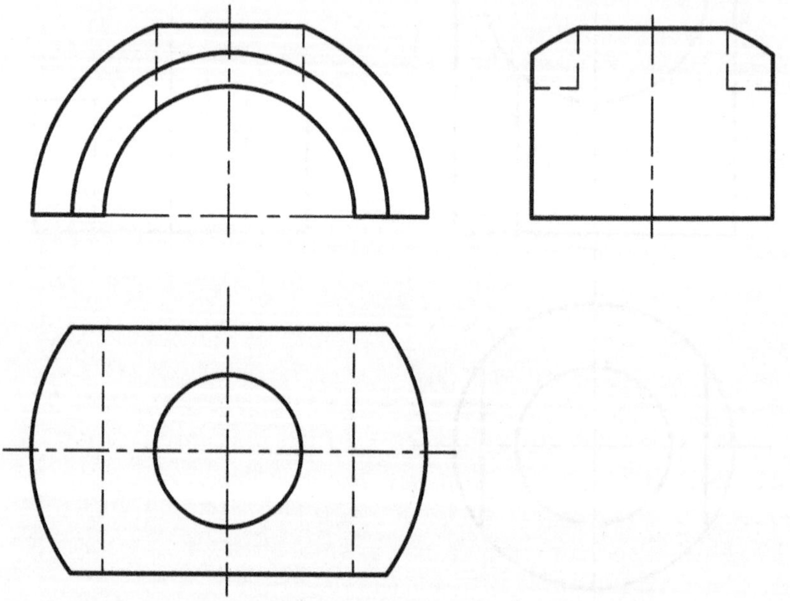

4-24 运用AutoCAD绘制被切割的平面立体并标注其尺寸

1.

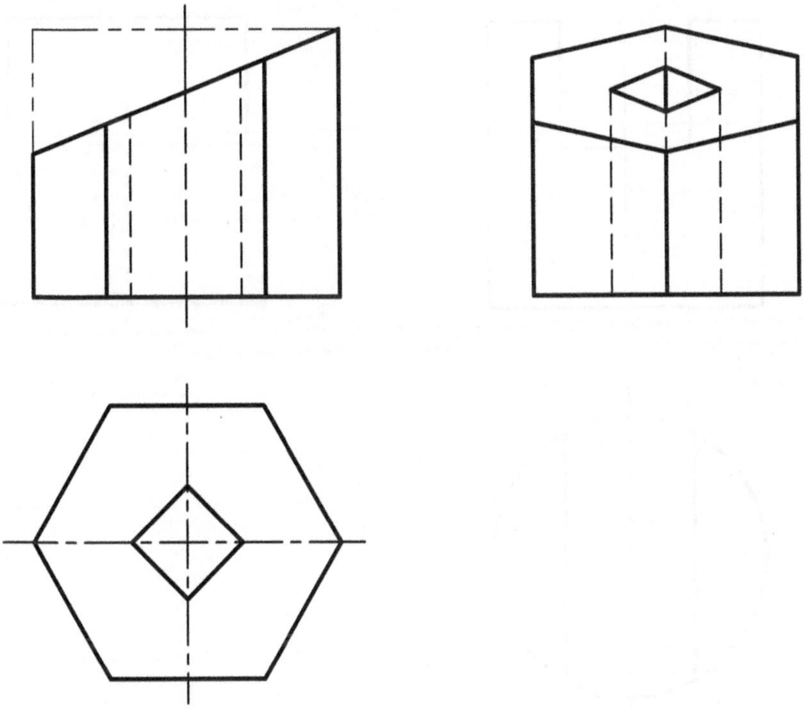

2.

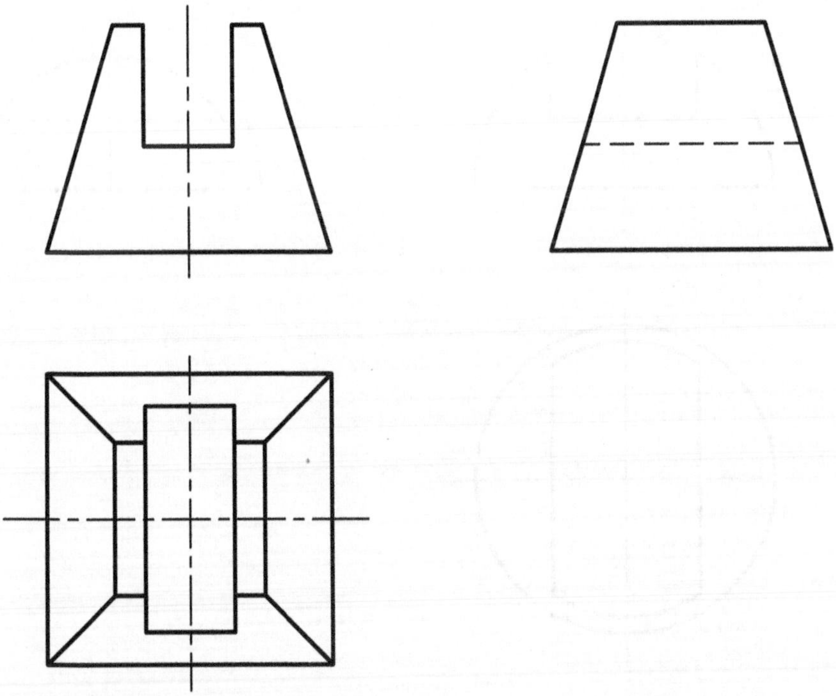

班级________姓名________学号________

4-25 运用AutoCAD绘制被切割的曲面立体并标注尺寸

1.

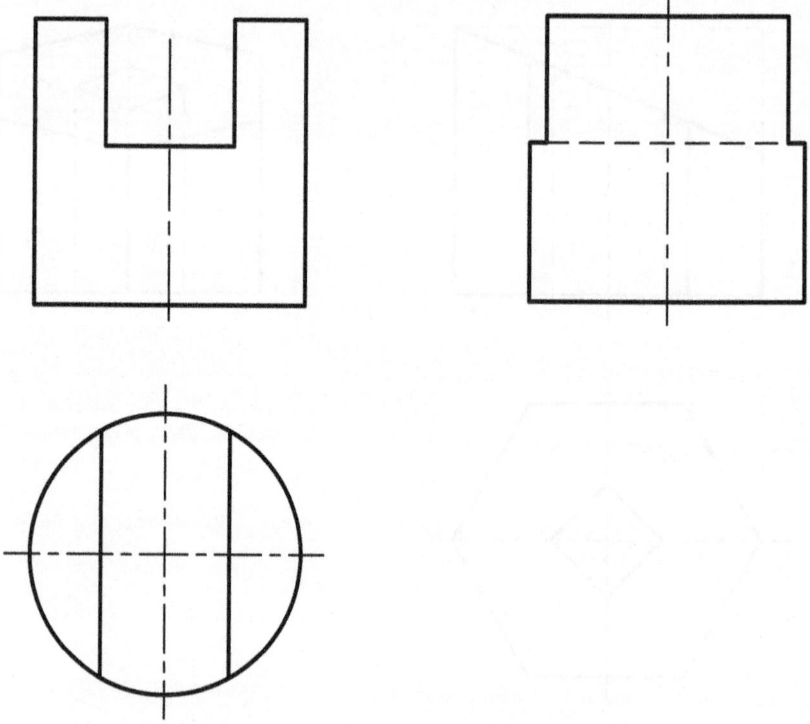

2.

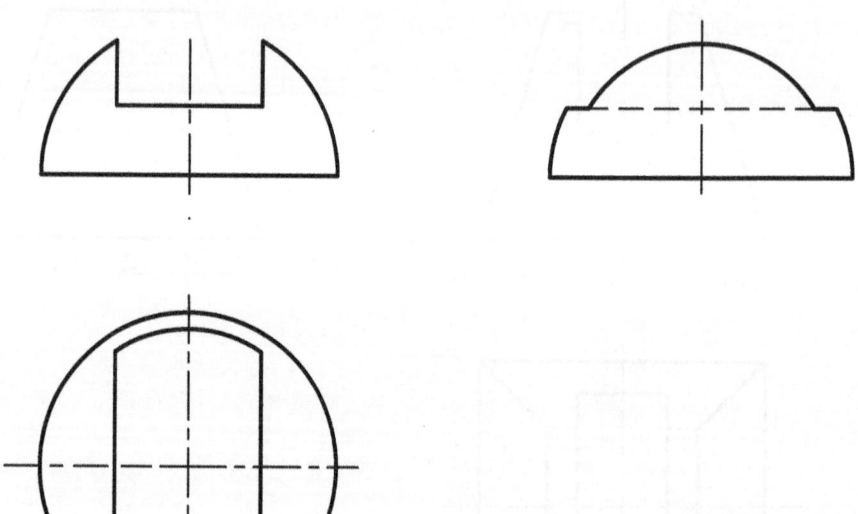

5-1　根据立体图，在指定位置画出其三视图（尺寸在立体图上量取）

1.

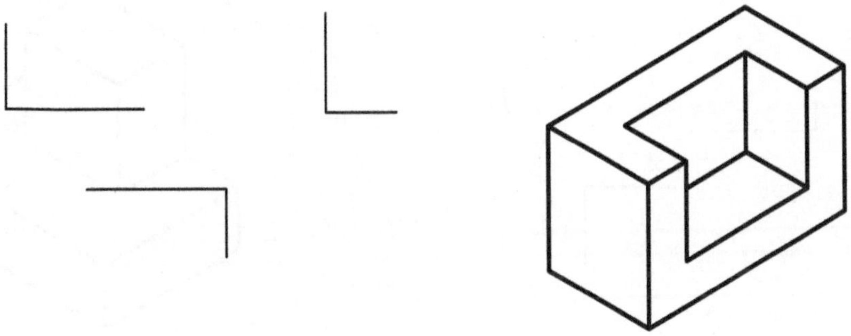

2.

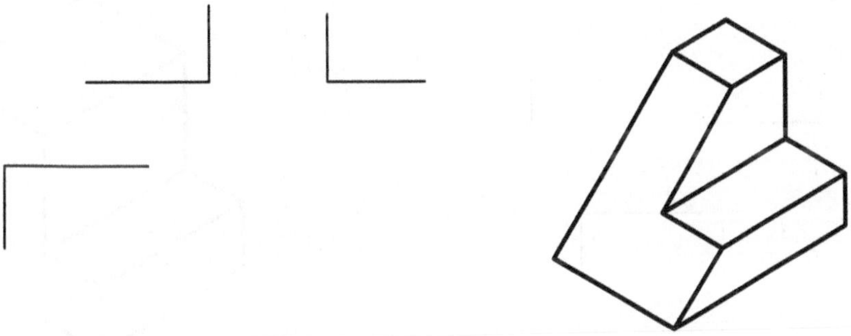

3.

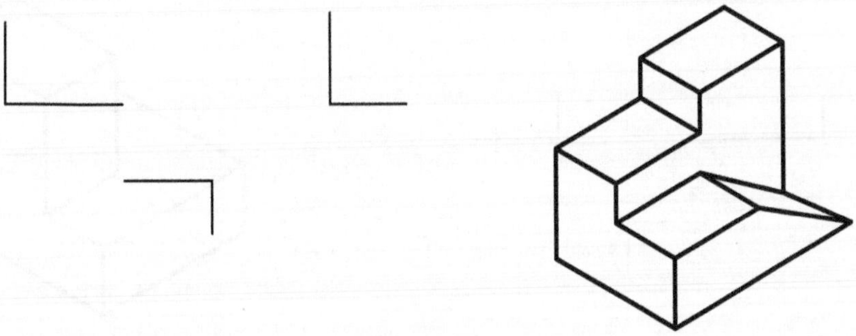

班级________姓名________学号________

5-1 （续）

4.

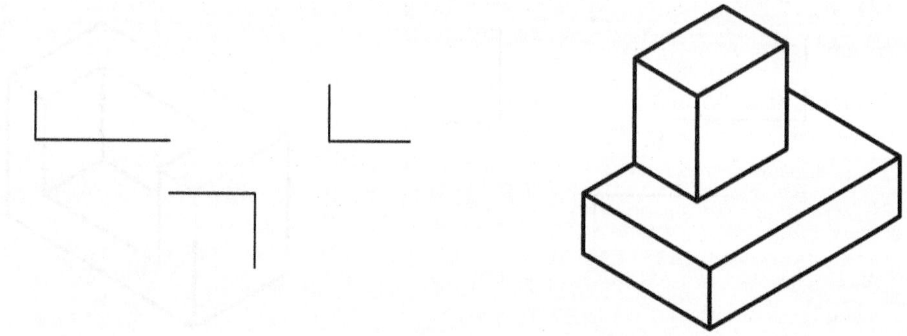

5.

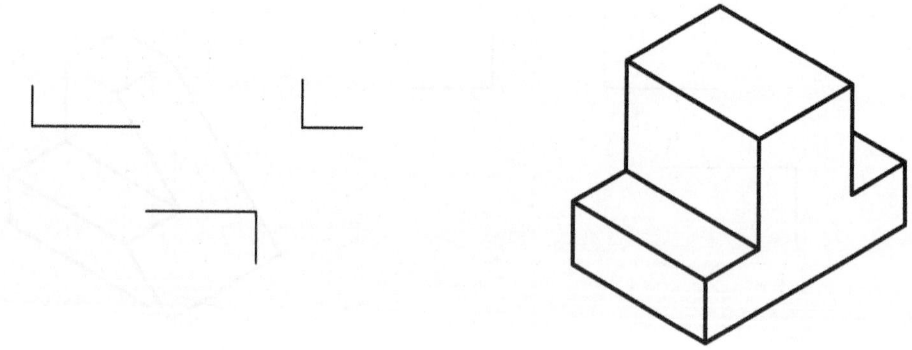

6.

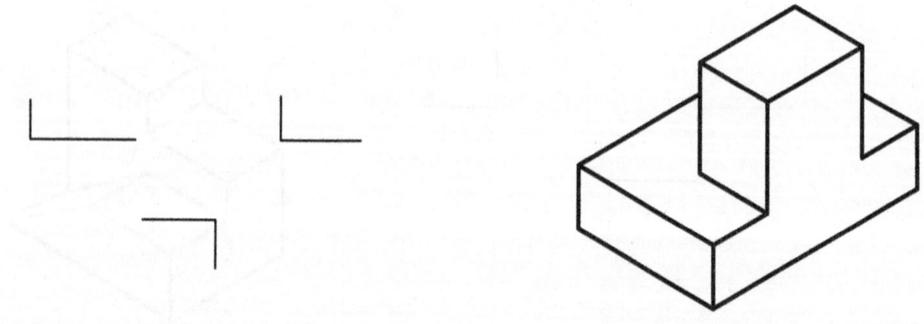

5-1 （续）

7.

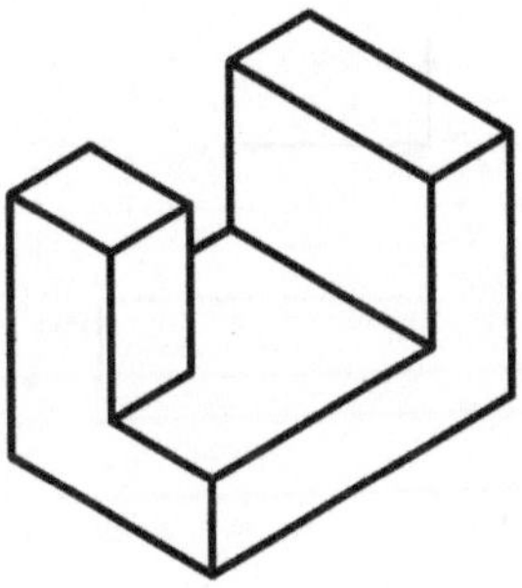

8.

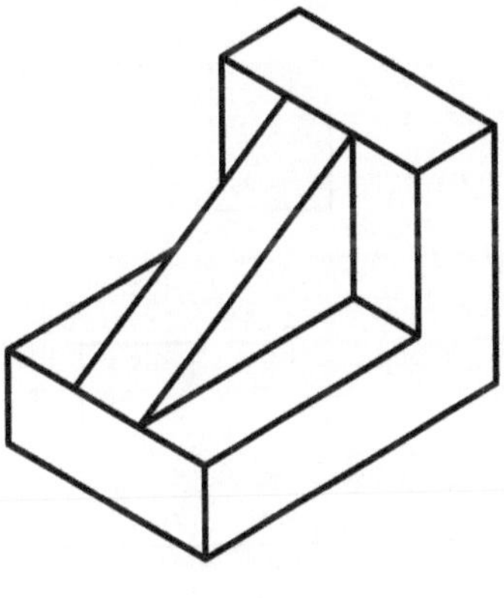

9.

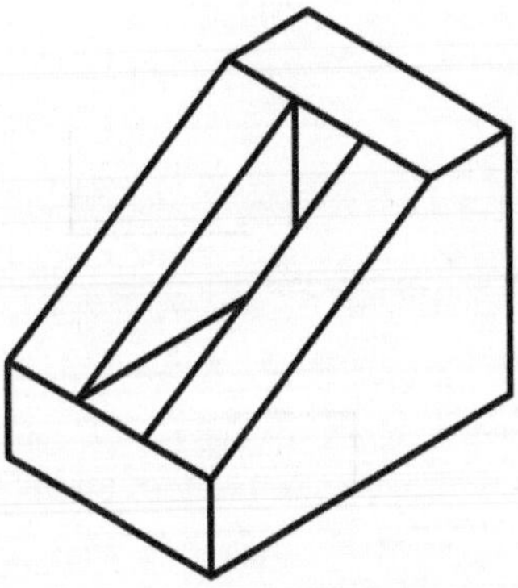

班级________姓名________学号________

5-1 （续）

10.

11.

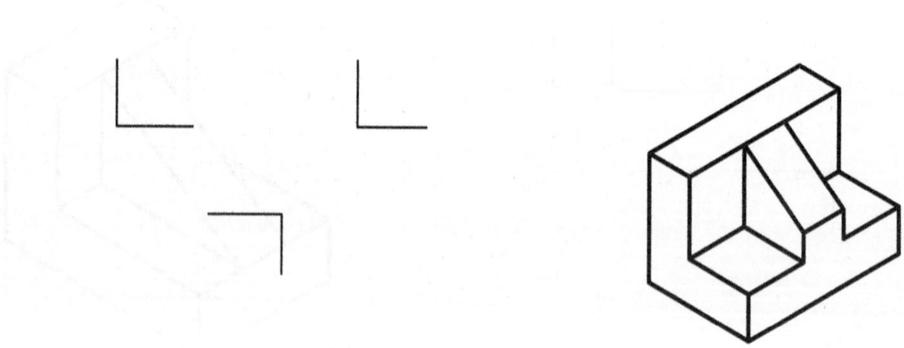

12.

5-2 根据立体图，补画其三视图中的漏线

1.

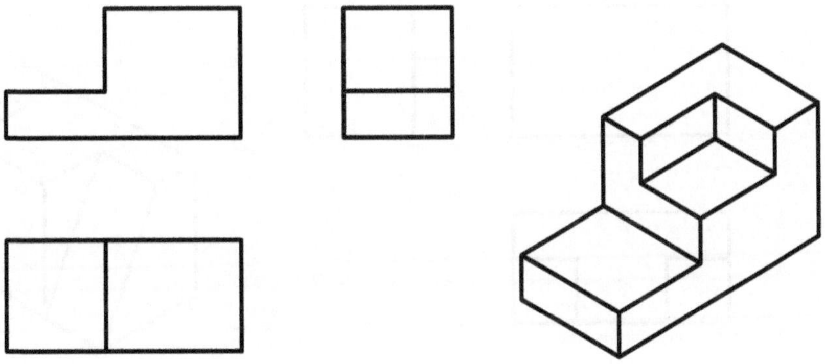

2.

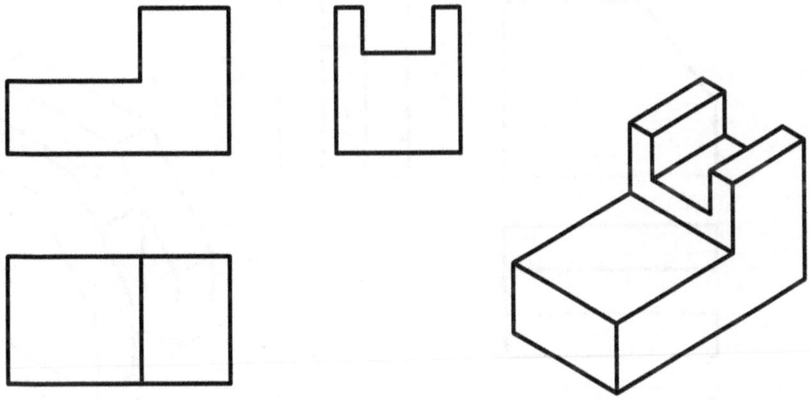

3.

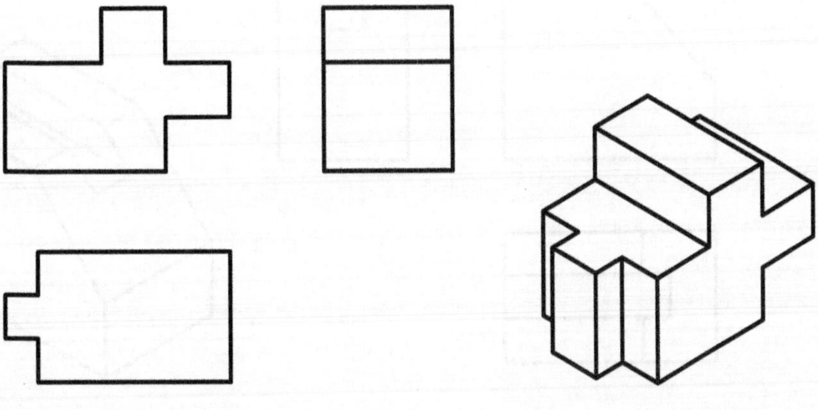

班级________姓名________学号________

5-2（续）

4.

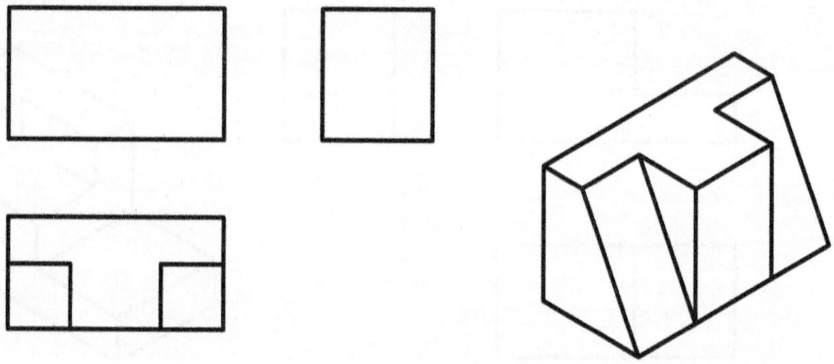

5.

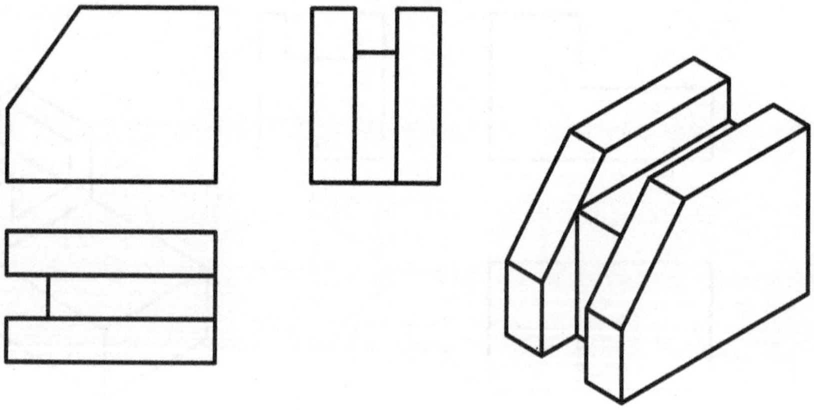

6.

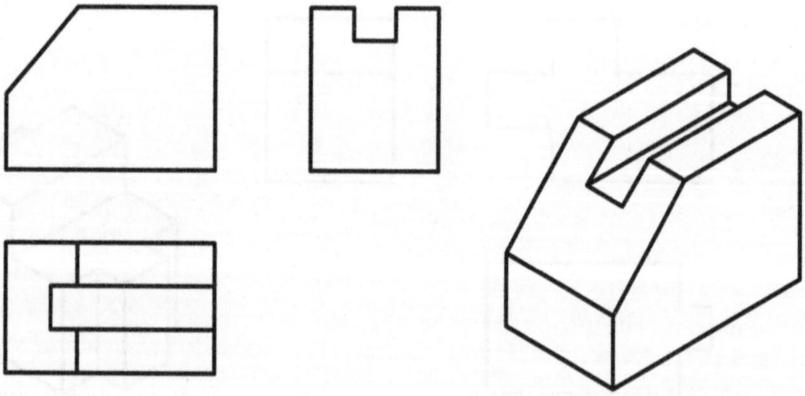

5-2（续）

7.

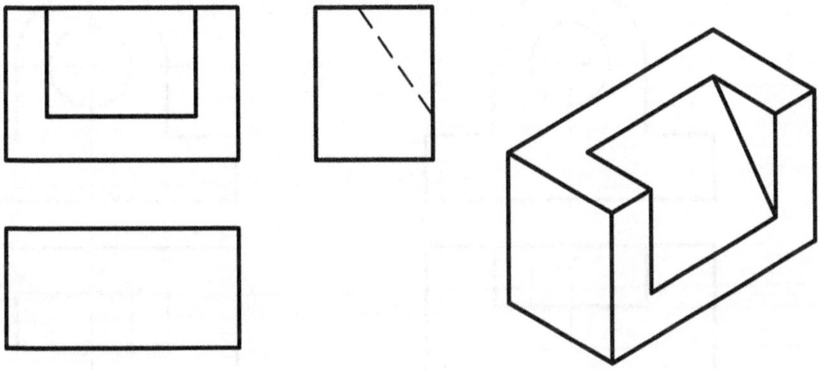

8.

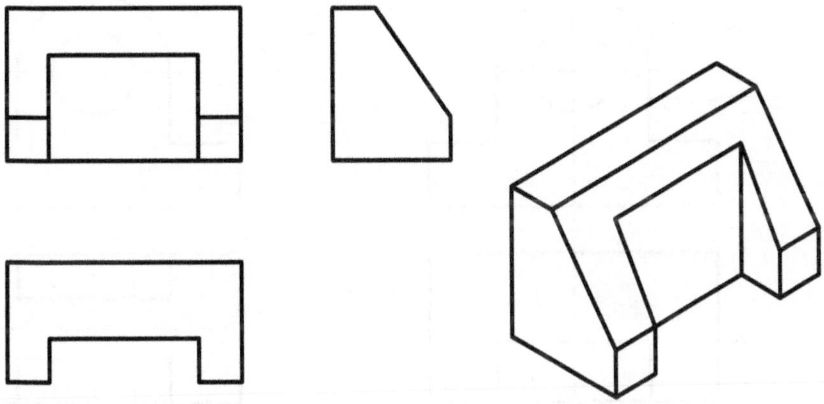

9.

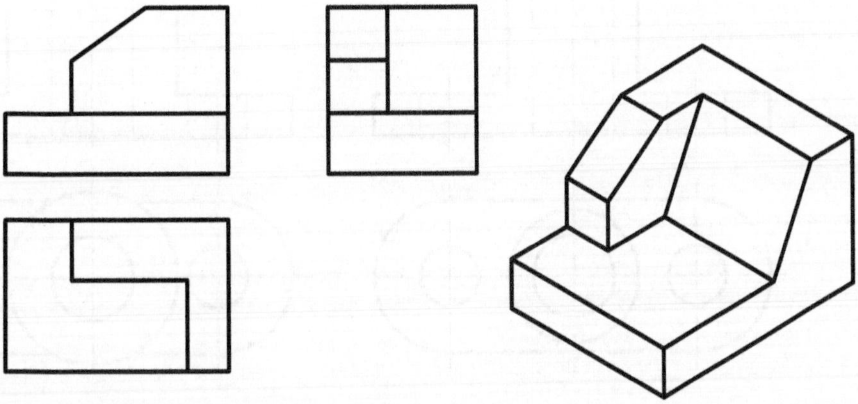

班级________姓名________学号________

5-3 根据投影规律，补画视图中的漏线（注意立体表面的连接情况）

1.

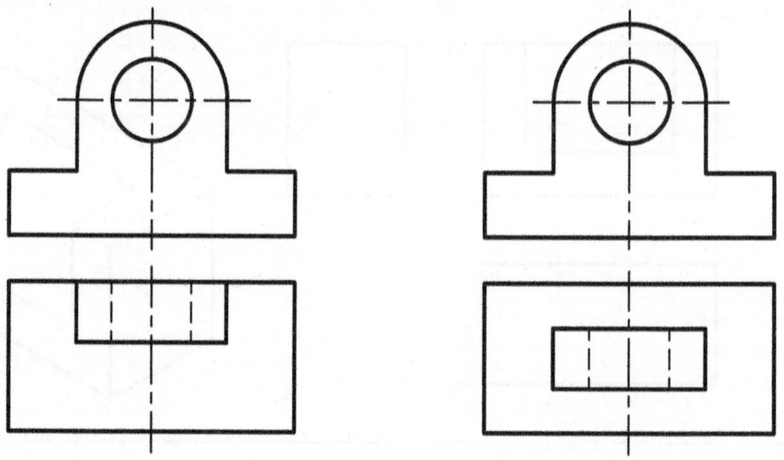

2.

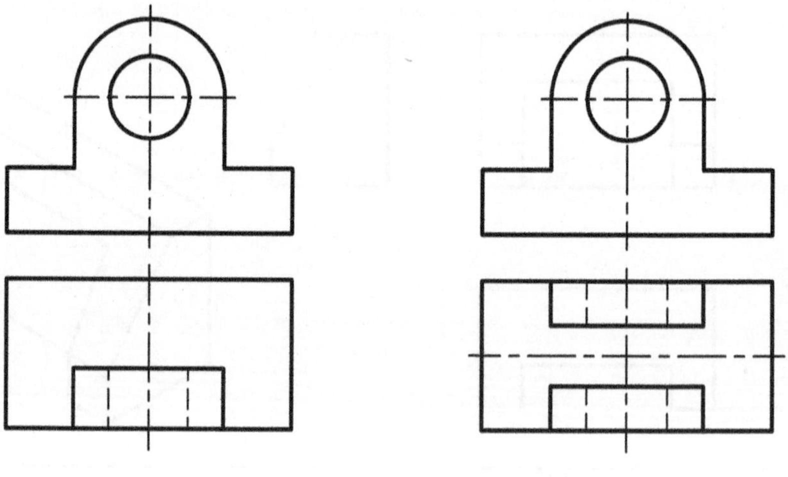

3.

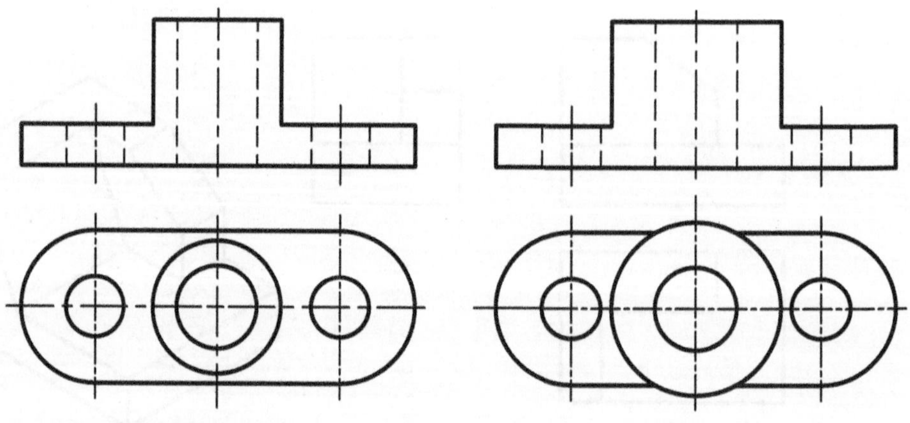

5-3 （续）

4.

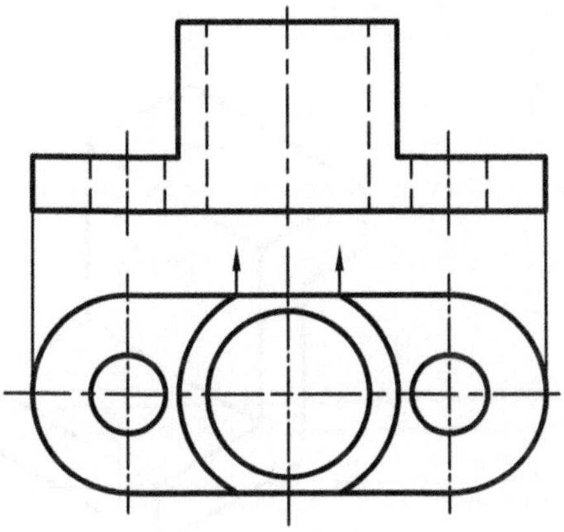

5.

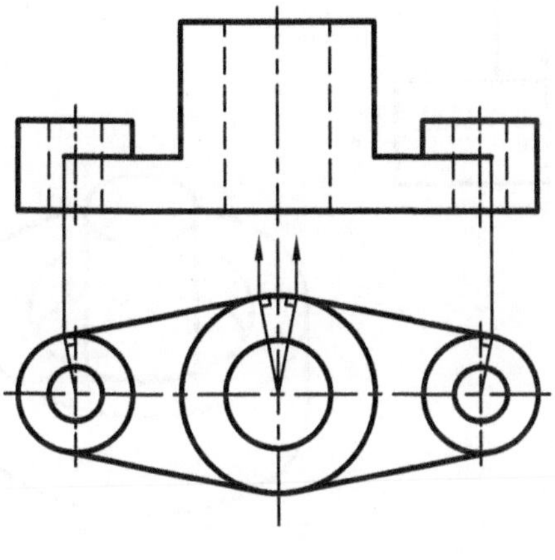

6.

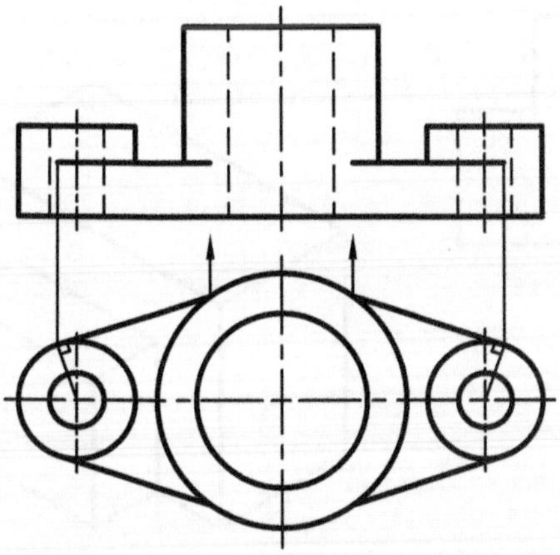

班级________姓名________学号________

5-4 根据立体图，补画三视图中的漏线

1.

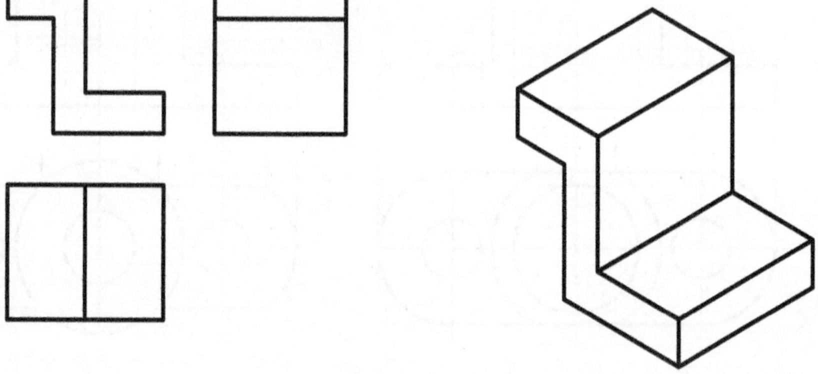

2.

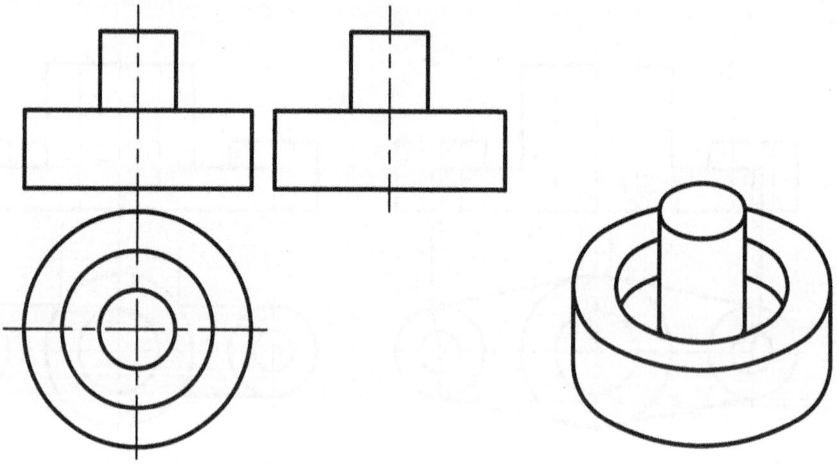

3.

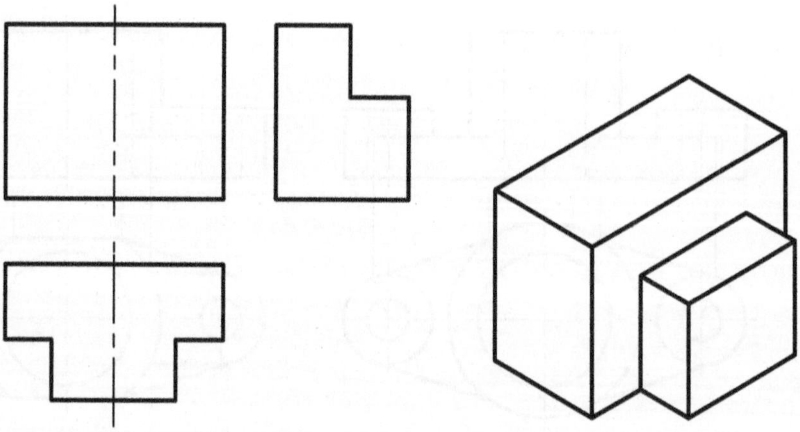

5-4 （续）

4.

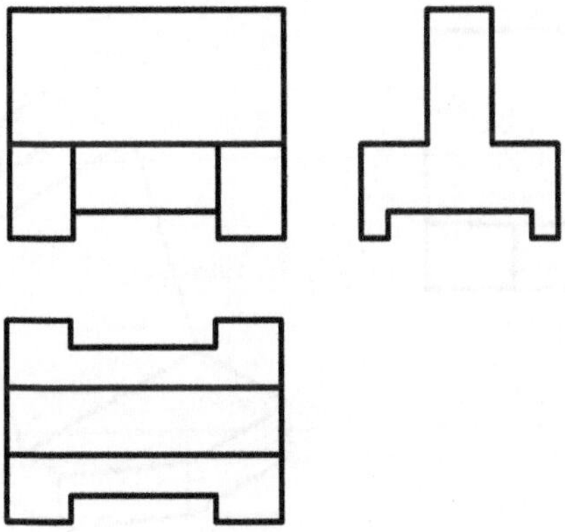

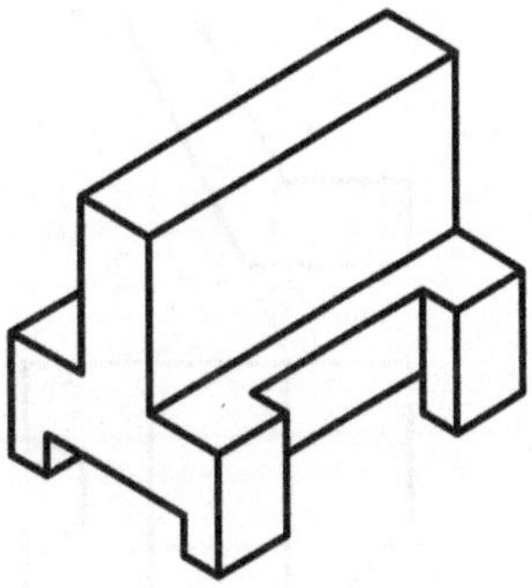

5.

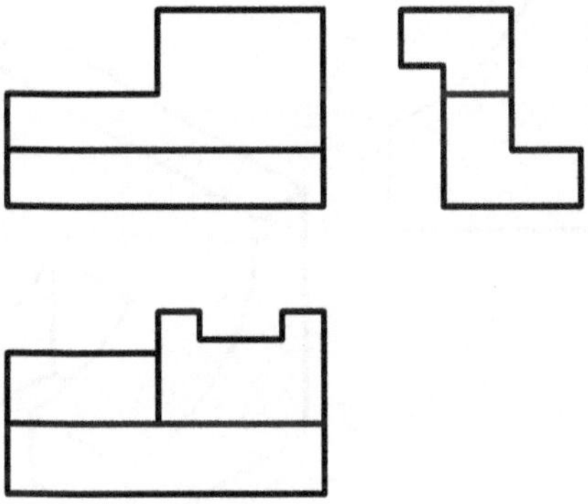

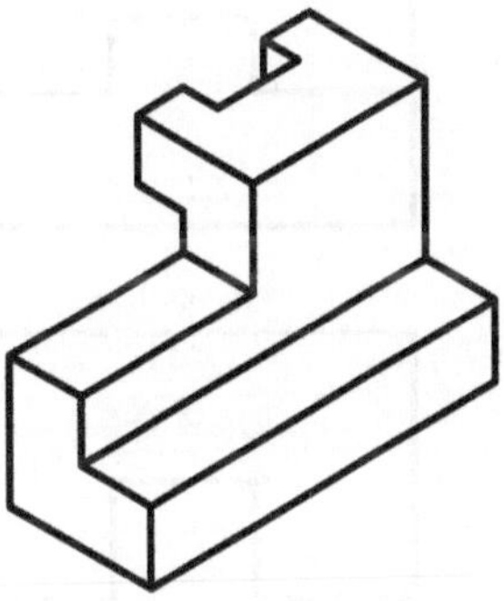

6.

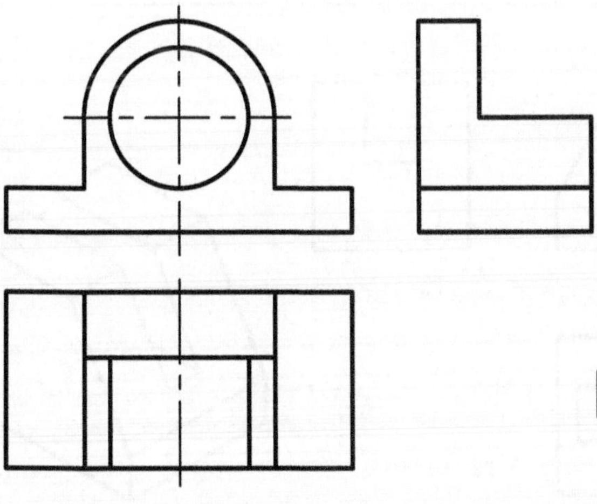

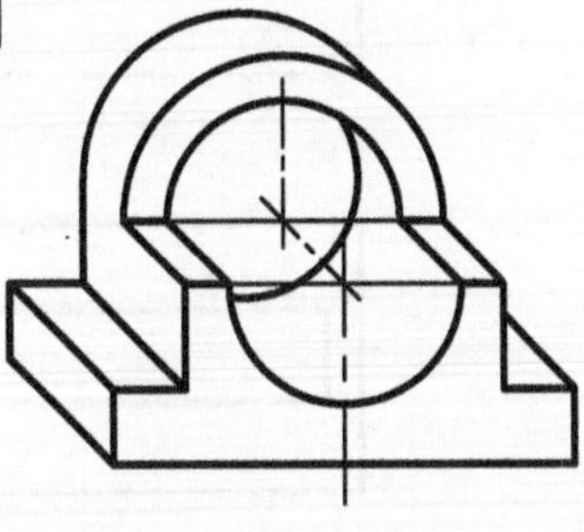

班级________姓名________学号________

5-4 （续）

7.

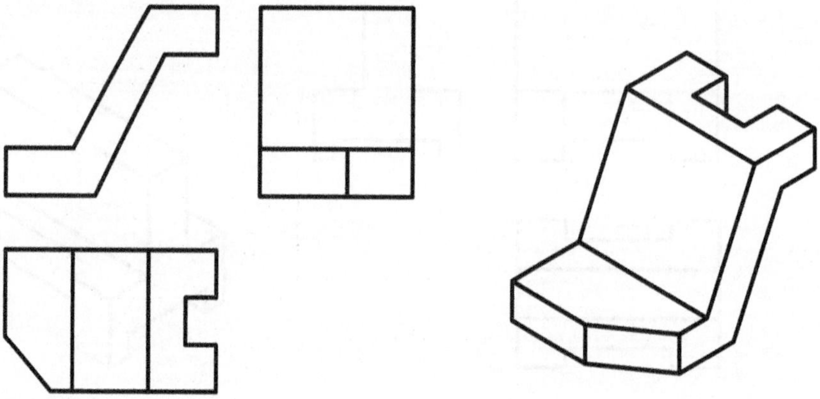

8.

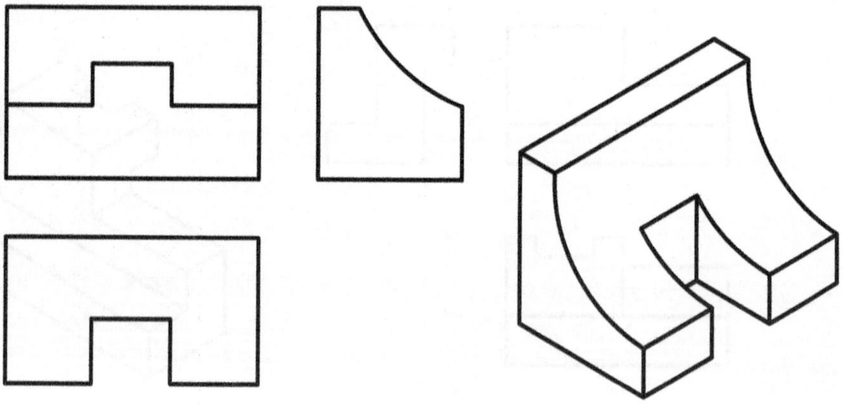

9.

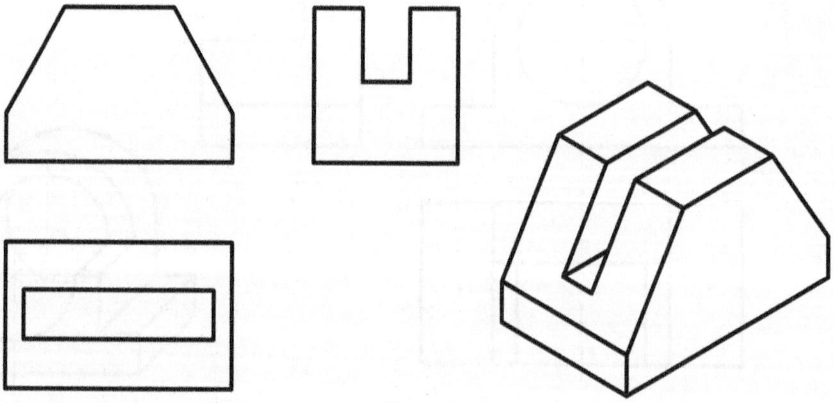

5-5 根据立体三视图的已知图线，构思空间形状，补画三视图中的漏线

1.

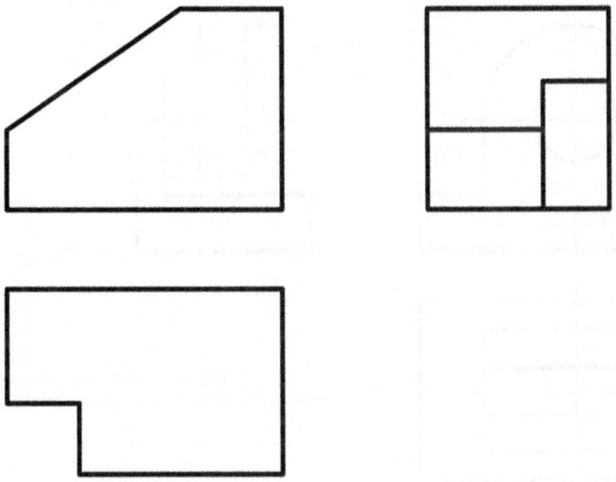

2.

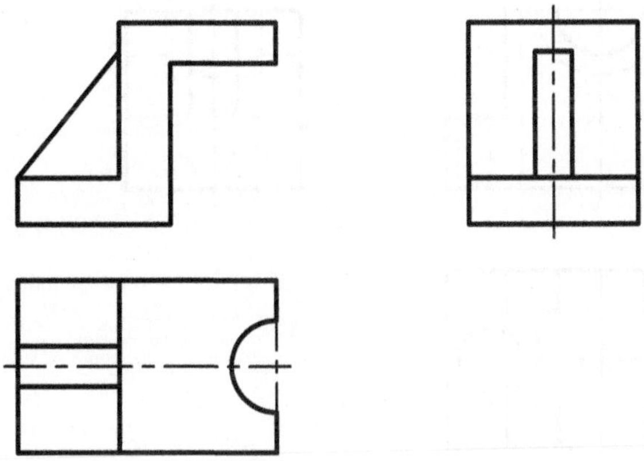

3.

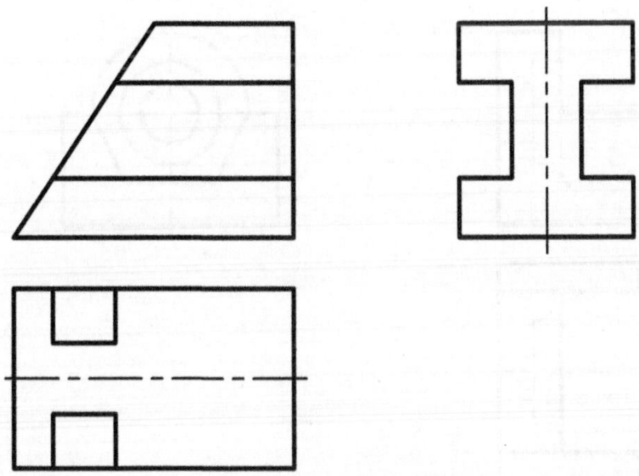

班级________姓名________学号________

5-5 （续）

4.

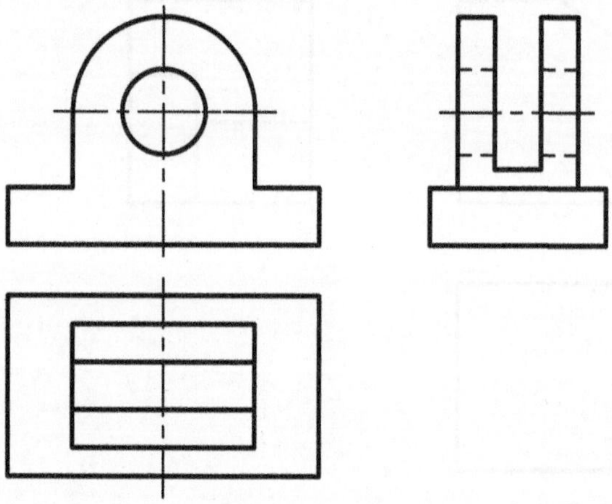

5.

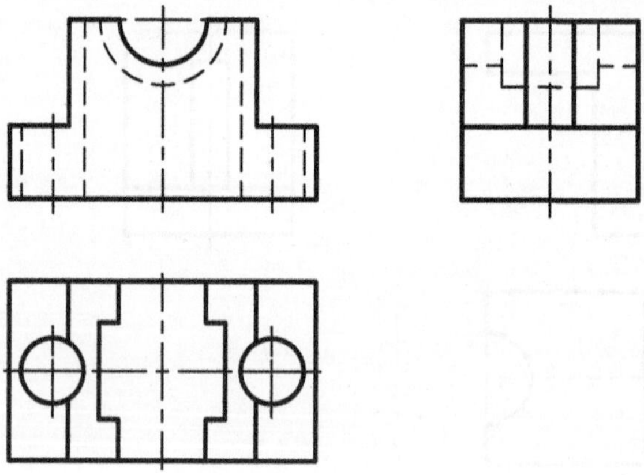

6.

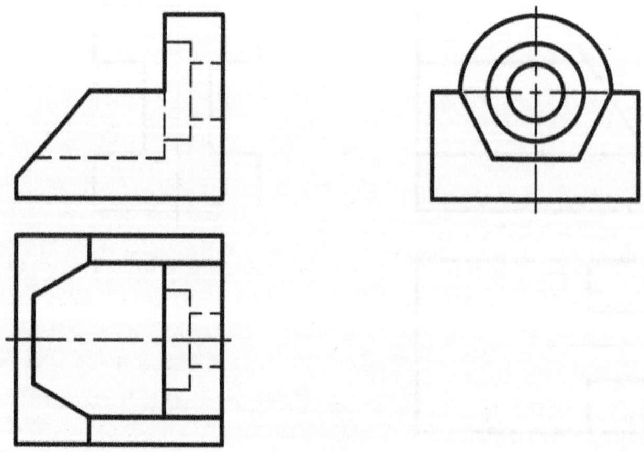

班级________ 姓名________ 学号________

5-5 （续）

7.

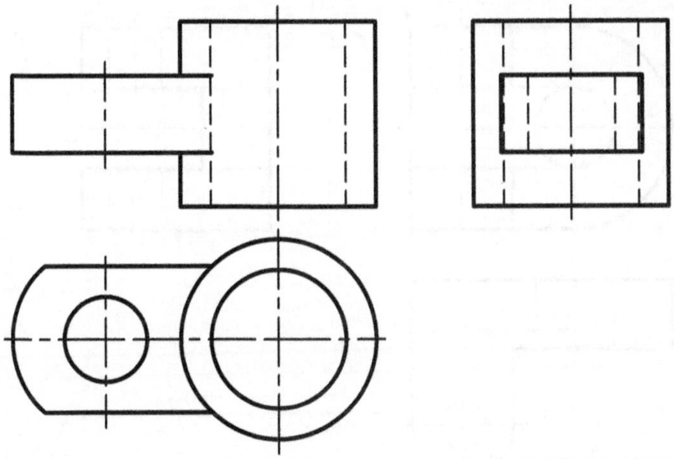

8.

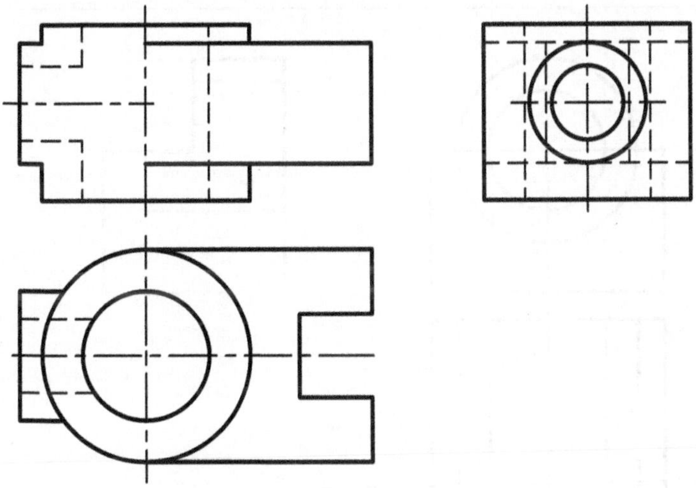

9.

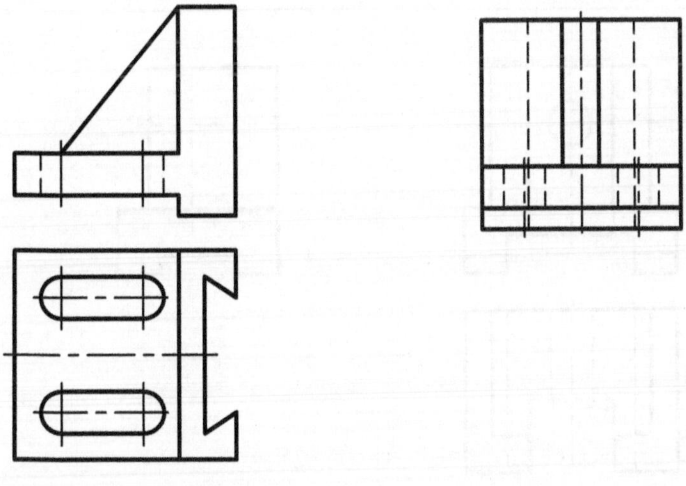

班级________ 姓名________ 学号________

*5-6 根据体三视图的投影规律，构思立体的空间形状，补画视图中的漏线

1.

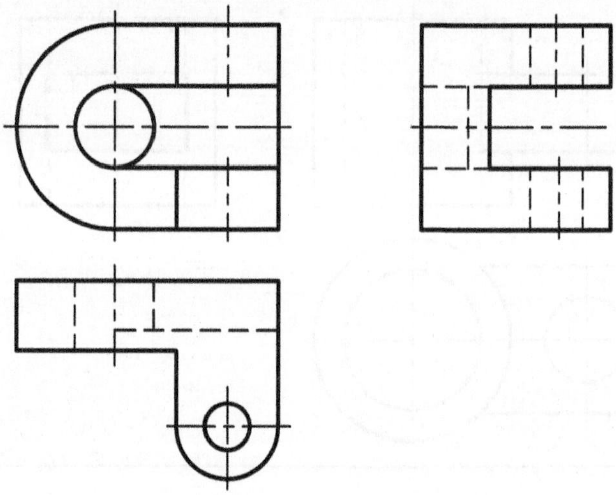

2.

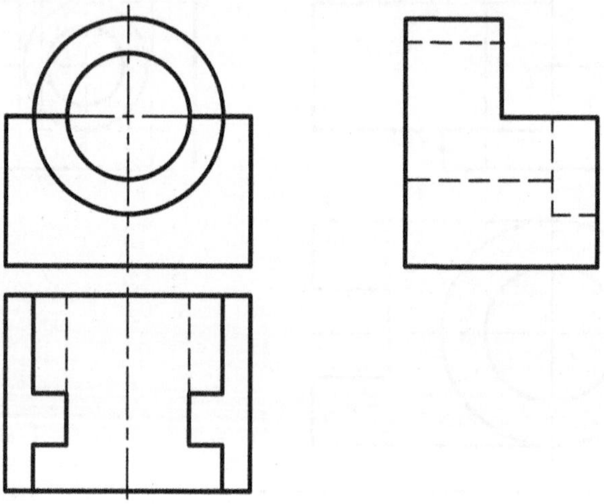

3.

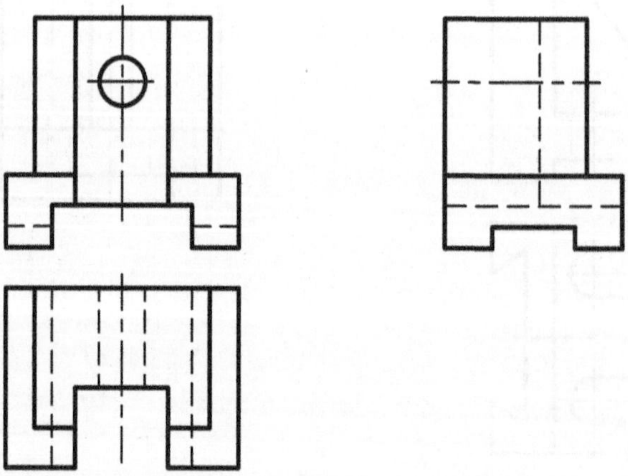

5-6 （续）

4.

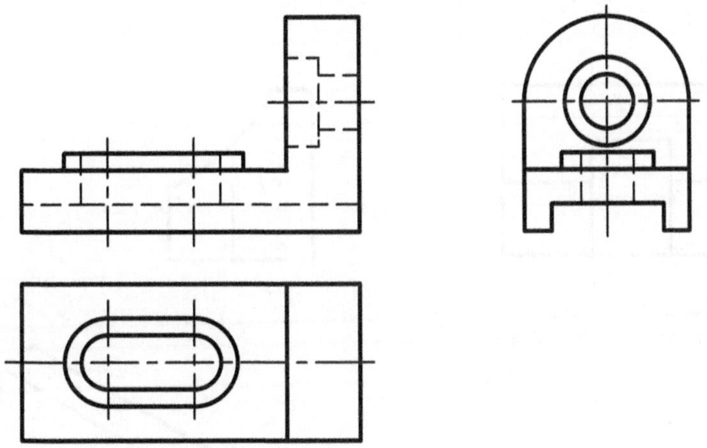

5.

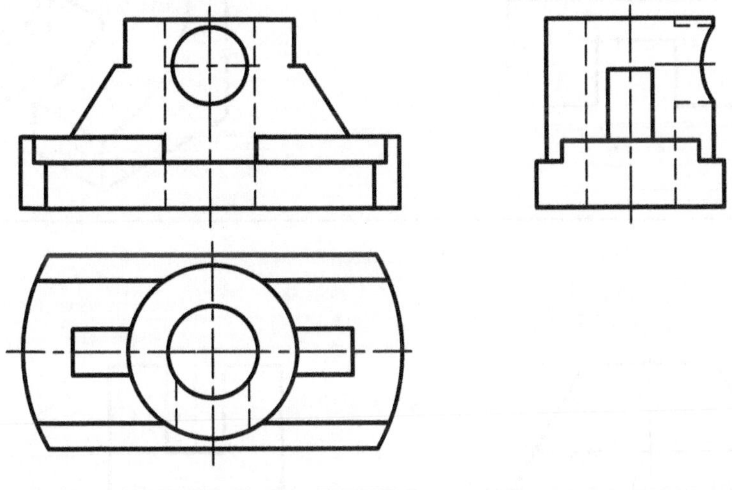

6.

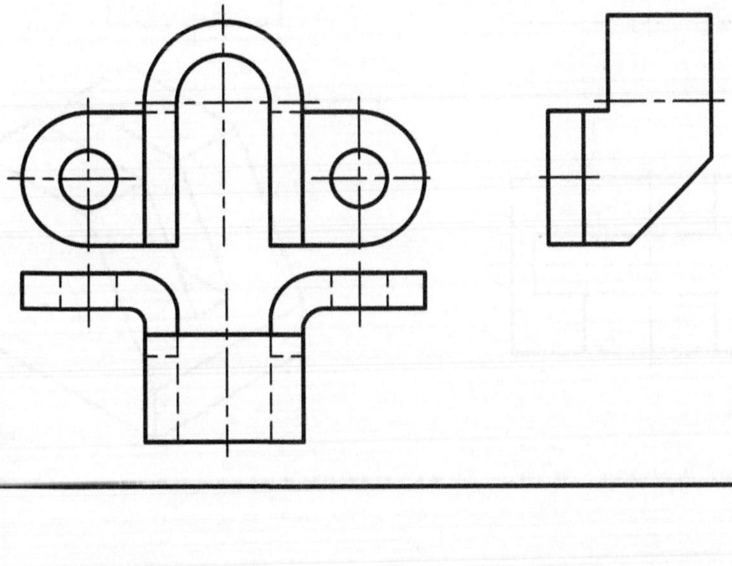

班级________姓名________学号________

5-7 根据切割体的特点标注尺寸（尺寸在三视图上度量并取整数，注意尺寸基准的选择）

1.

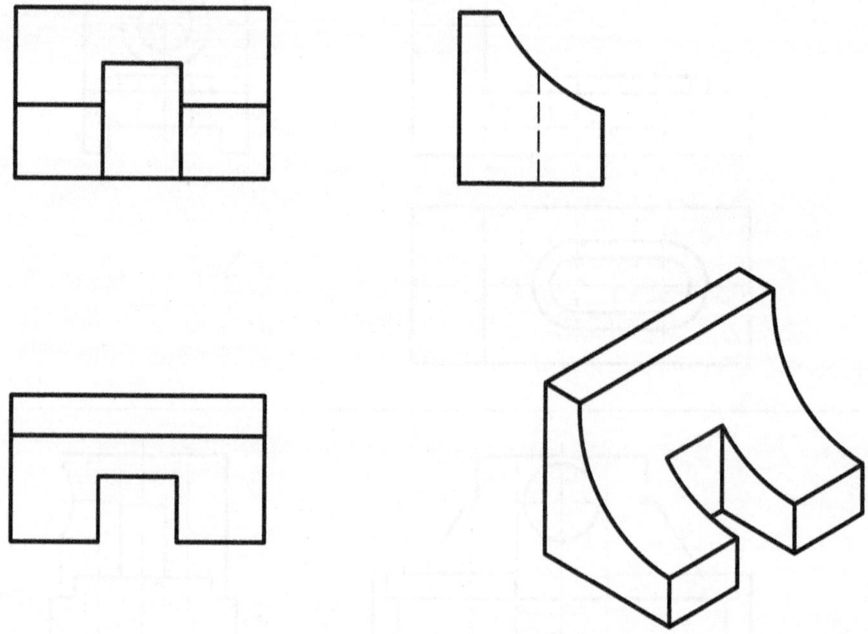

2.

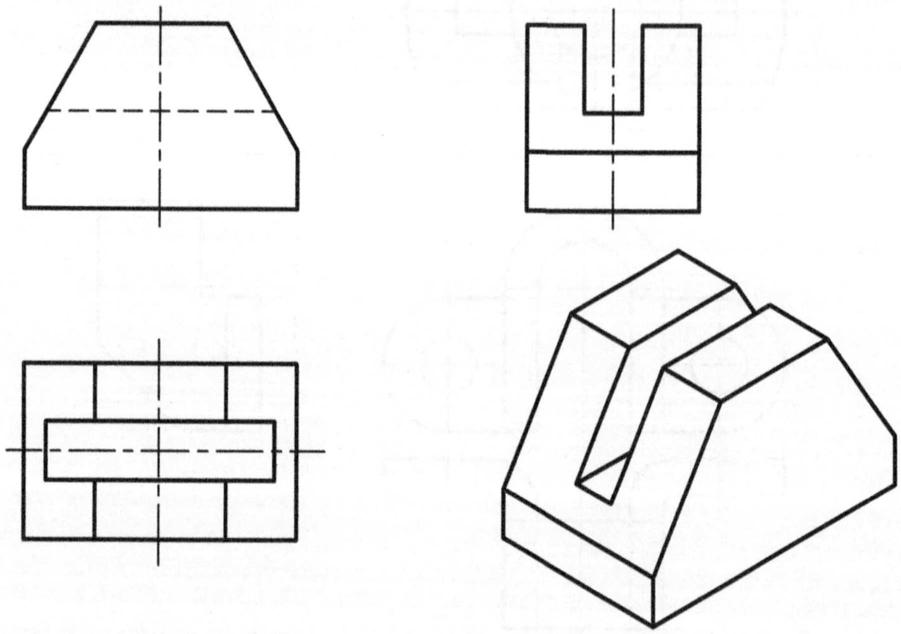

5-7（续）

3.

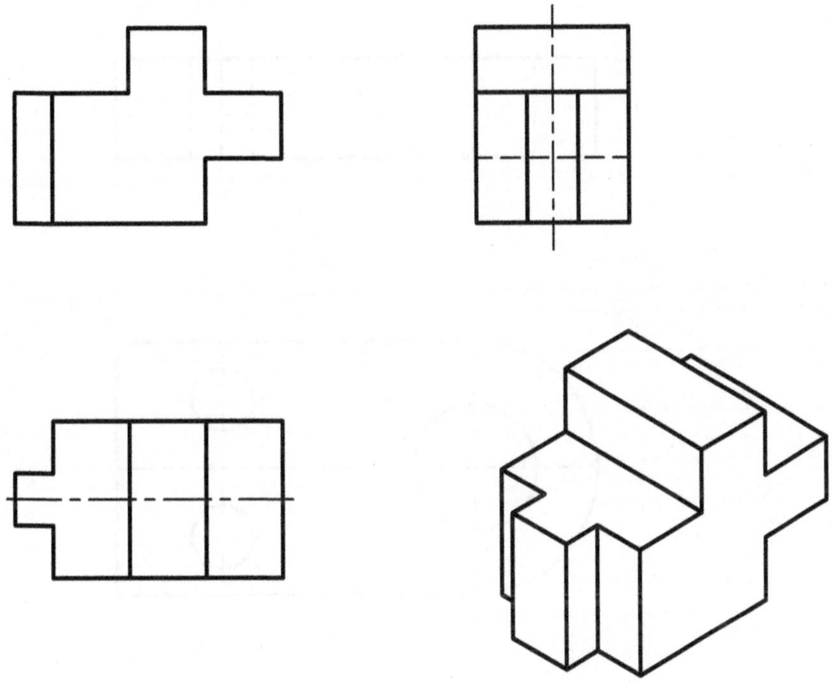

4.

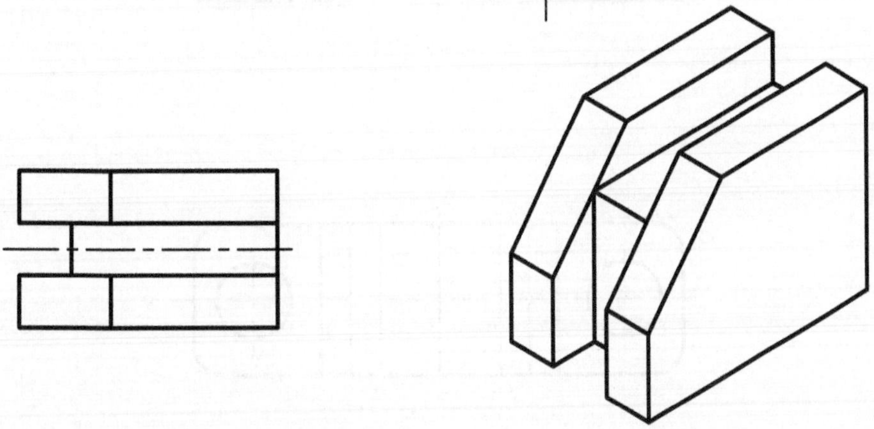

班级________姓名________学号________

5-8　标注组合体的尺寸（尺寸在三视图上度量并取整数，注意尺寸基准的选择）

1.

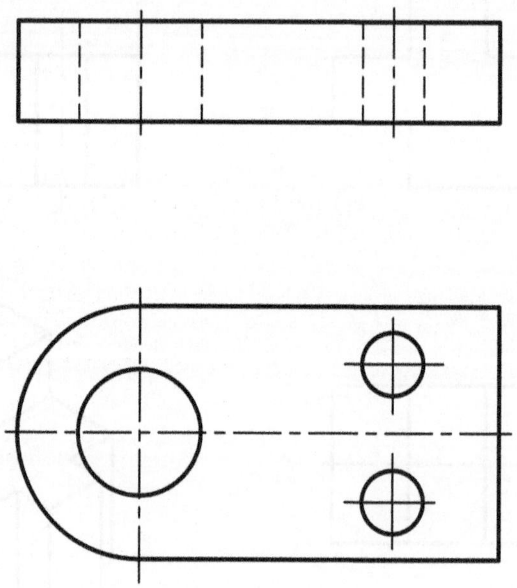

2.

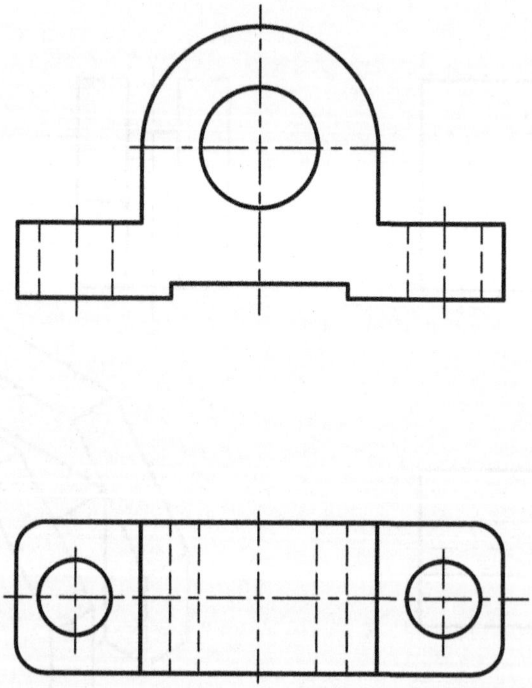

5-8 （续）

3.

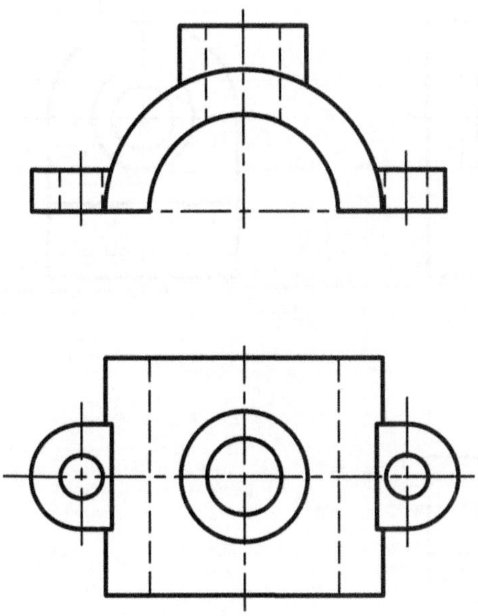

4.

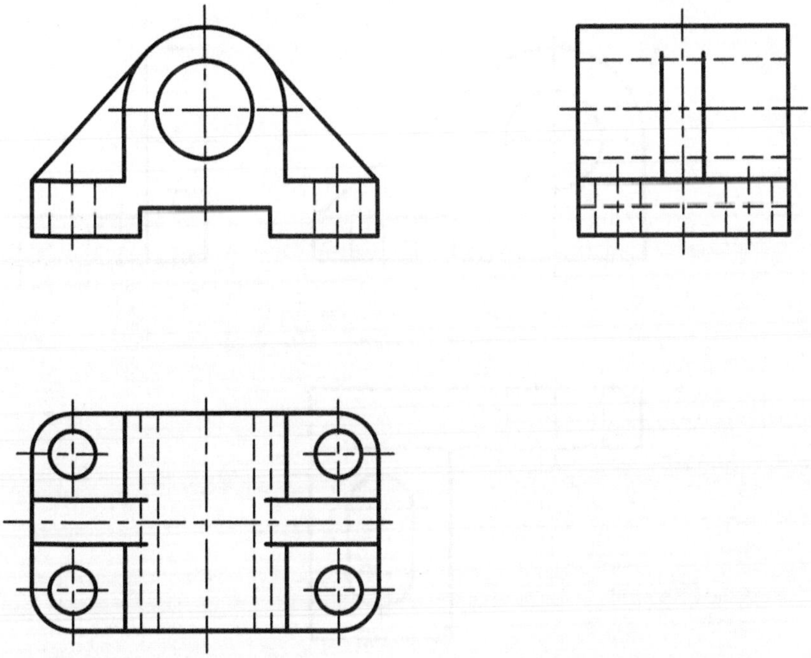

班级________姓名________学号________

5-8 （续）

5.

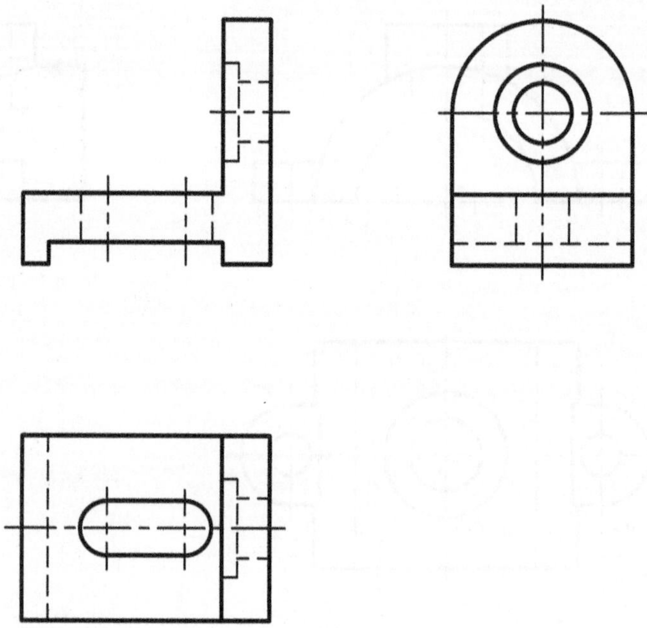

6.

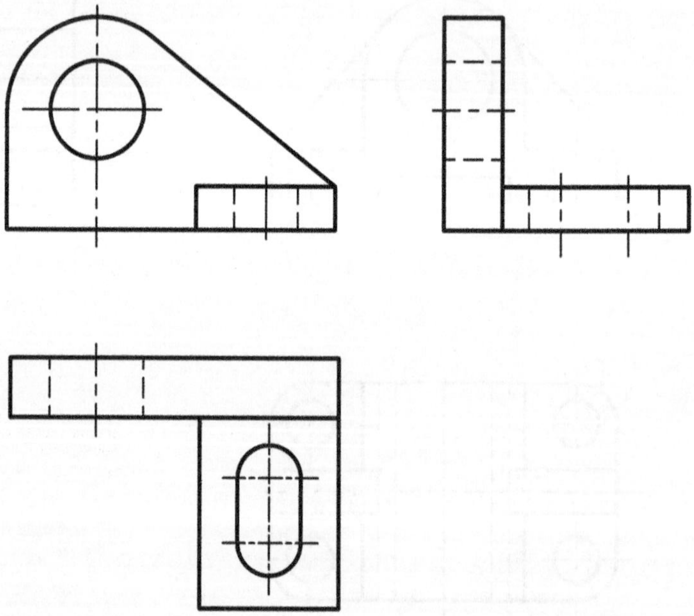

5-8 （续）

7.

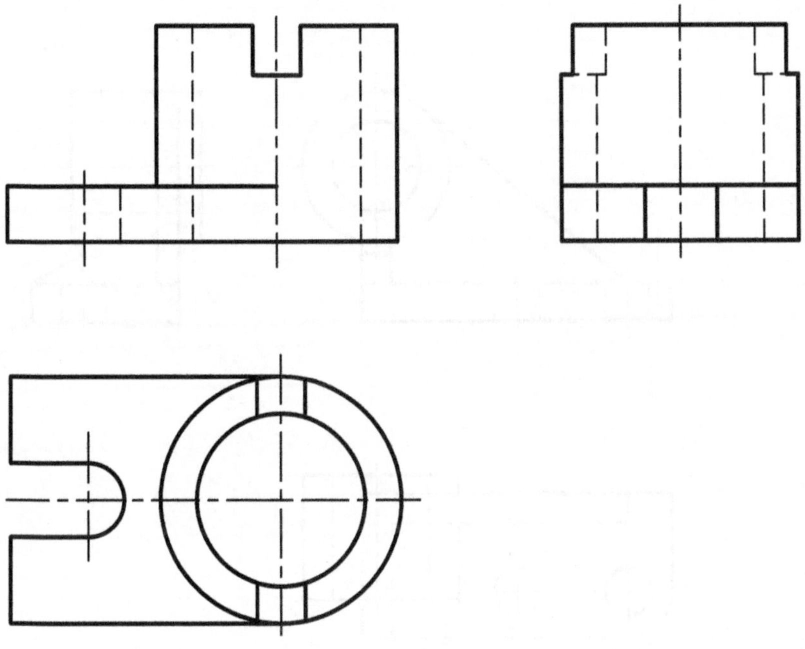

8.

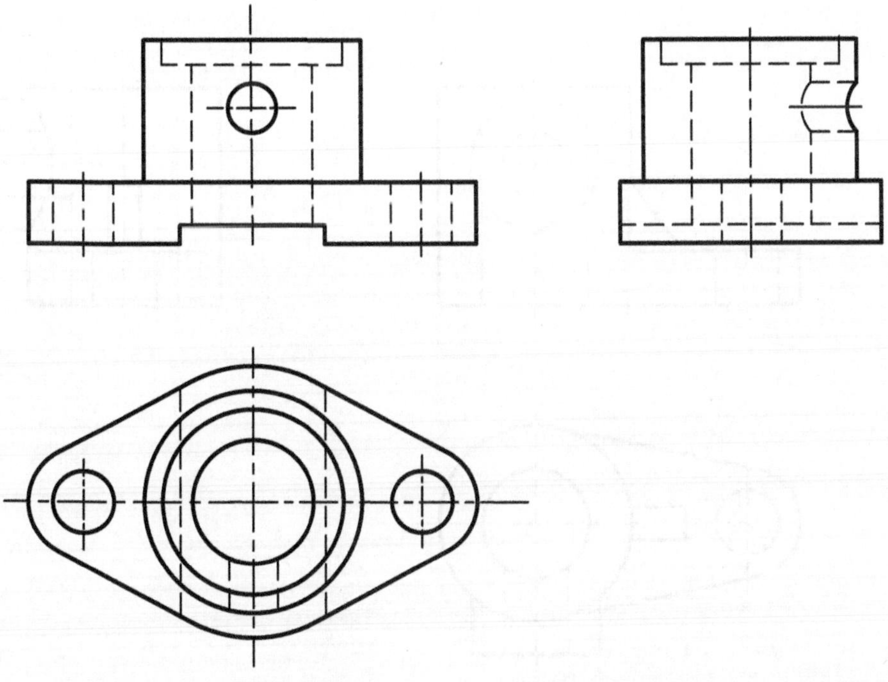

5-8（续）

9.

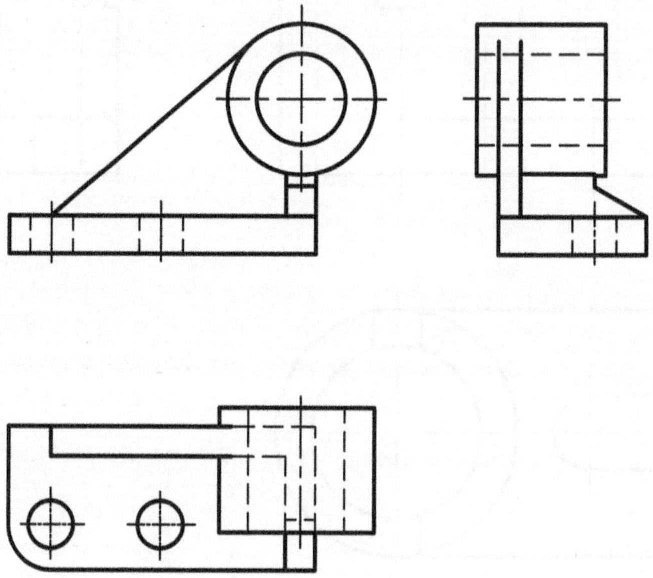

10.

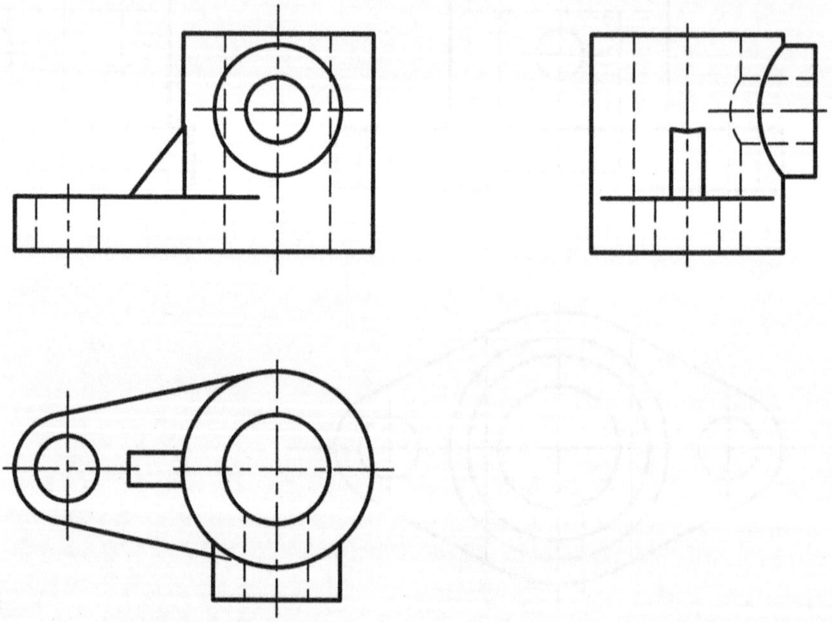

5-9 根据立体结构特点，在左视图下方的括号中填写对应立体的图号

1.

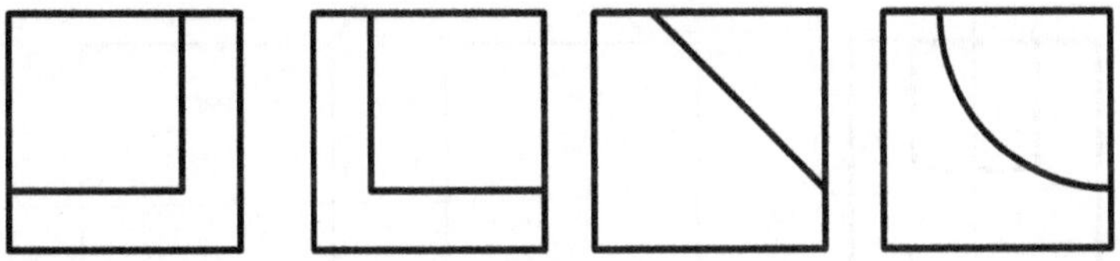

( ) ( ) ( )

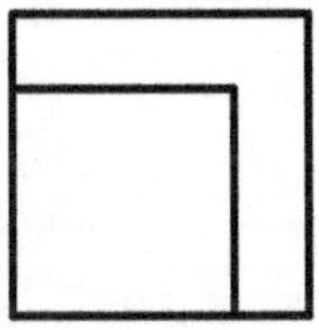

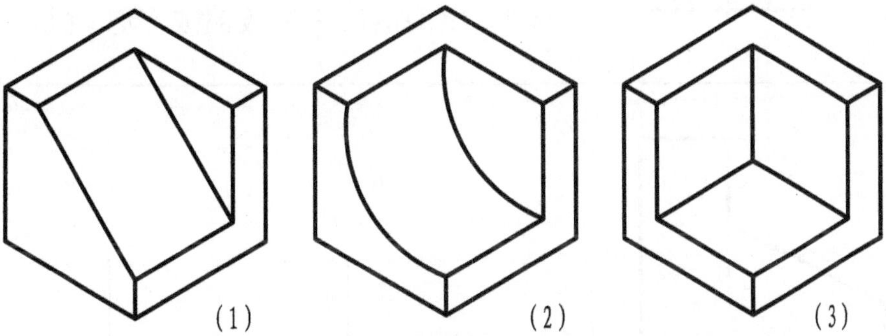

(1) (2) (3)

2.

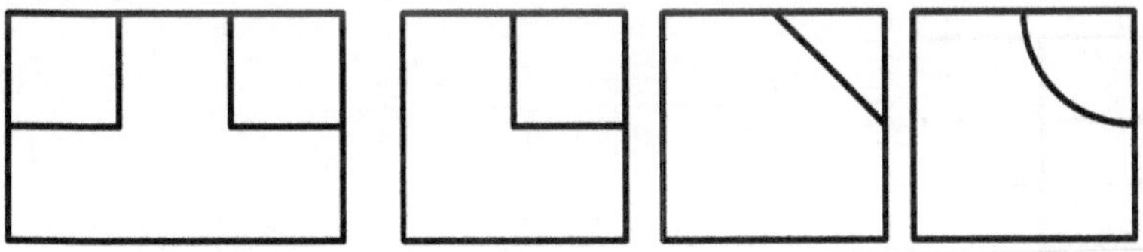

( ) ( ) ( )

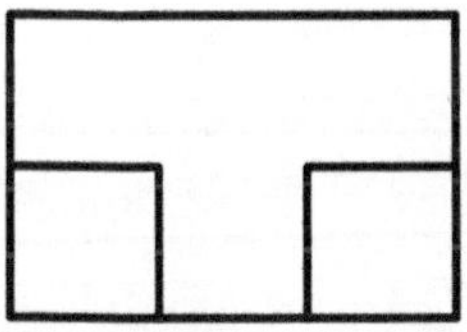

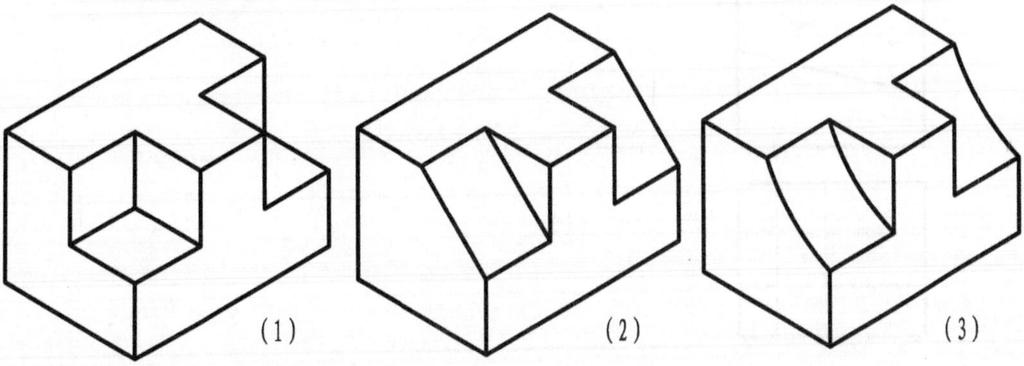

(1) (2) (3)

班级________姓名________学号________

5-10 根据立体特点及示范步骤，分步画出其左视图

1.（示例）

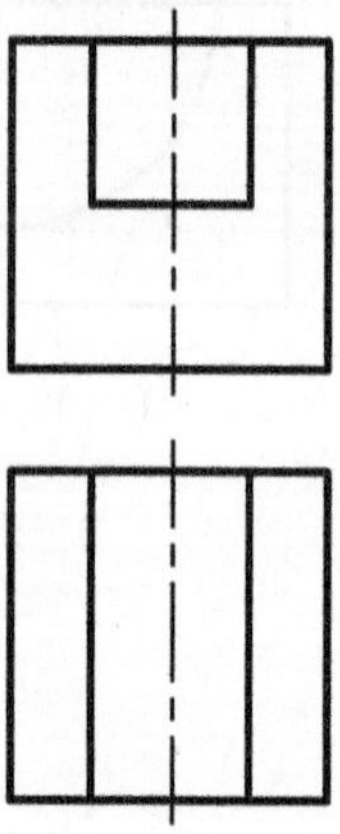

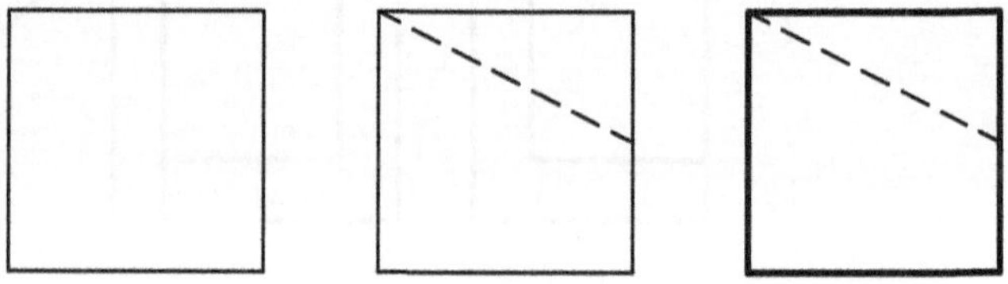

（1）　　（2）　　（3）

提示：

根据已知立体的两个视图，按照“三等规律”，运用形体分析法，分步用细实线画出其第三视图，最后整理、加深、完成。

2.

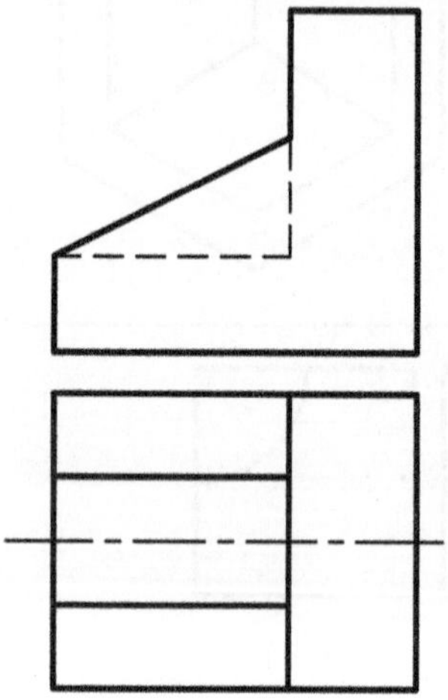

（1）　　（2）　　（3）

3.

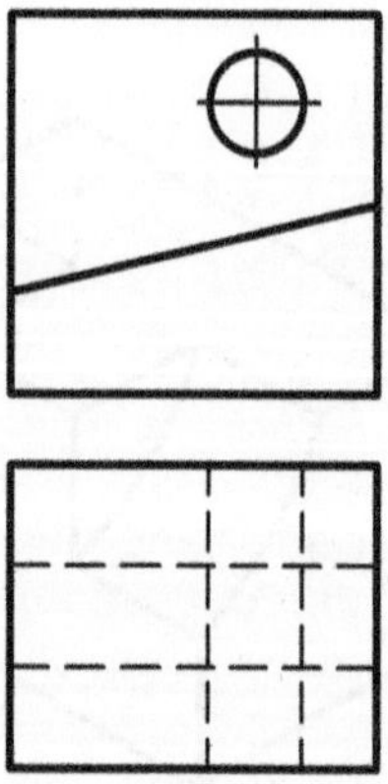

（1）　　（2）　　（3）

5-10（续）

4.

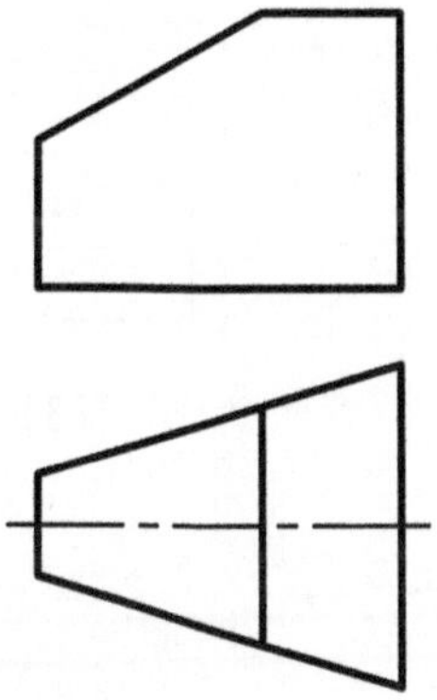

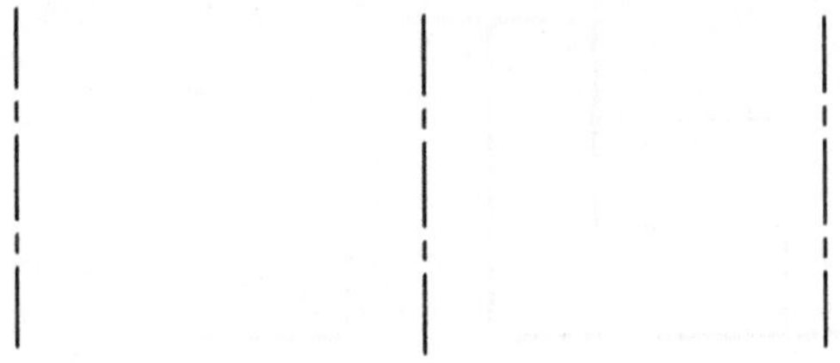

(1)　　(2)　　(3)

5.

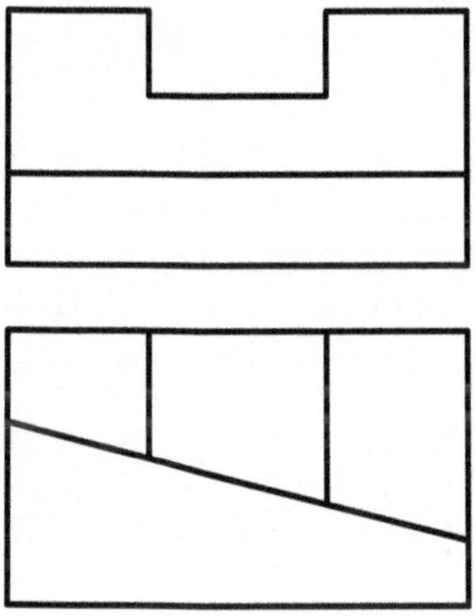

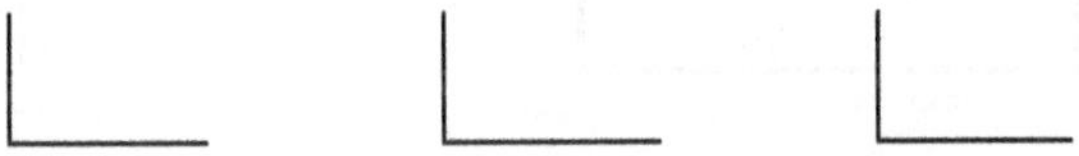

(1)　　(2)　　(3)

6.

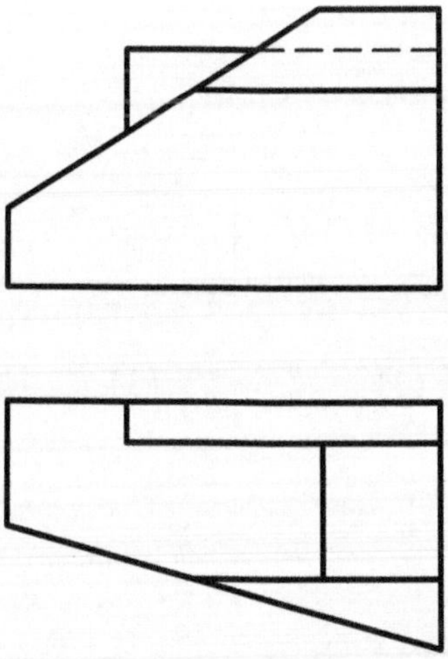

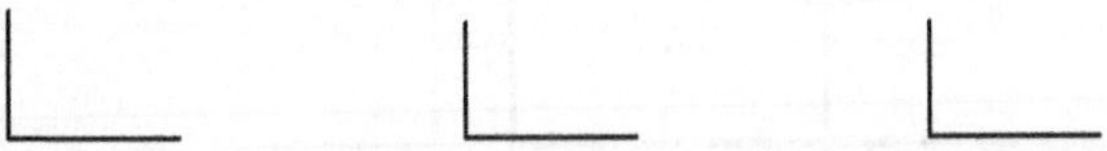

(1)　　(2)　　(3)

班级________姓名________学号________

5-10 （续）

7.

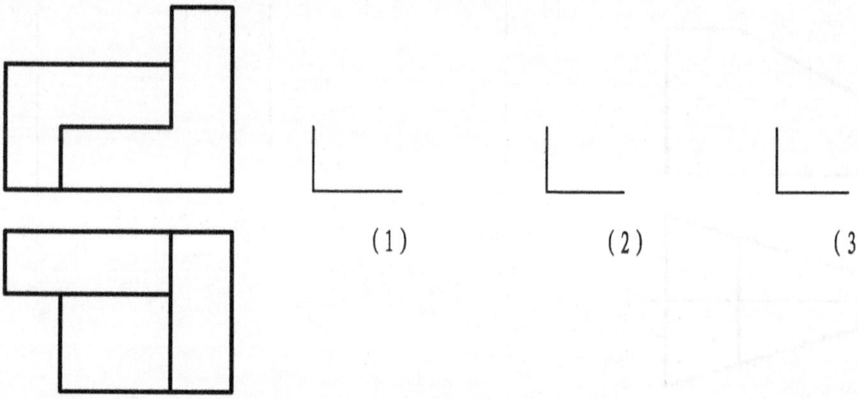

8.

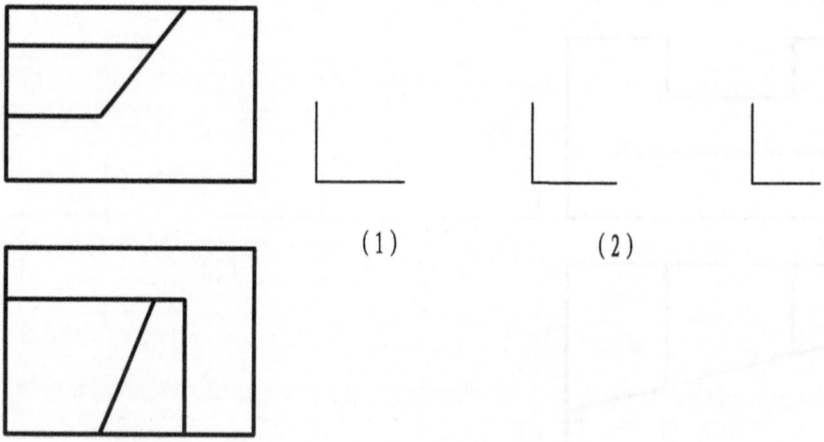

9.

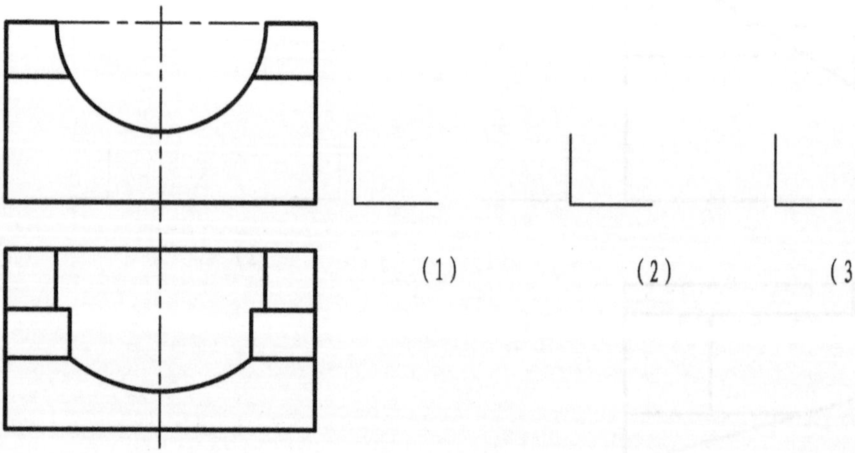

5-10 （续）

10.

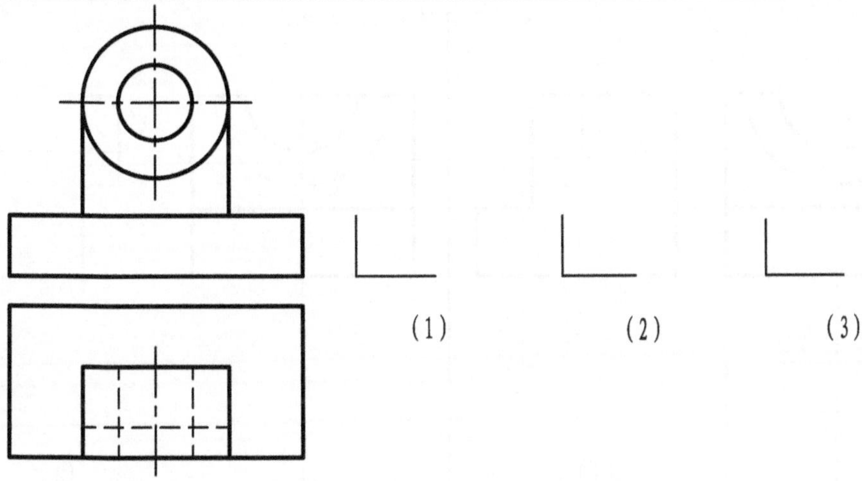

11.

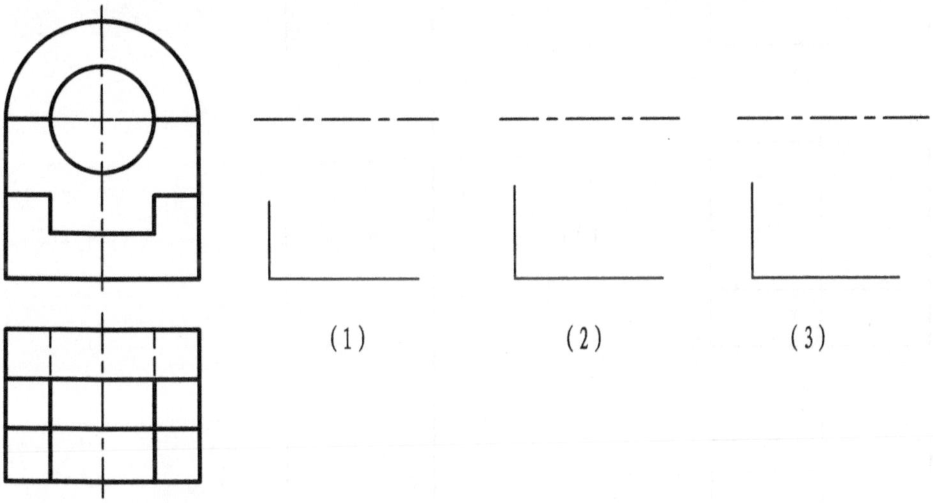

12.

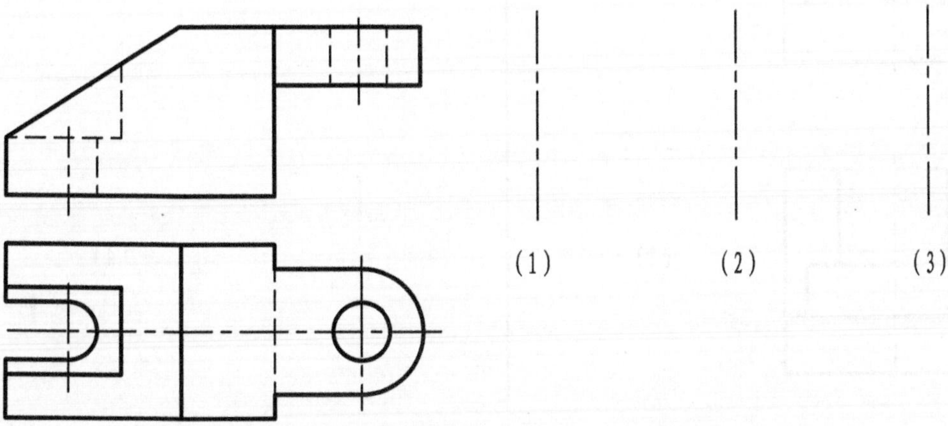

班级________姓名________学号________

5-11 根据立体特点及示范步骤，分步画出其俯视图

1.（示例）

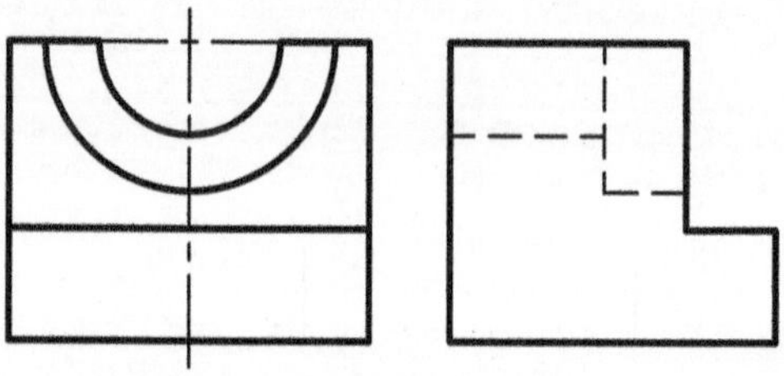

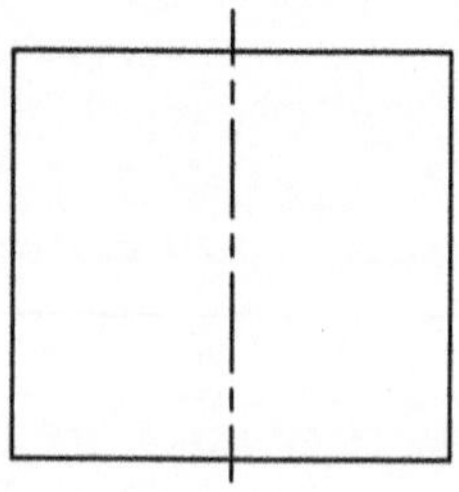

（1）

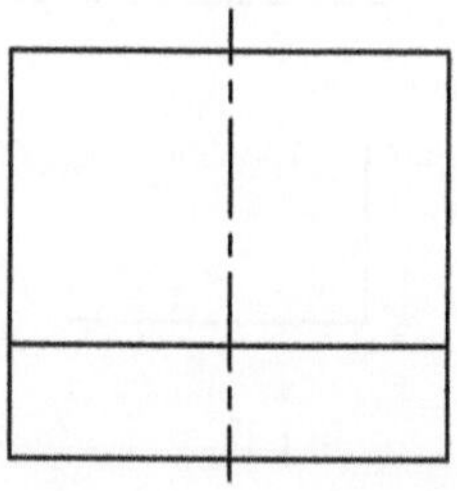

（2）

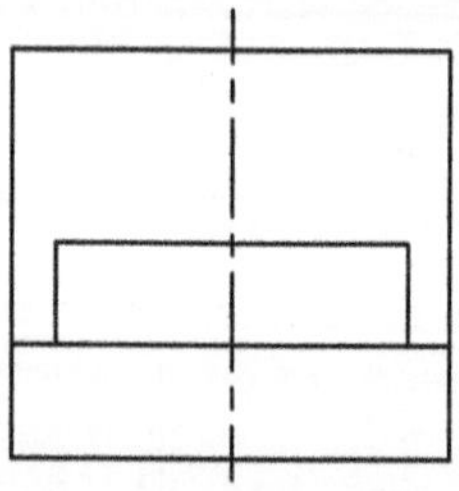

（3）

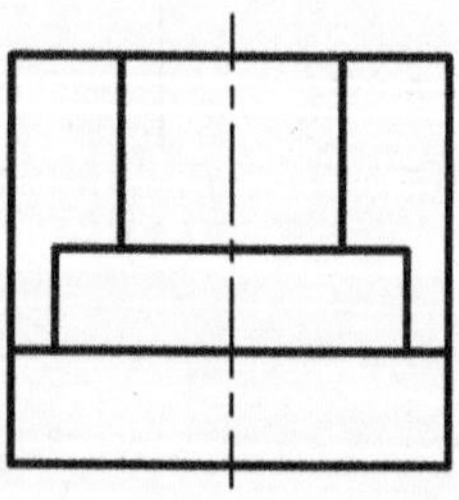

（4）

2.

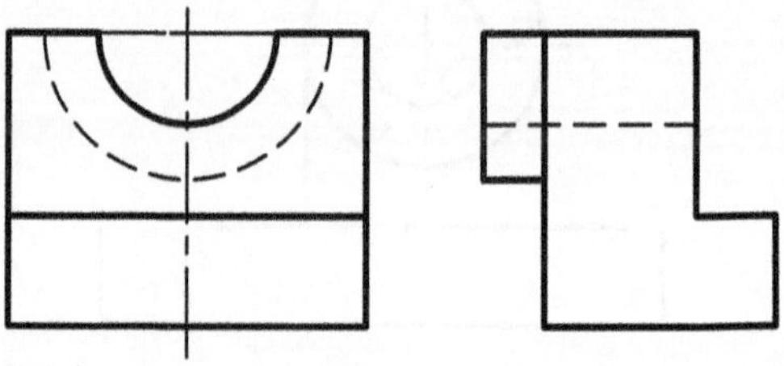

（1）

（2）

（3）

（4）

5-11 （续）

3.

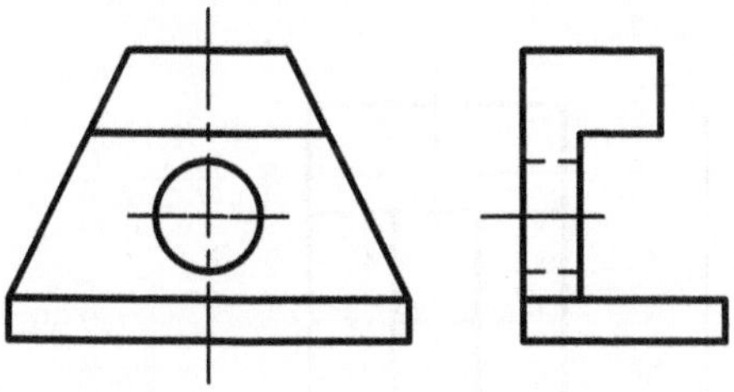

(1)

(2)

(3)

(4)

4.

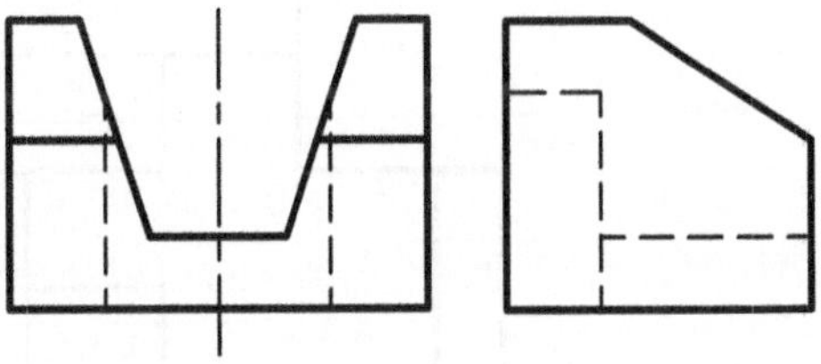

(1)

(2)

(3)

(4)

班级________姓名________学号________

5-12　运用AutoCAD绘制组合体视图并标注其尺寸

1.

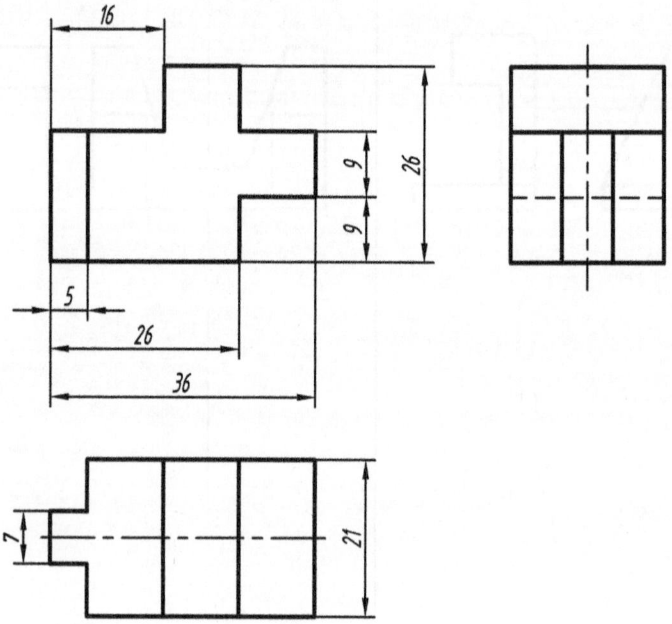

2.

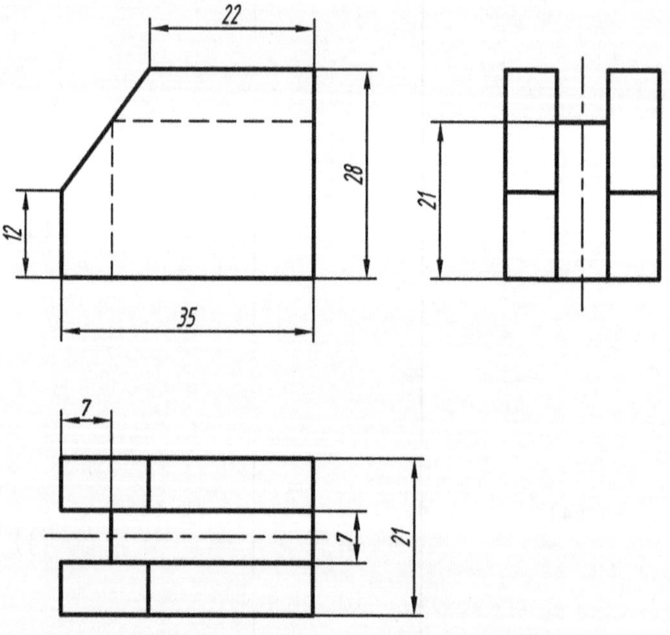

5-12 （续）

3.

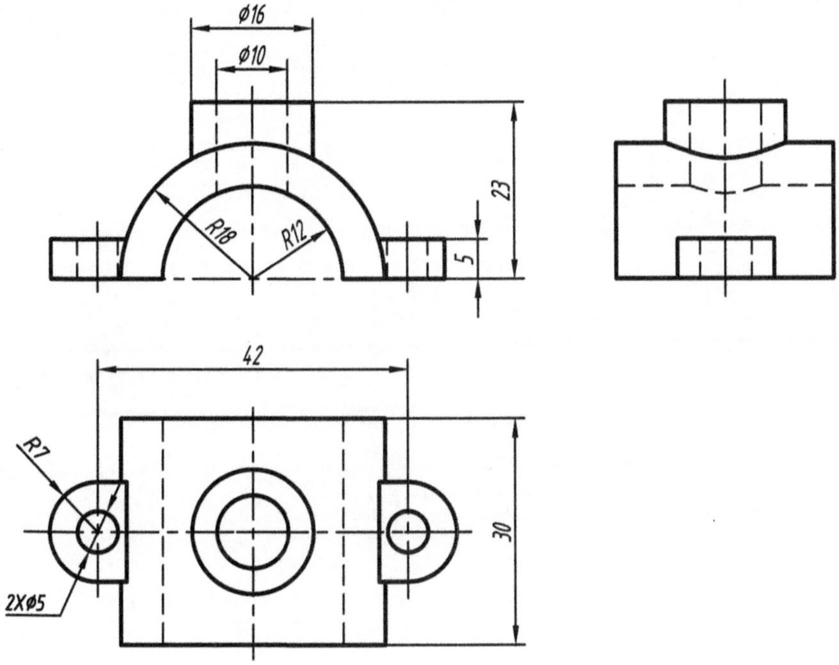
ϕ16
ϕ10
23
R18
R12
5
42
R7
30
2Xϕ5

4.

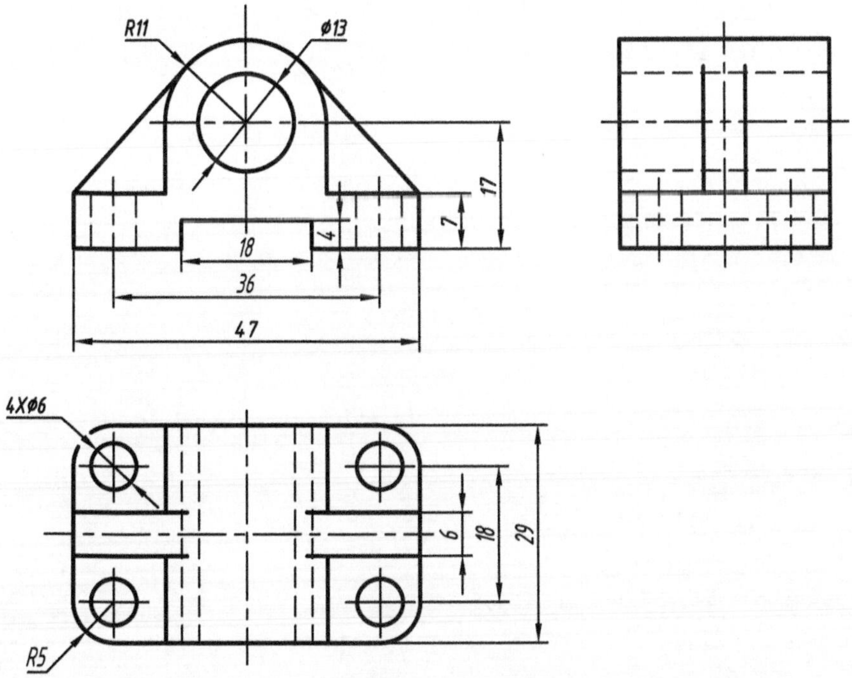
R11
ϕ13
17
7
4
18
36
47
4Xϕ6
6
18
29
R5

班级________姓名________学号________

6-1　根据立体的已知投影，试用叠加法在右边空白位置画出其正等测图

1.

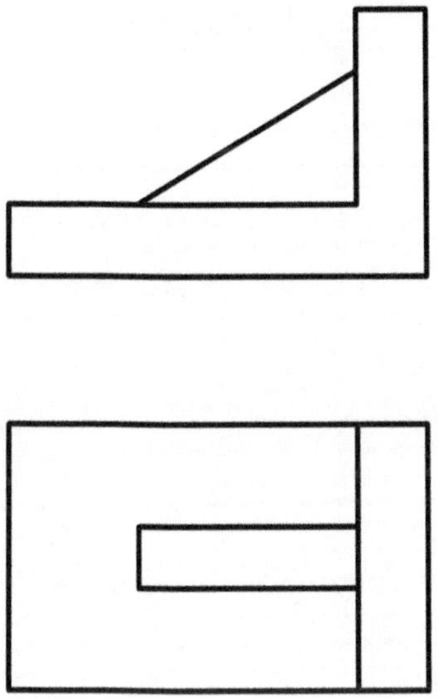

2.

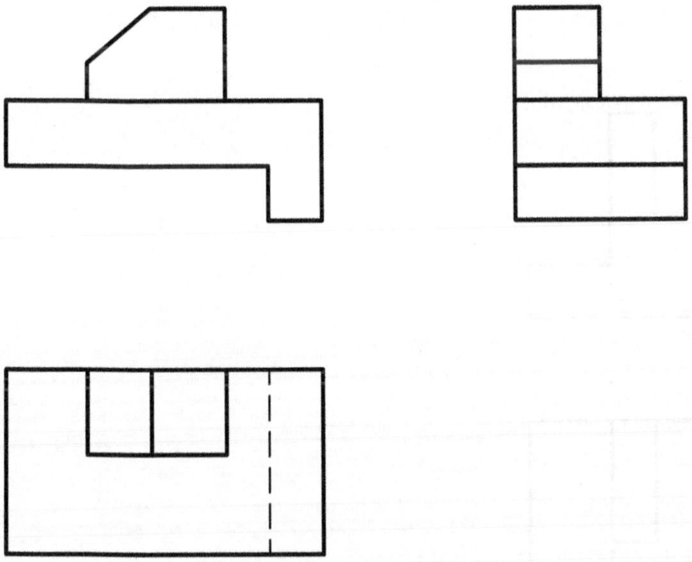

6-2 根据立体图两面投影，试用切割法在右边空白位置画出其正等测图

1.

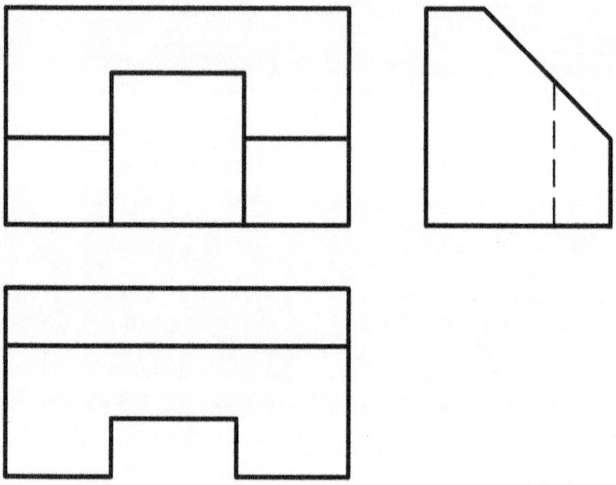

2.

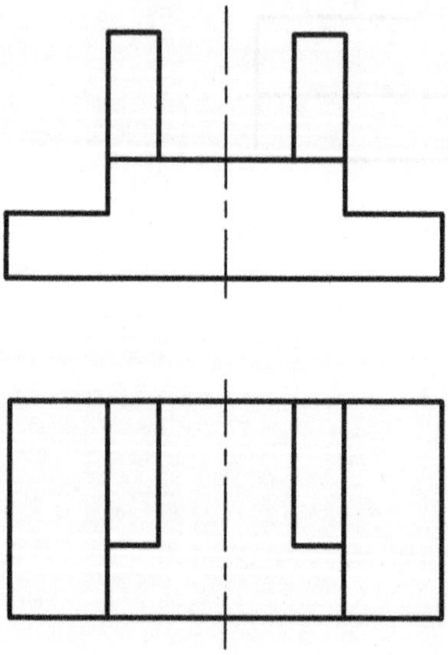

6-3 根据立体的两面投影，试用叠加法画出其正等测图，本章结束后运用AutoCAD绘制该立体图

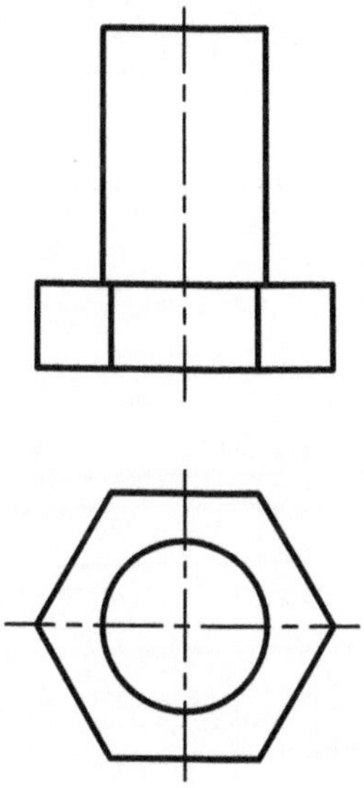

6-4 根据立体的三视图，试画出立体的正等测图，本章结束后运用AutoCAD绘制该立体图

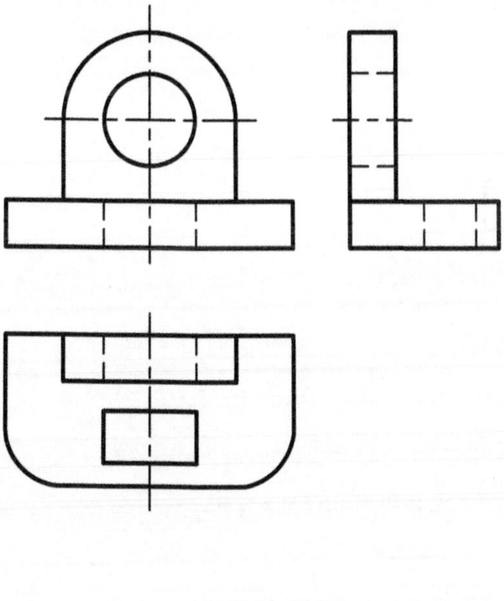

班级________姓名________学号________

*6-5 根据立体的三面投影，试画出其正等测图

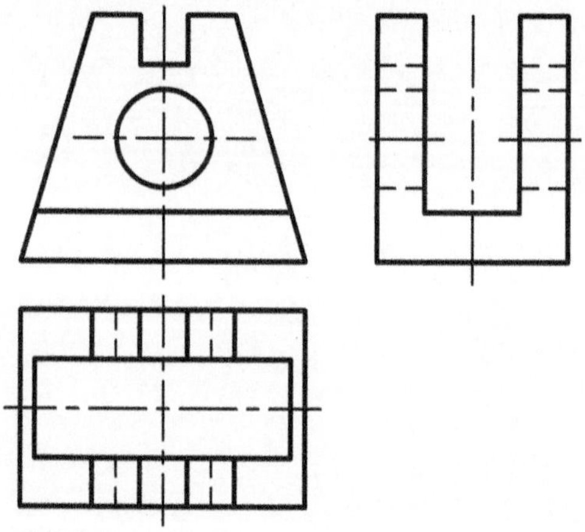

*6-6 据立体的三视图，试画出其正等测图

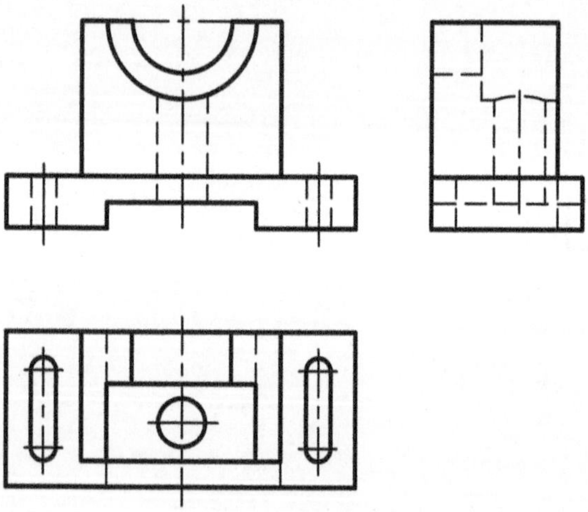

6-7 根据立体的两面投影，试用切割法画出其斜二等测图

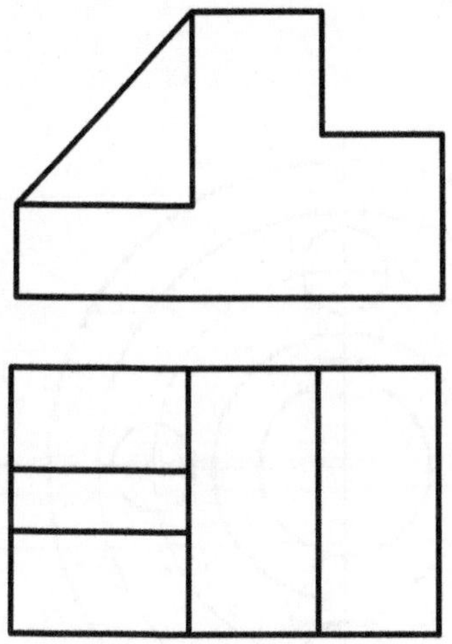

6-8 根据立体的两面投影，画出其斜二等测图

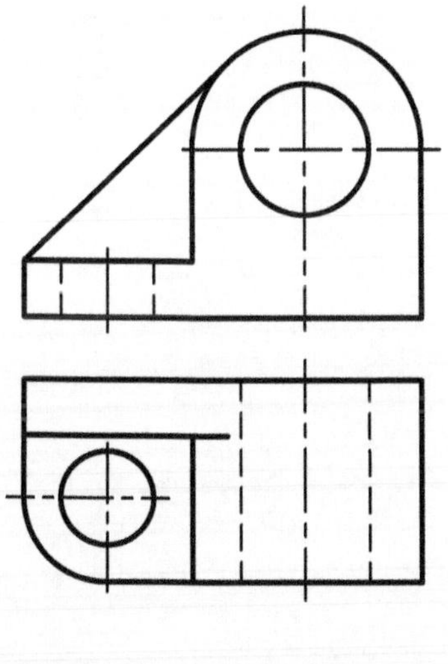

班级________姓名________学号________

6-9 画出回转体的斜二等测图

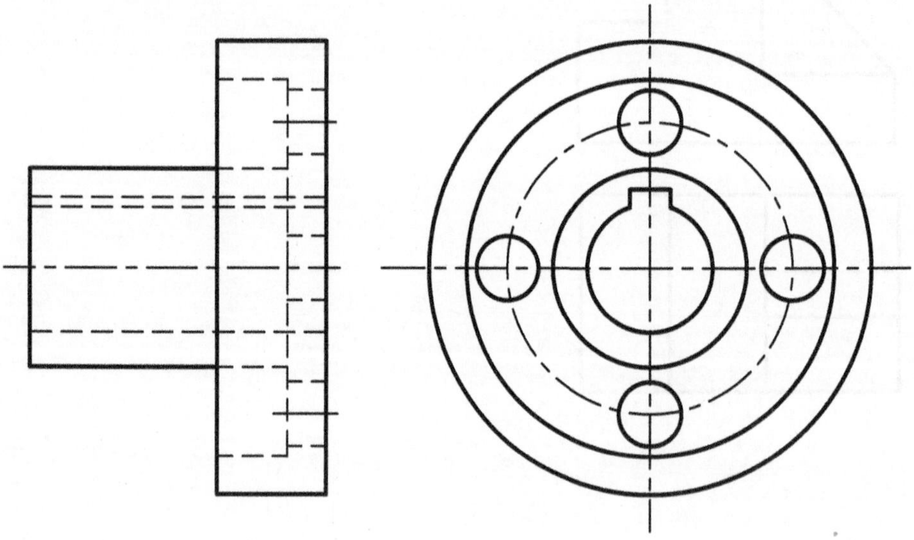

6-10 画出立体的斜二等测图

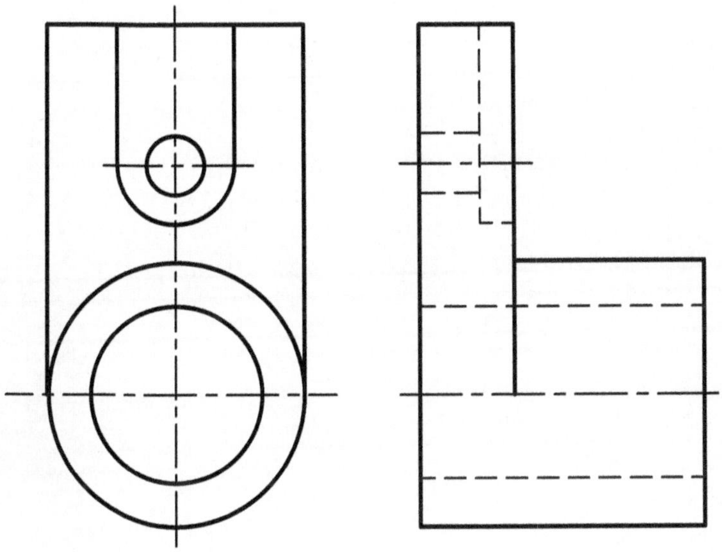

7-1 已知立体的三视图，试用两种不同的配置方式画出其它向视图

1.

第一种配置方式

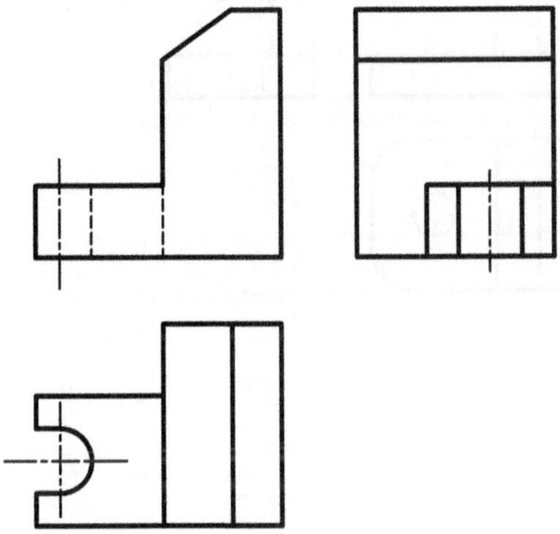

第二种配置方式

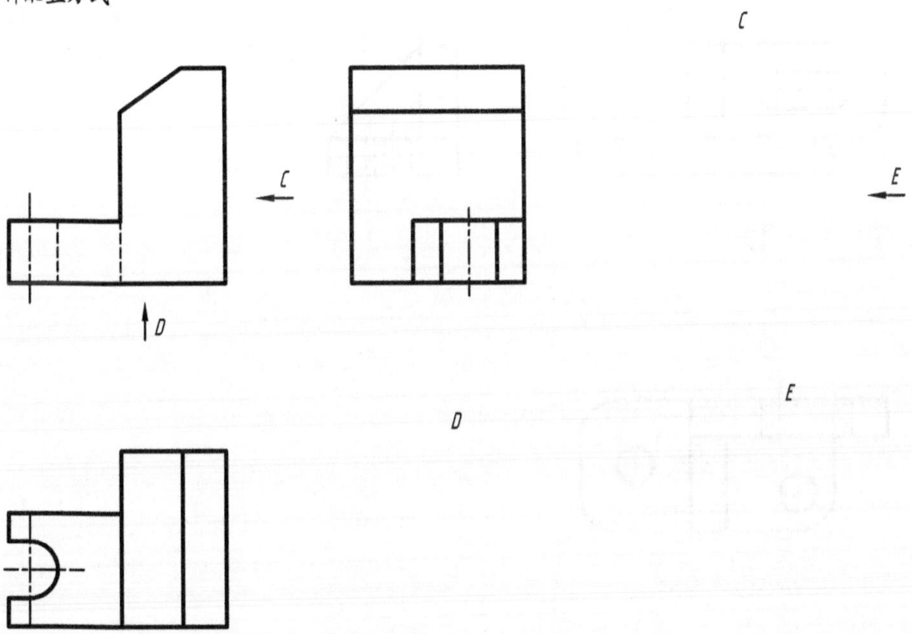

7-1 （续）

2.

第一种配置方式

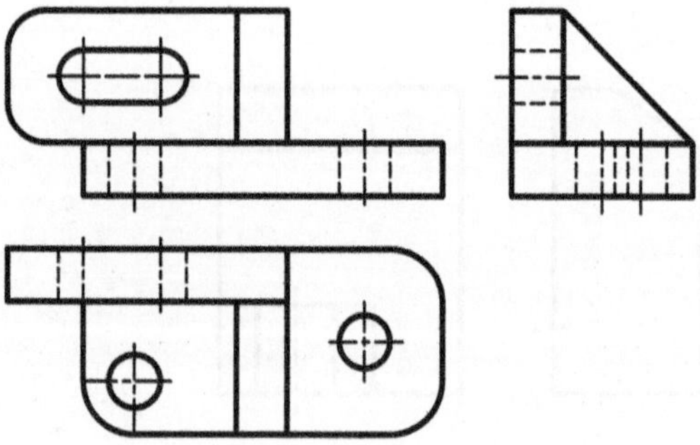

第二种配置方式

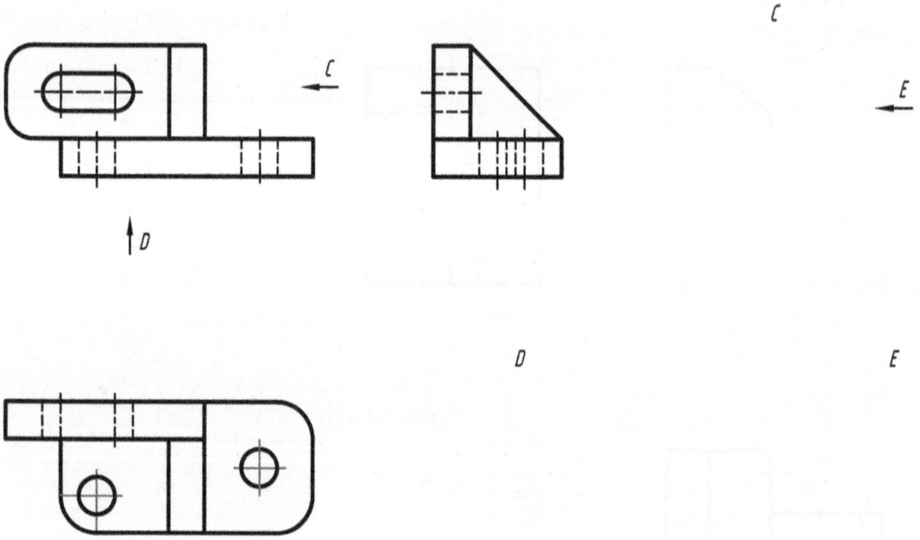

7-2 对立体的A向斜视图和B向局部视图进行相应标注

1.

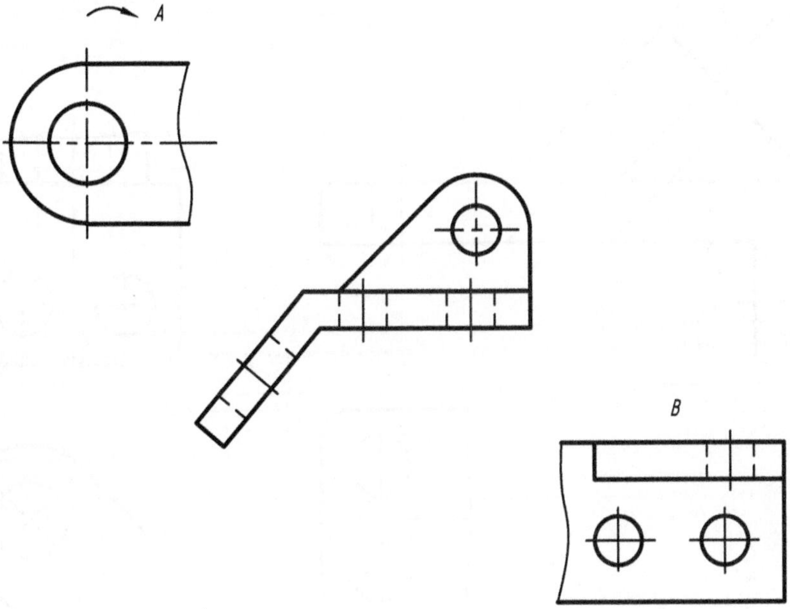

2.

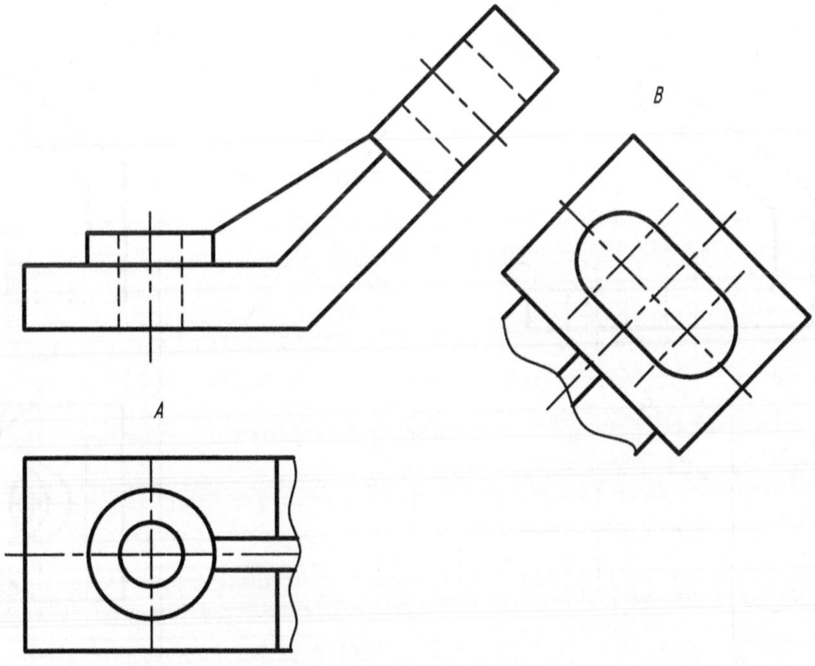

班级________姓名________学号________

7-3 看懂下图表达方案，在相应位置补加标注（注意对应关系）

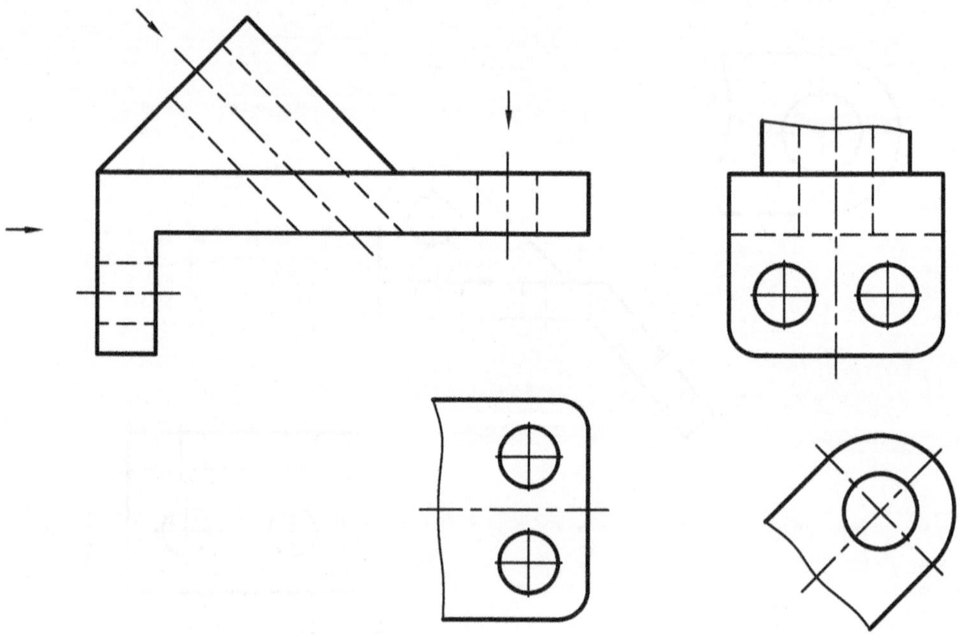

7-4 根据已知图形，画出A向斜视图及C向视图

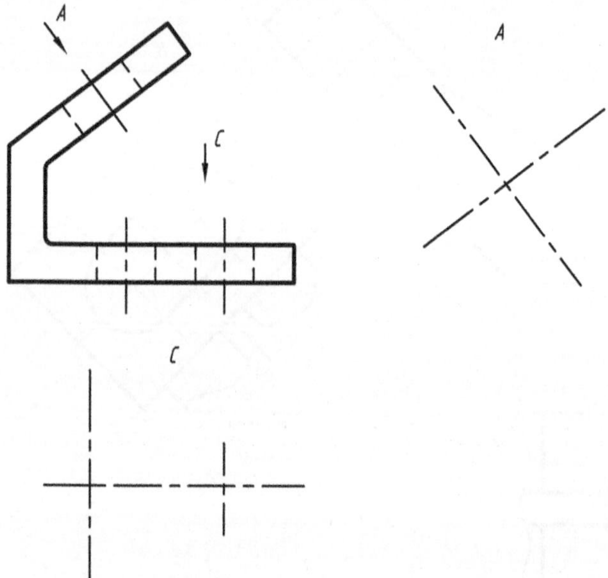

原题图

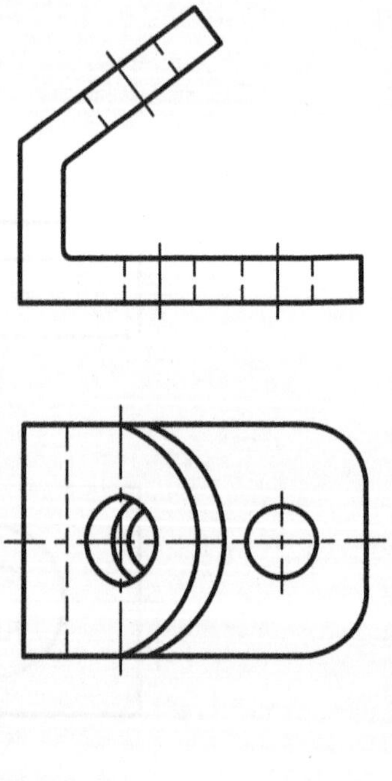

7-5 补画主视图中的漏线，注意主、俯视图的对应关系

1.

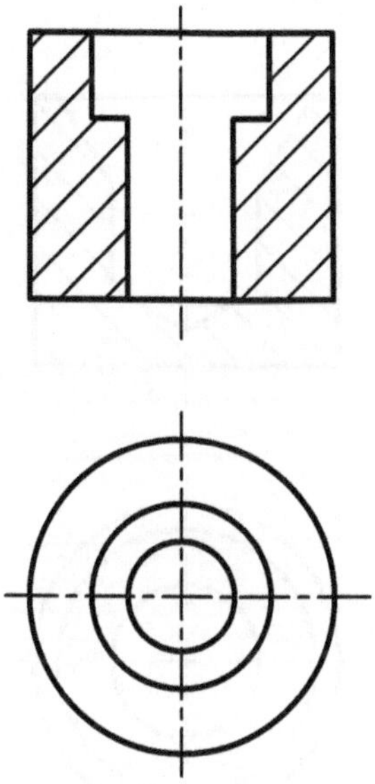

2.

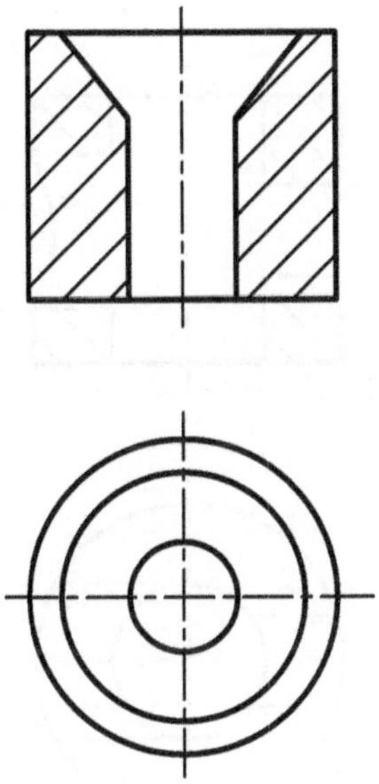

3.

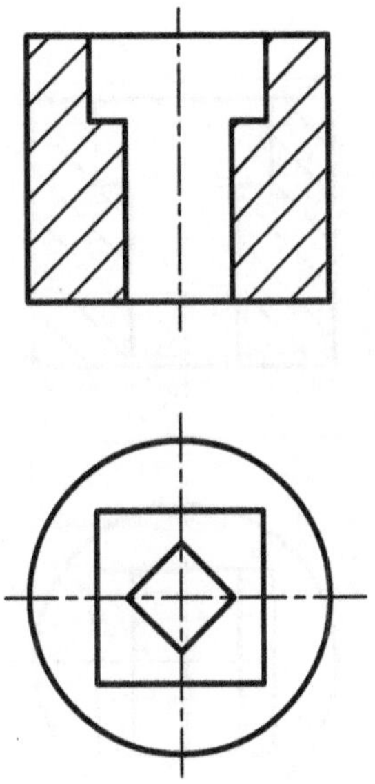

4.

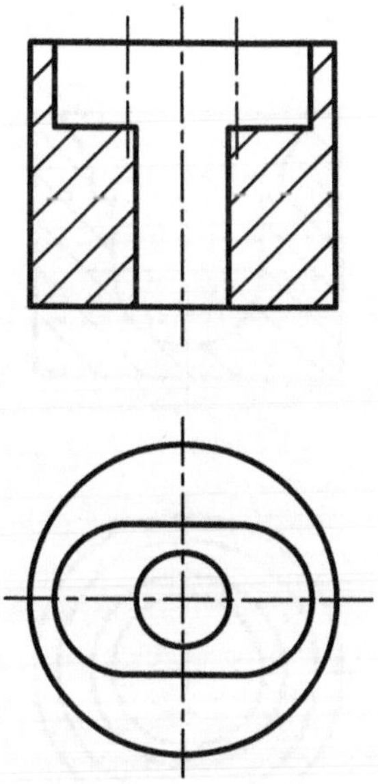

5.

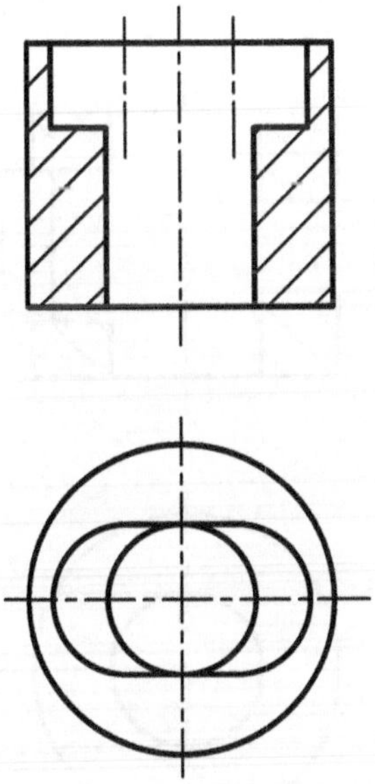

6.

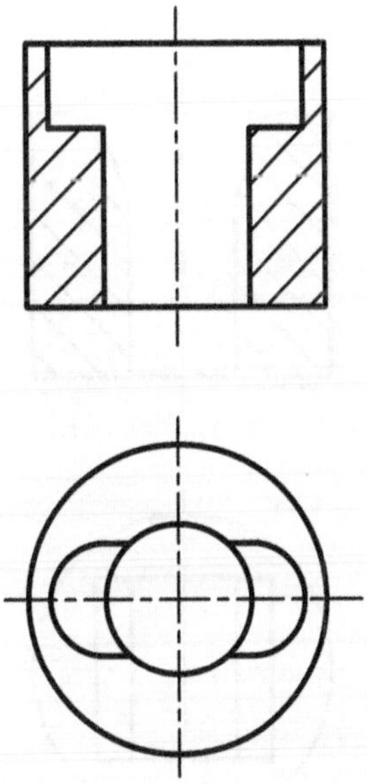

班级________姓名________学号________

7-5 （续）

7.

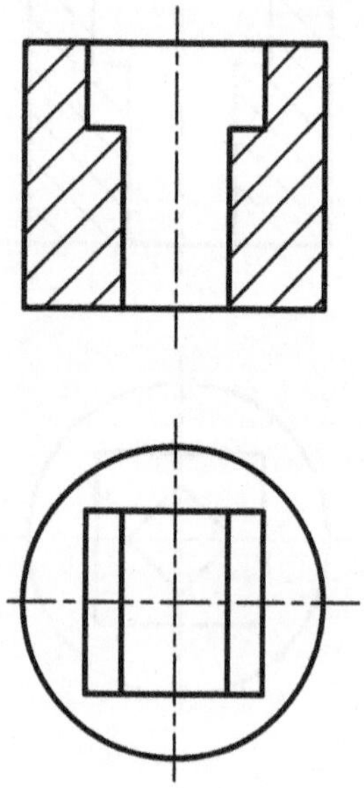

8.

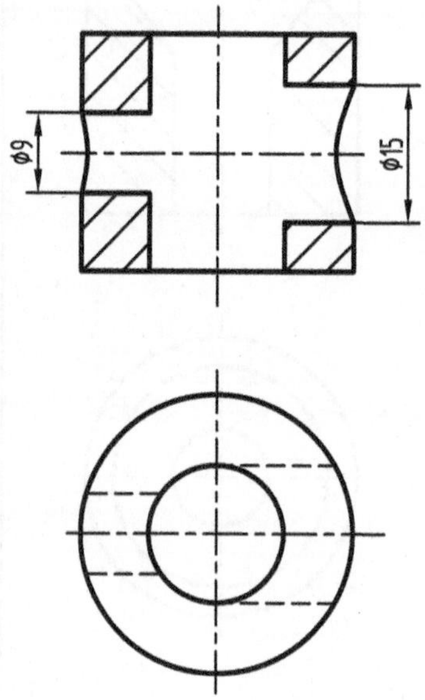

9.

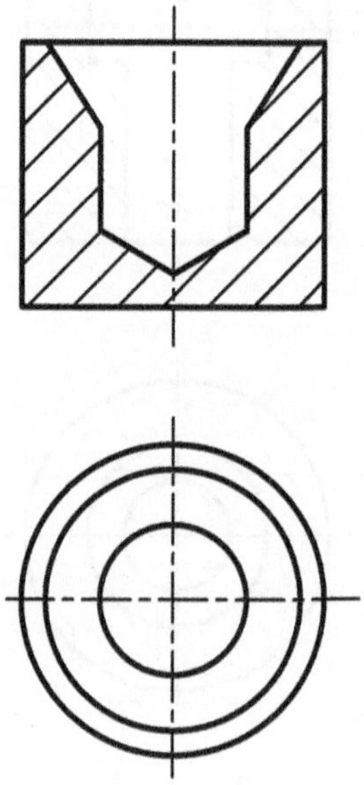

10.

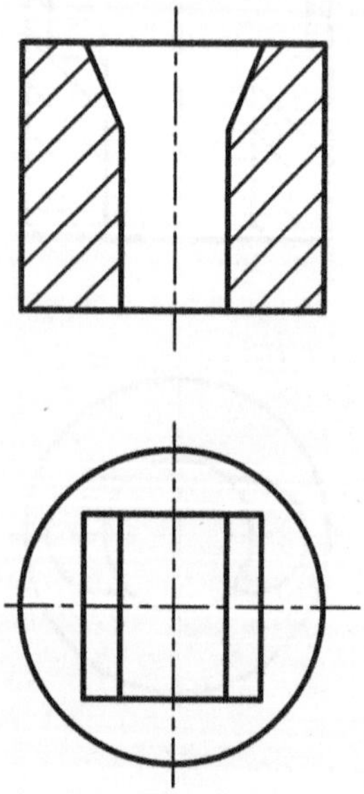

11.

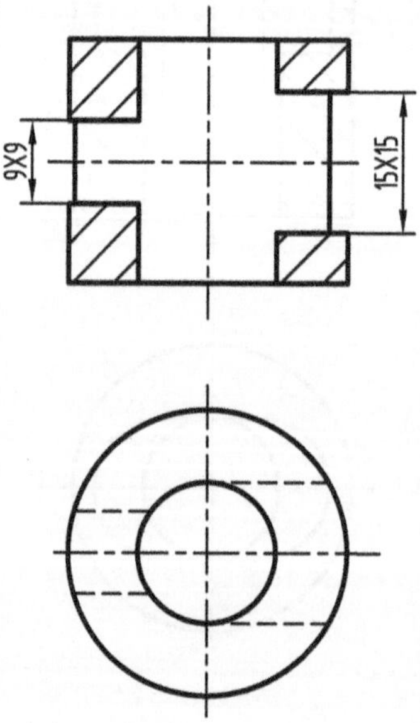

12.

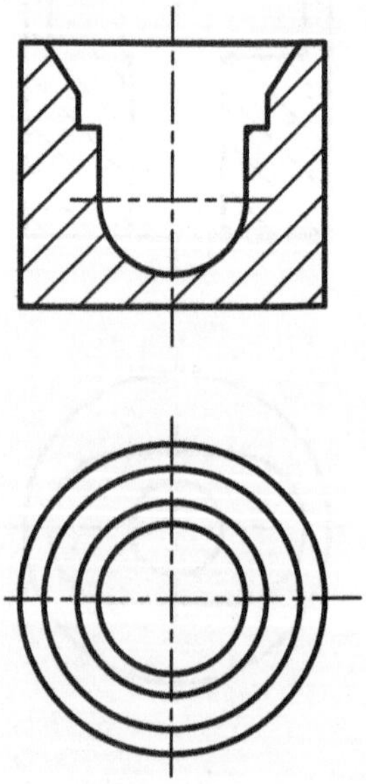

班级________姓名________学号________

7-6　看懂所给视图，分析立体的内外形状，补画剖视图中的漏线

1.

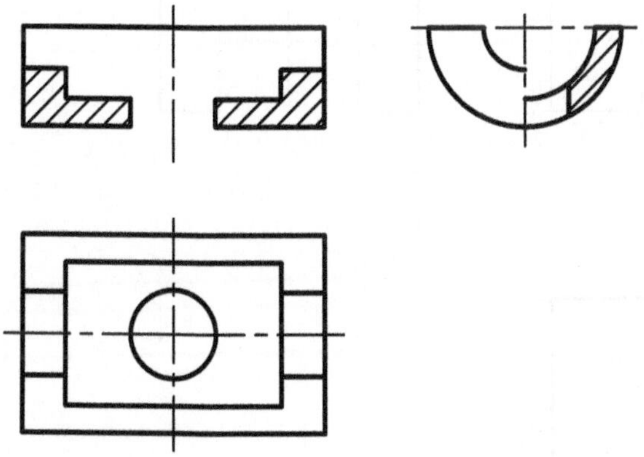

2.

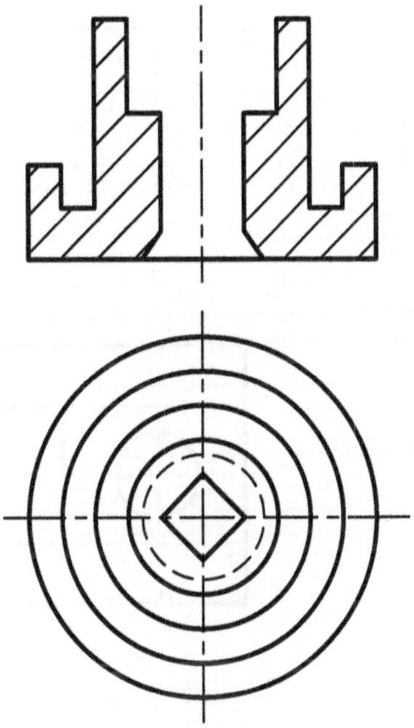

3.

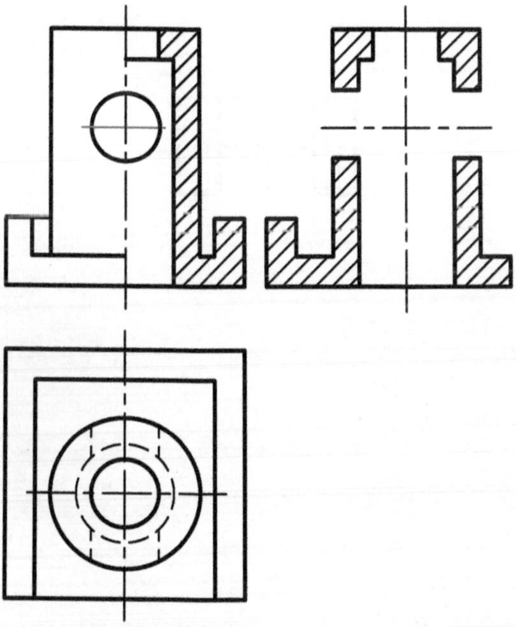

4.

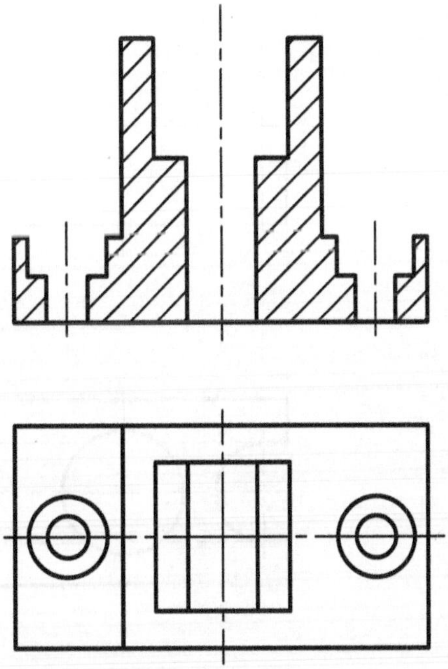

班级________姓名________学号________

7-7 分析立体的内外形状，在指定位置将主视图改画成全剖视图

1.

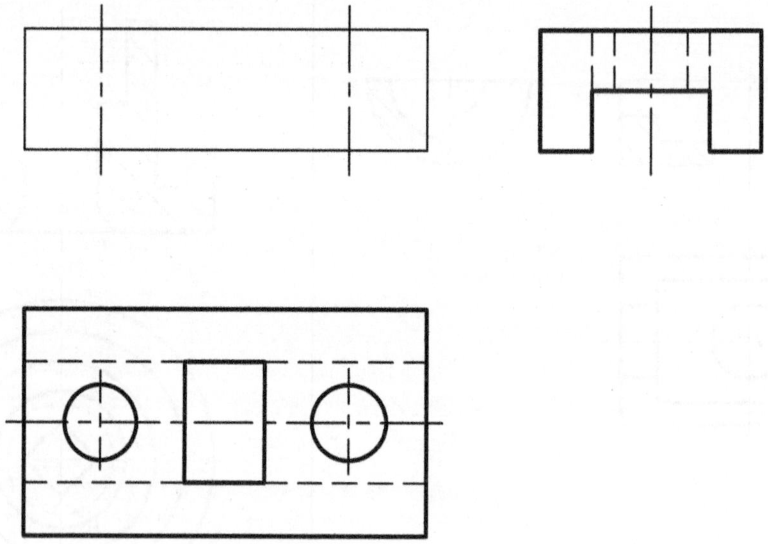

2.

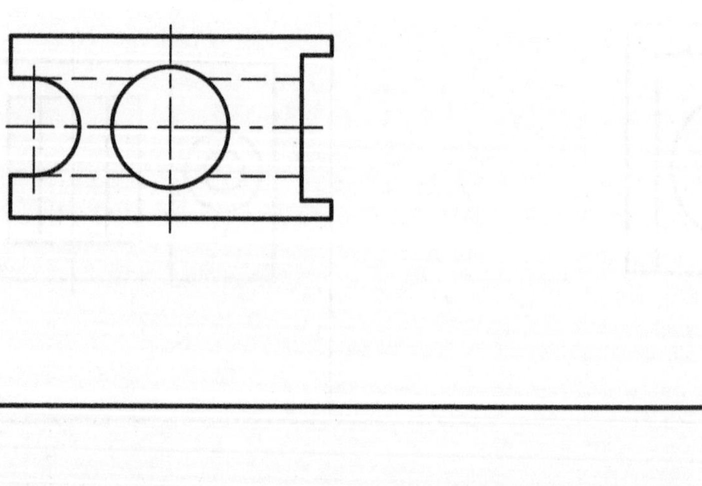

7-8　根据已知的主、俯视图，在右边空白处画出全剖的主视图

1.

原题图

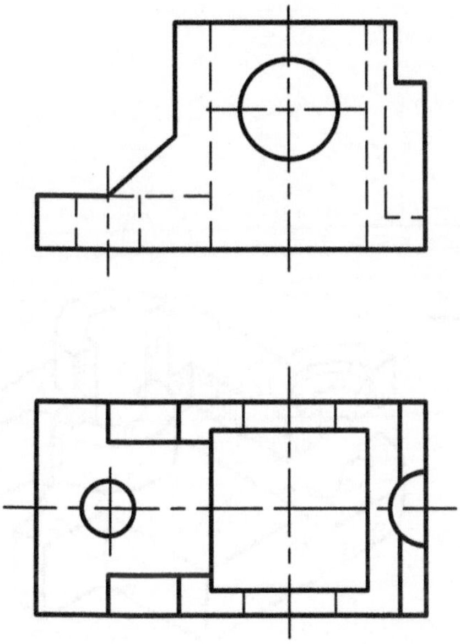

答案图

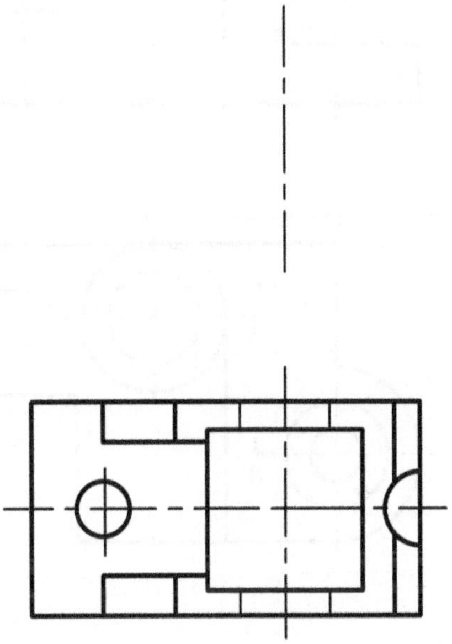

2.

原题图

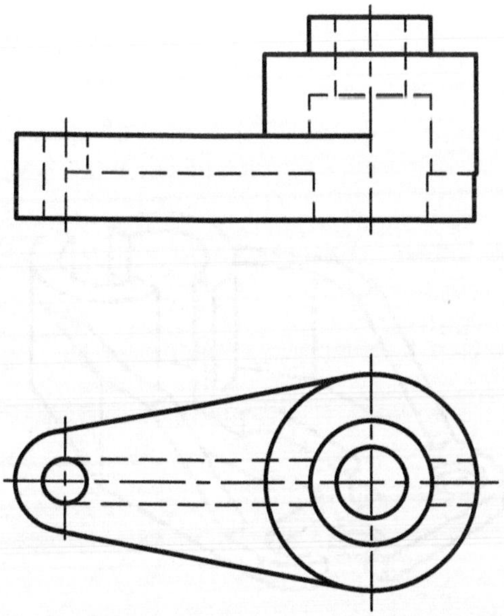

答案图

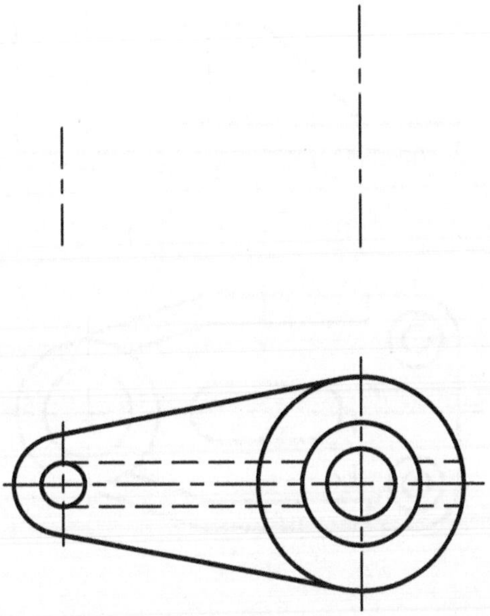

班级________姓名________学号________

7-9 根据立体图，将其主视图改画为全剖视图，本章结束后运用AutoCAD绘制该立体剖视图

1.

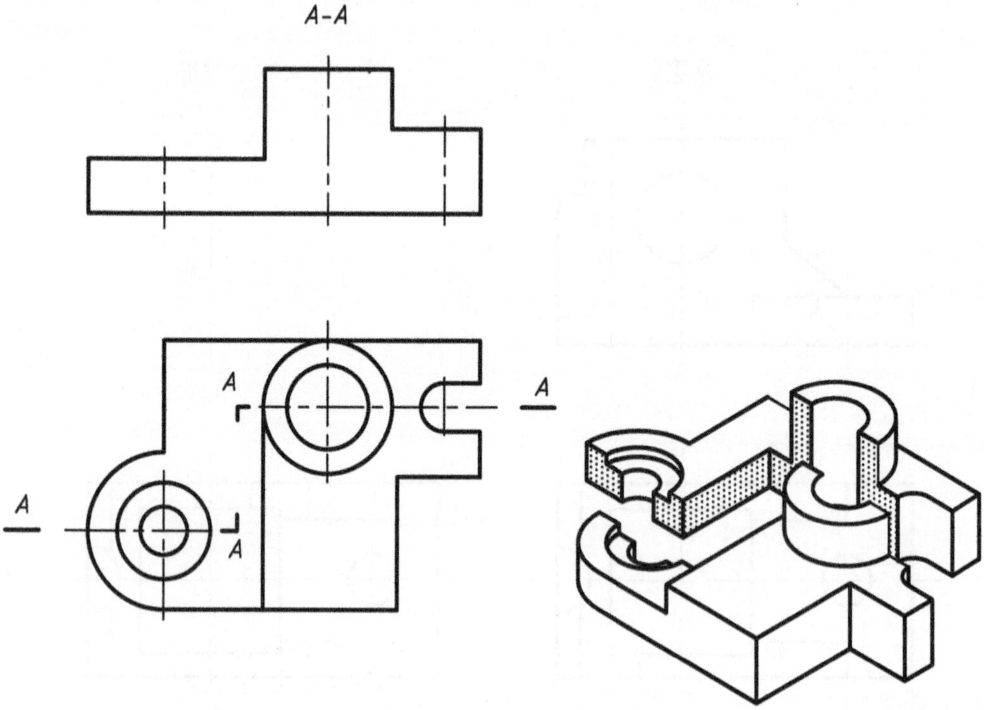

2.

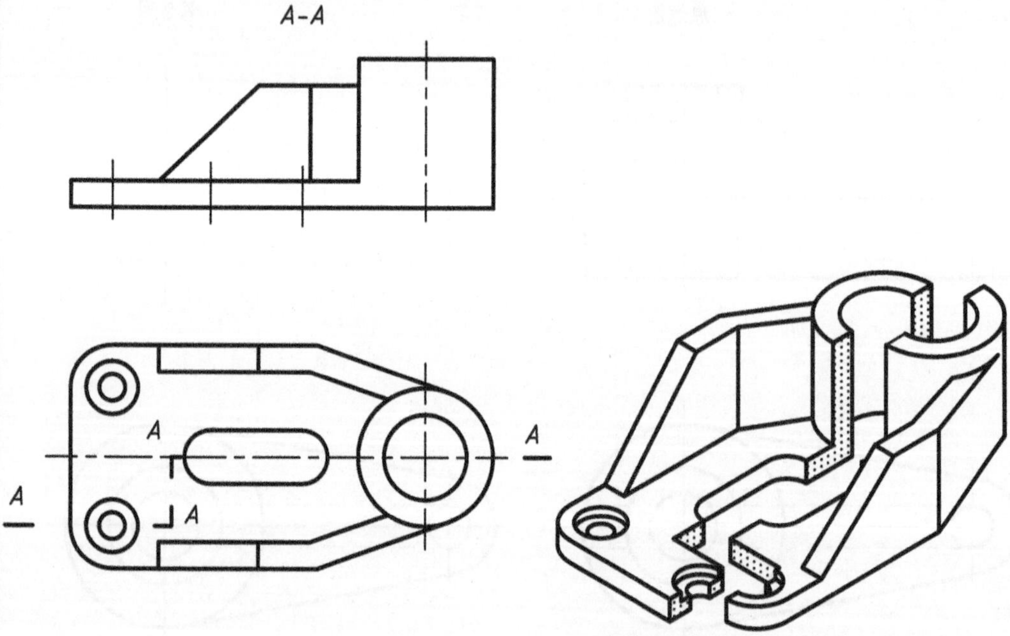

班级________姓名________学号________

7-10 分析立体的内外形状，在指定位置将主视图改画成全剖视图

1.

原题图　　　　　　答案图

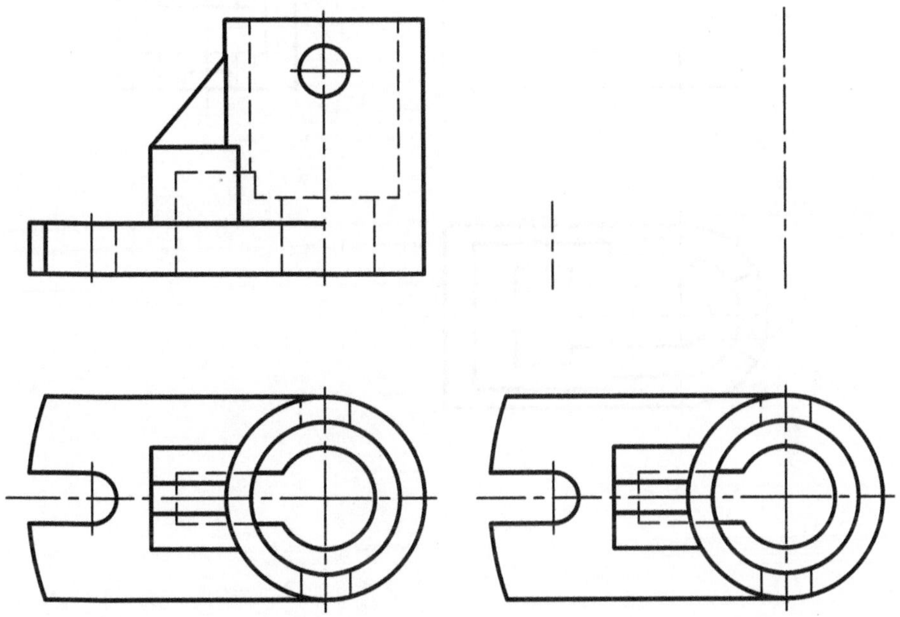

2.

原题图　　　　　　答案图

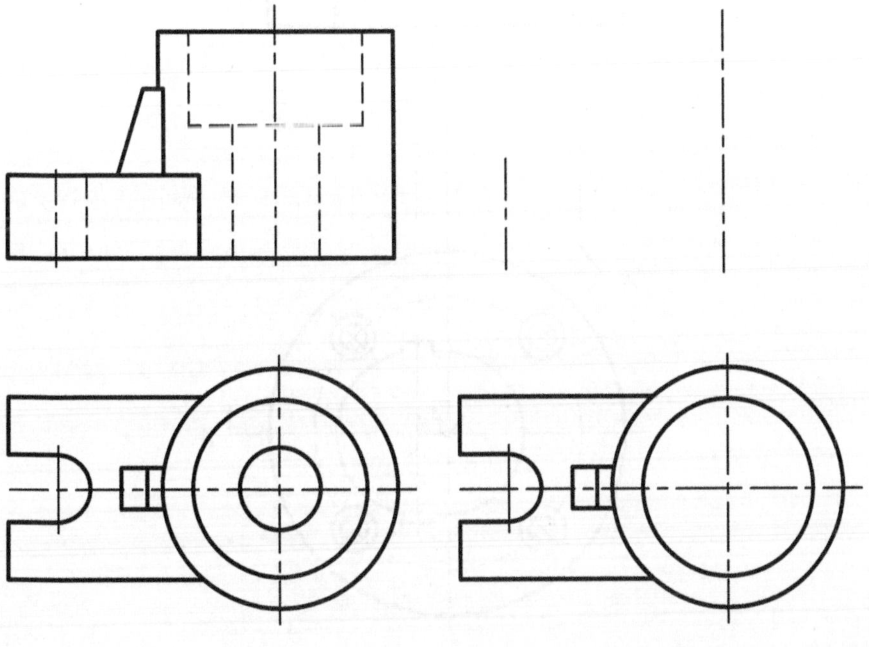

班级________姓名________学号________

7-10 （续）

3.

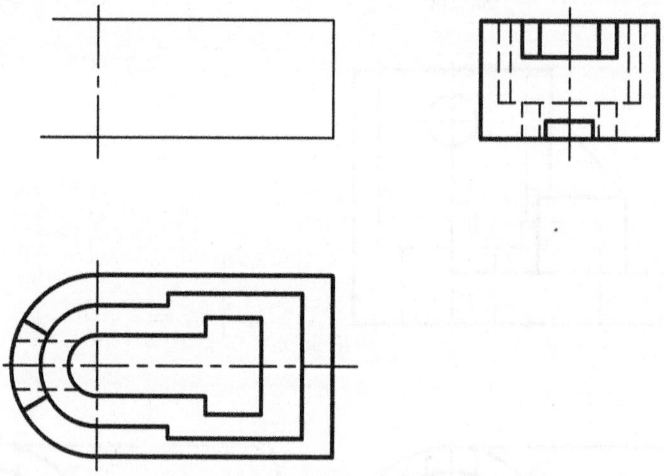

4.

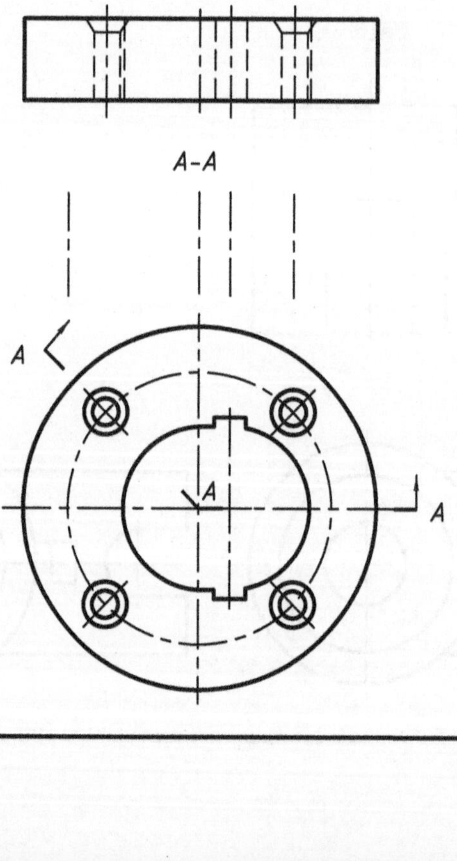

7-11 将机件的主视图改画成半剖视图，将其左视图改画为全剖视图

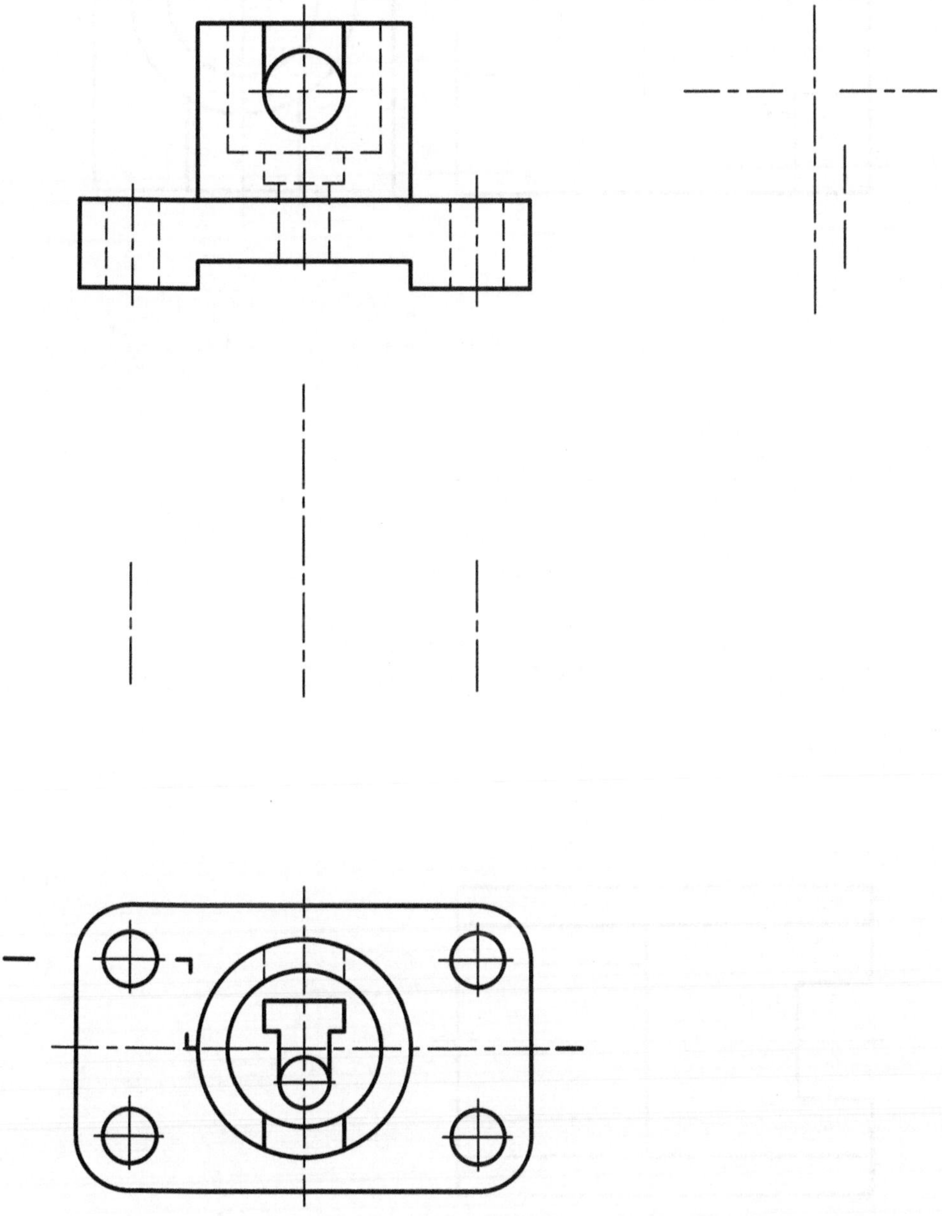

班级________姓名________学号________

7-12 将机件的主视图改画成全剖视图

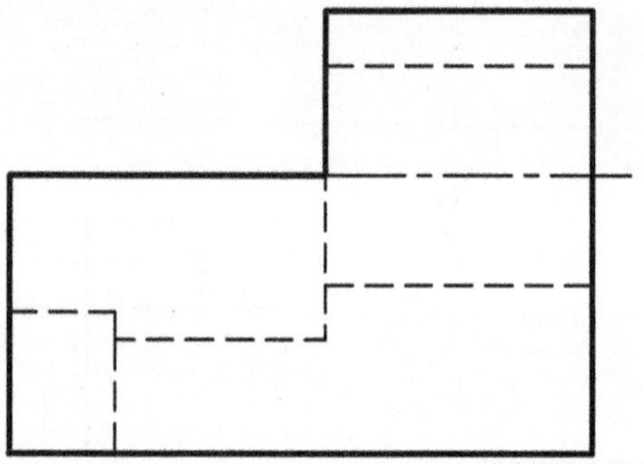

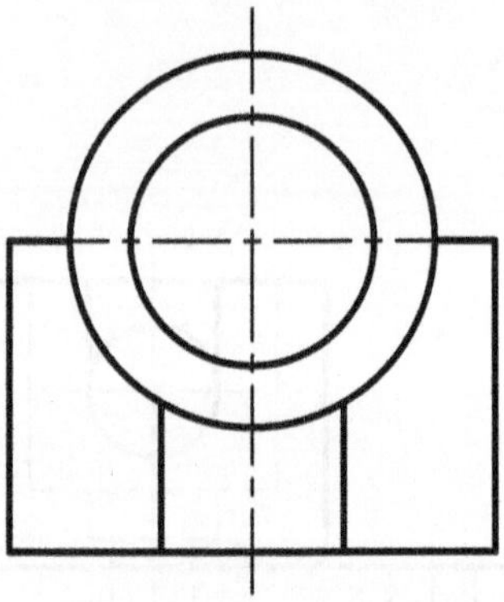

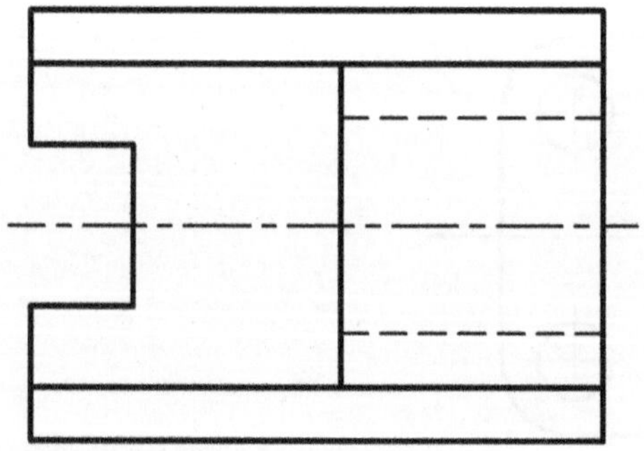

班级________姓名________学号________

7-13 将机件的主视图改画成半剖视图，左视图改画为全剖视图

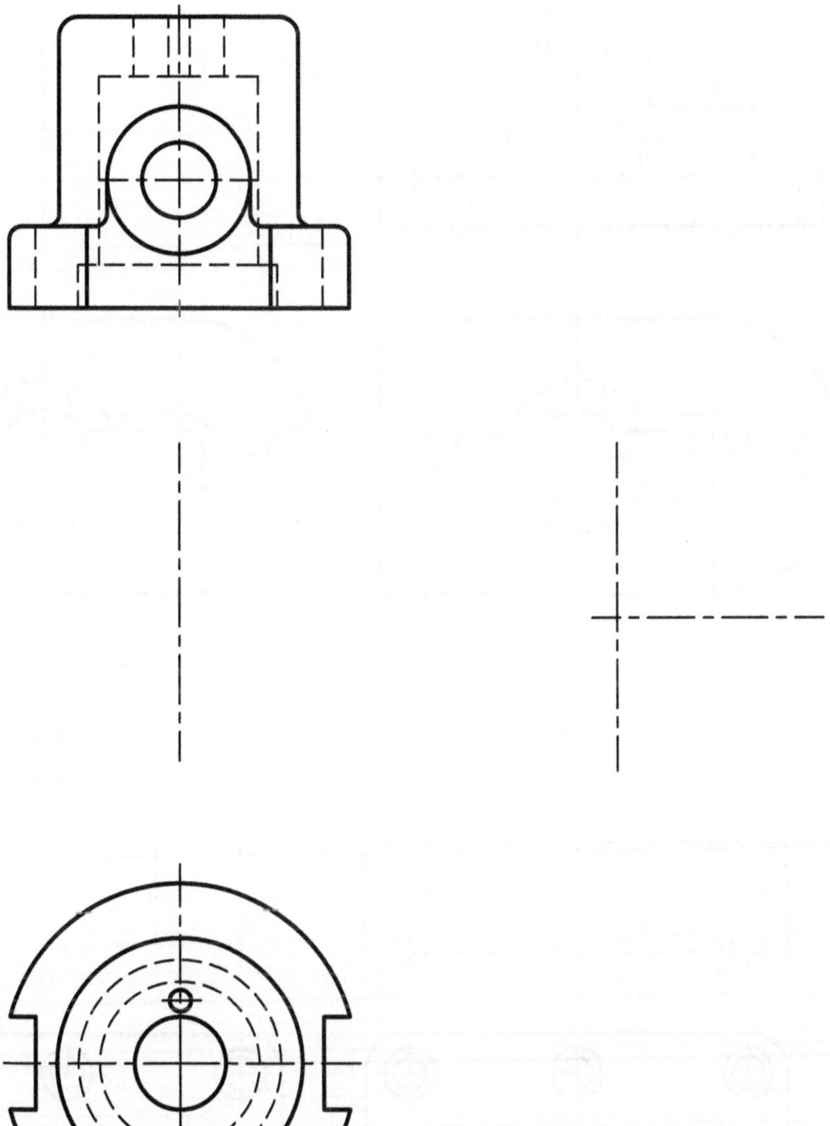

班级________姓名________学号________

7-14 将机件的主视图在指定位置改画成全剖视图

1.

原题图

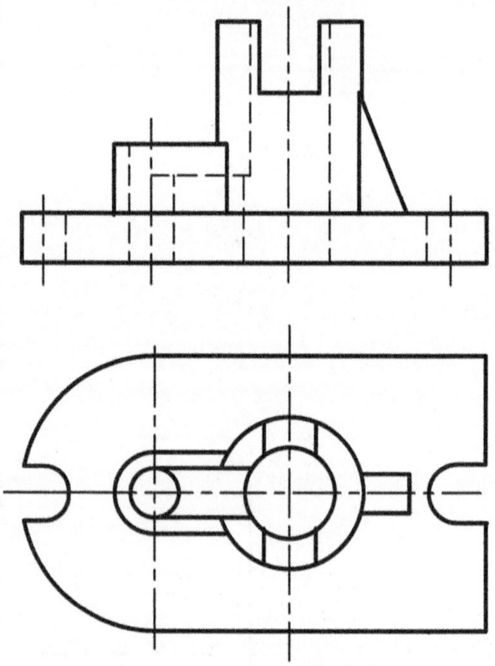

答案图

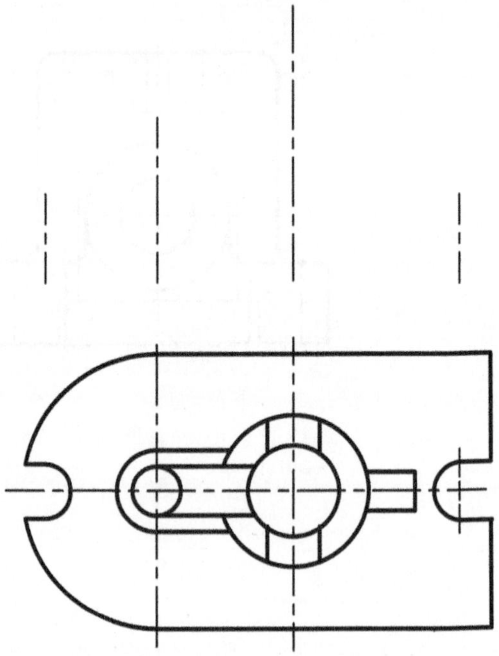

2.

原题图

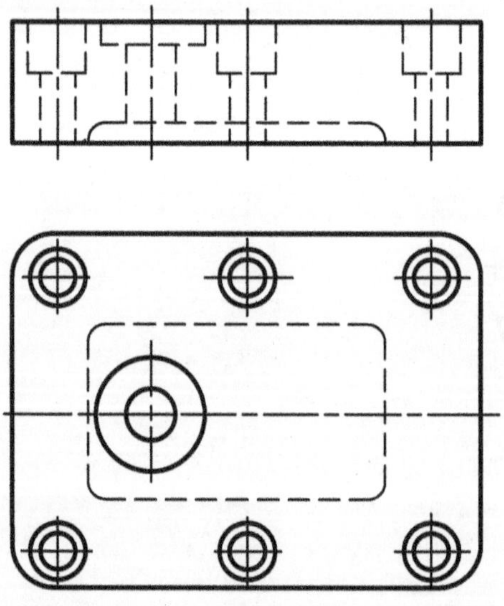

答案图

A-A

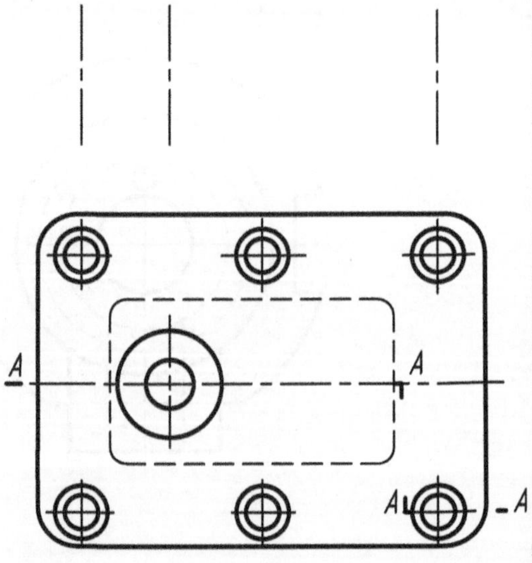

7-15 将机件的主视图在指定位置改画成全剖视图，左视图画成半剖视图

原题图

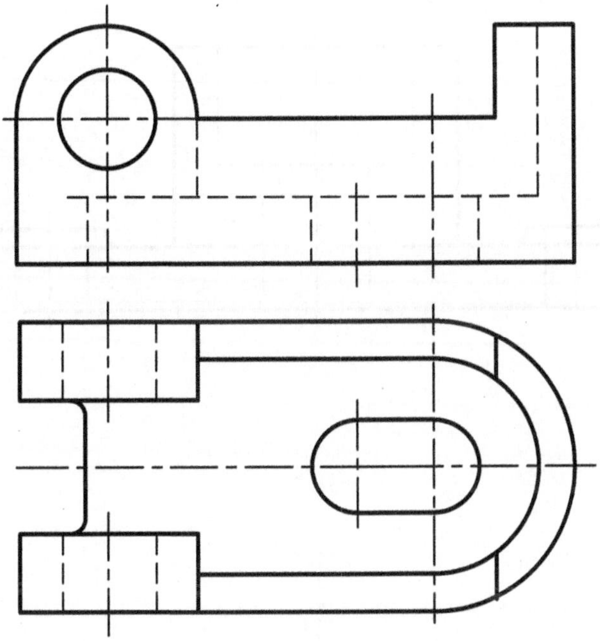

答案图

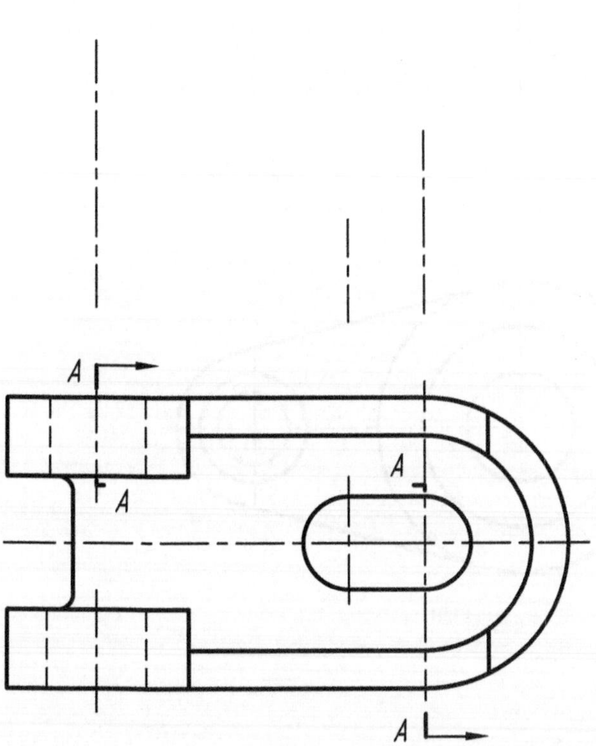

班级________姓名________学号________

7-16 将机件的主视图改画成半剖视图

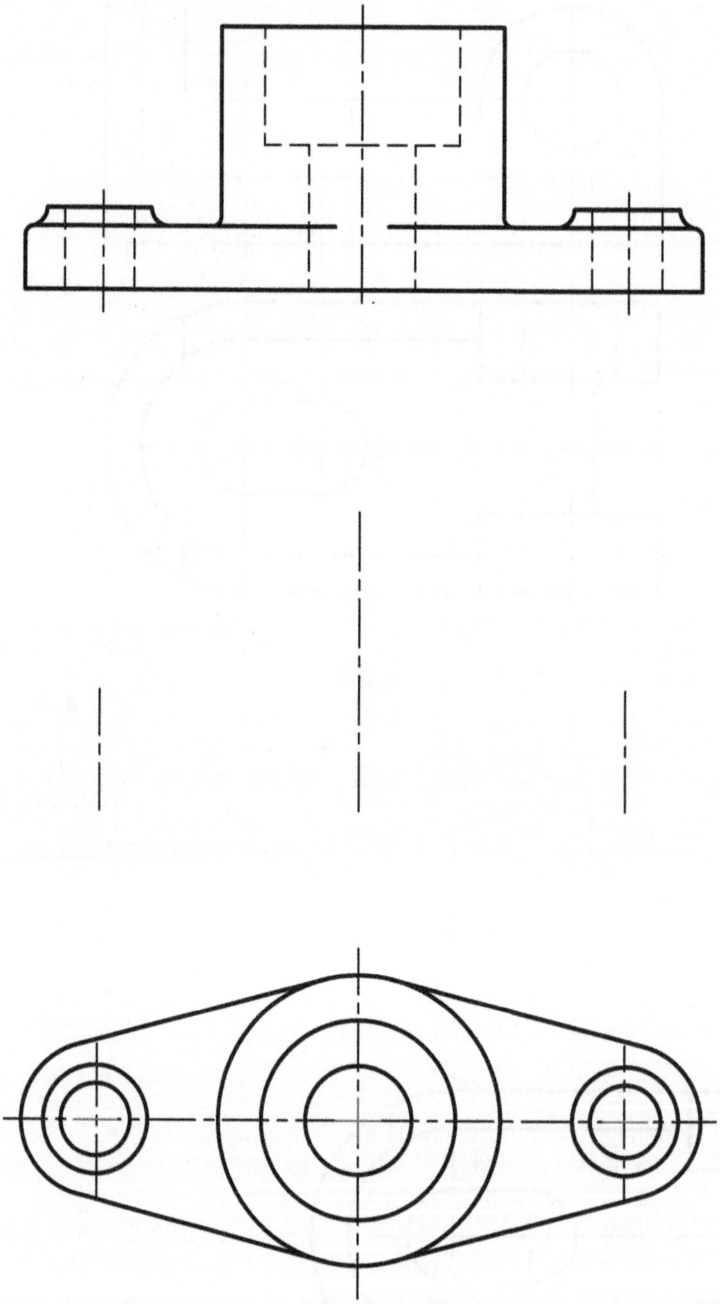

7-17 将机件的主视图在指定位置改画成全剖视图

1.

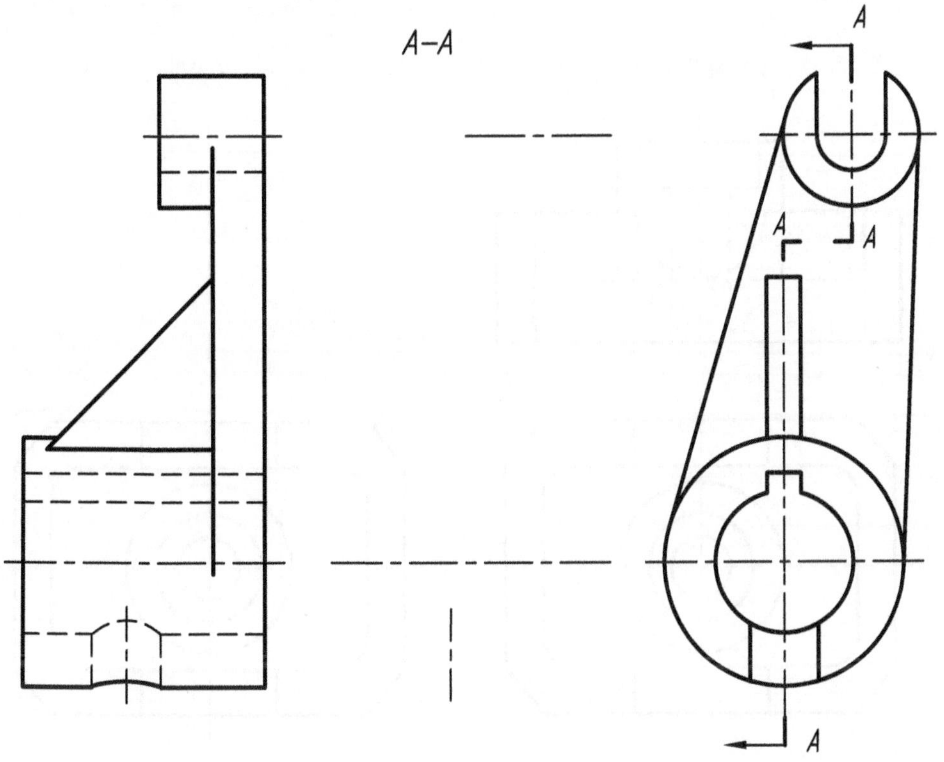

2.

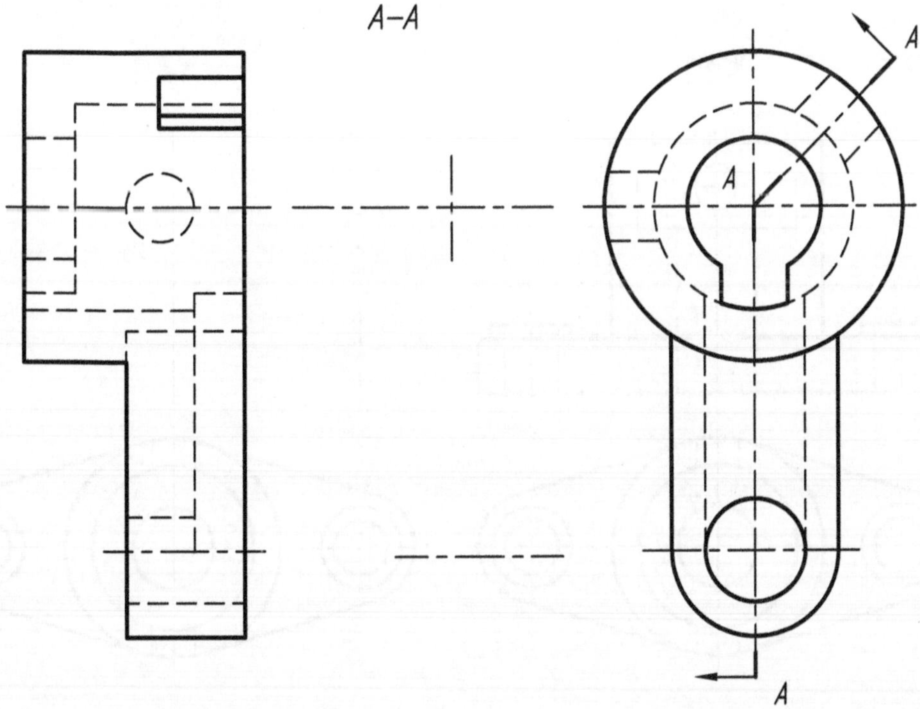

班级________姓名________学号________

7-18 将机件的主视图改画成半剖视图

1.

原题图

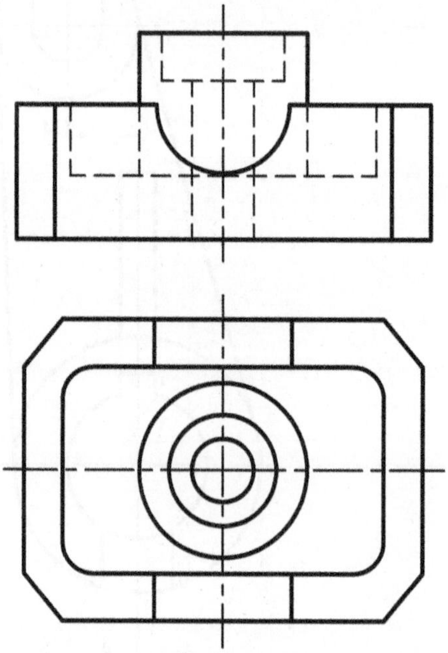

答案图

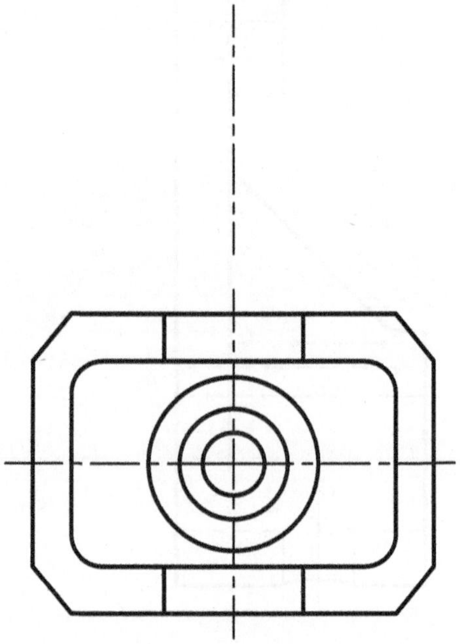

2.

原题图

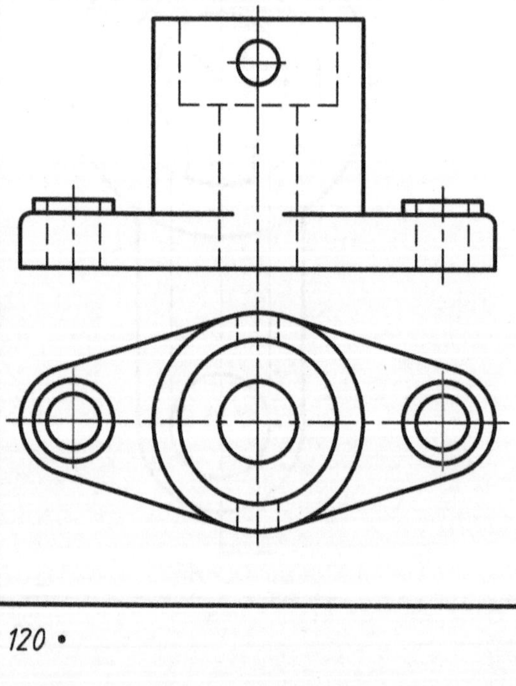

答案图

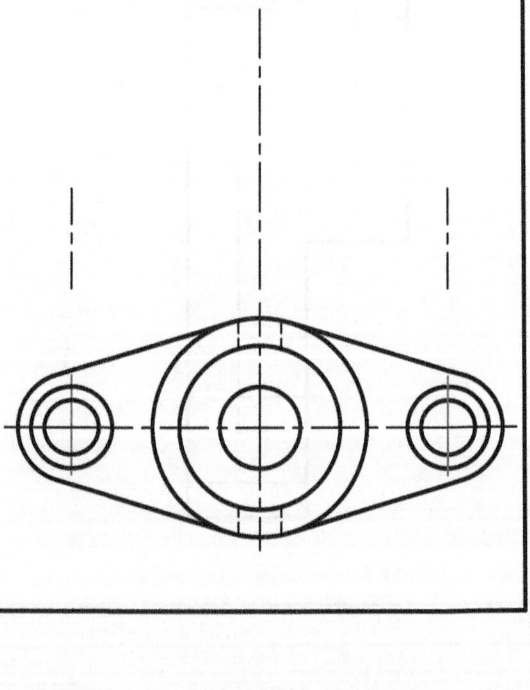

7-19 将机件的主视图改画成全剖视图，左视图改画成半剖视图

原题图

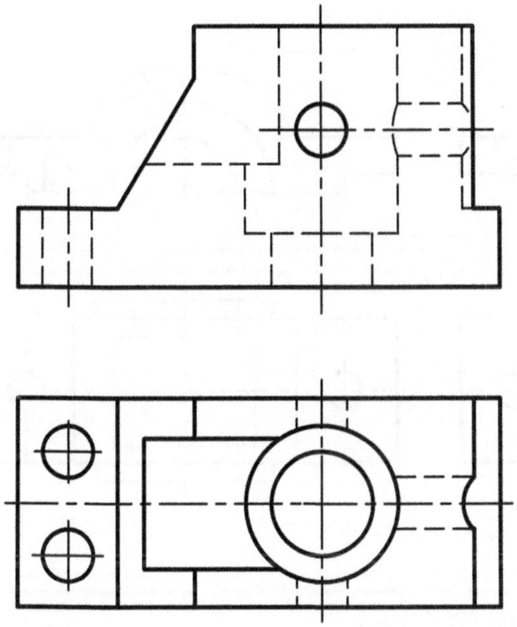

答案图

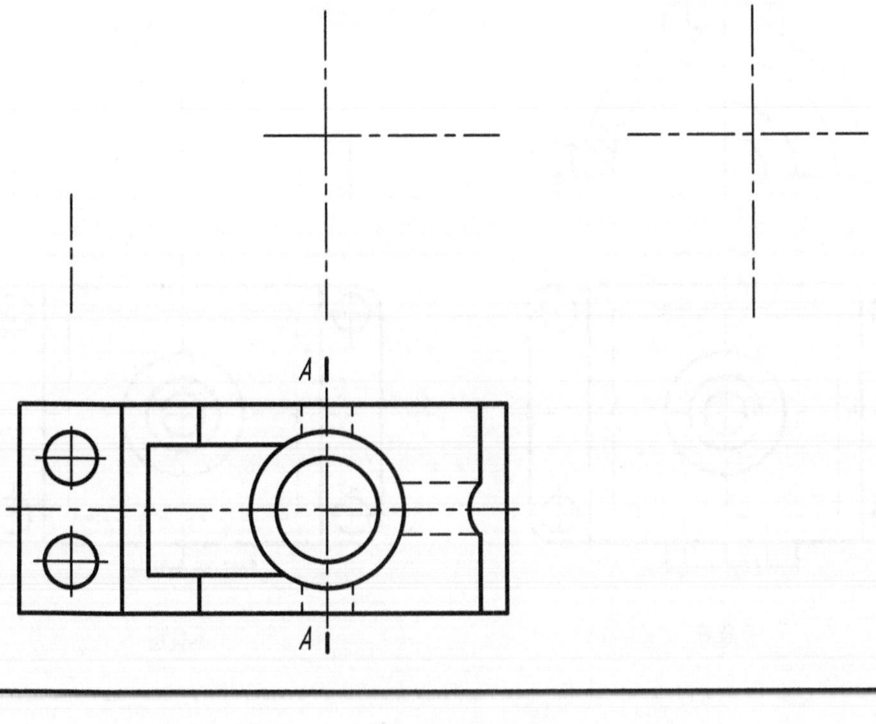

班级________姓名________学号________

7-20 将机件的主视图改画成半剖视图

原题图

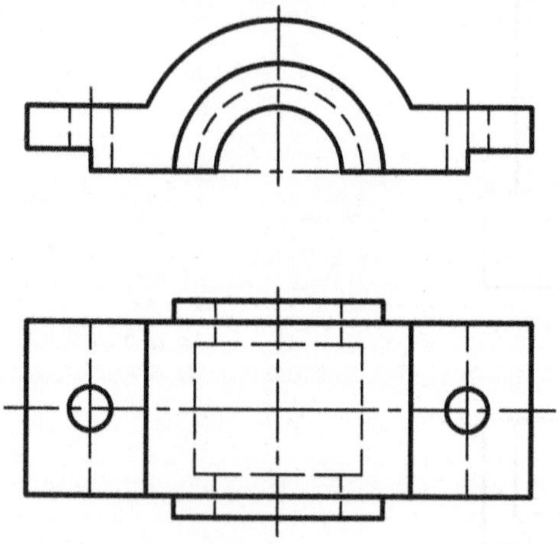

答案图

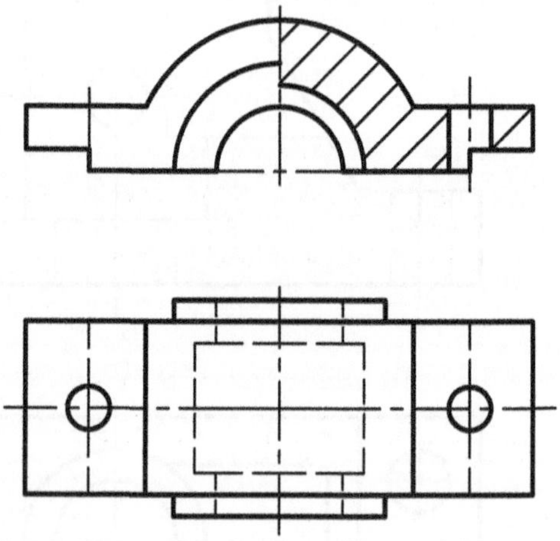

7-21 分析机件的内外形状，改正主视图中的错误并进行标注

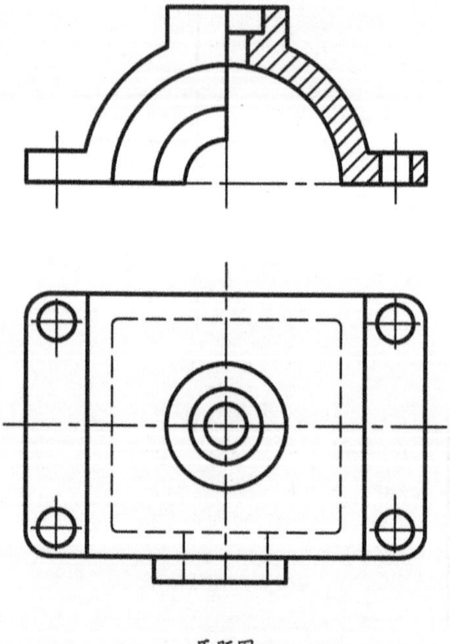

原题图

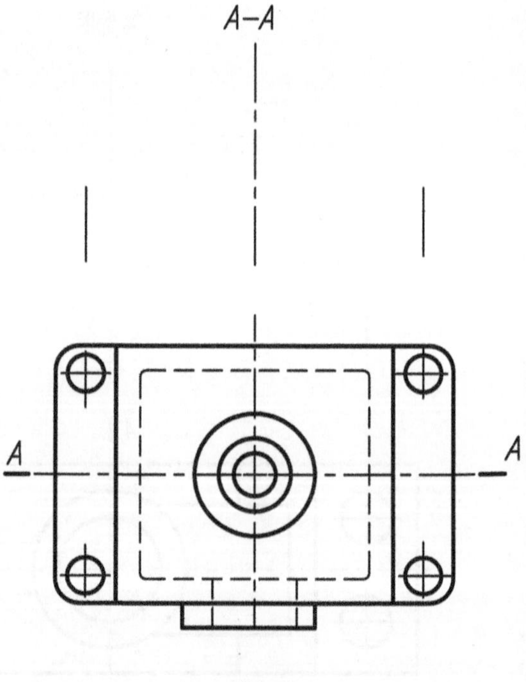

答案图

7-22　试将机件的主视图改画成局部剖视图

原题图

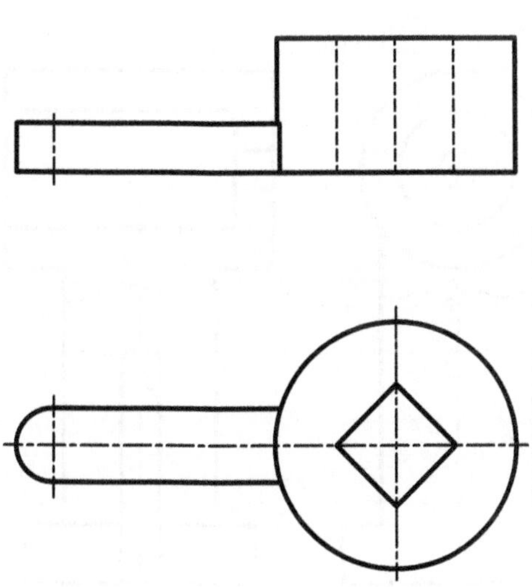

答案图

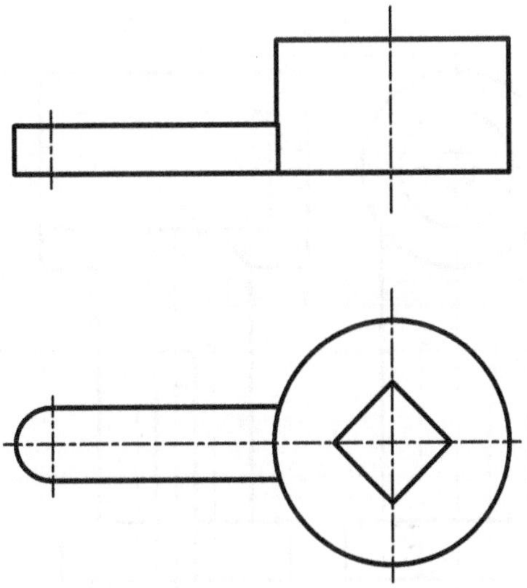

7-23　分析机件的内外形状，再按其主、俯视图的适当位置作局部剖视

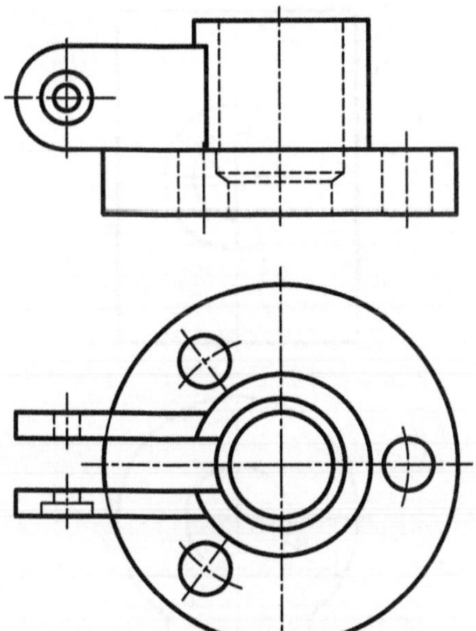

原题图

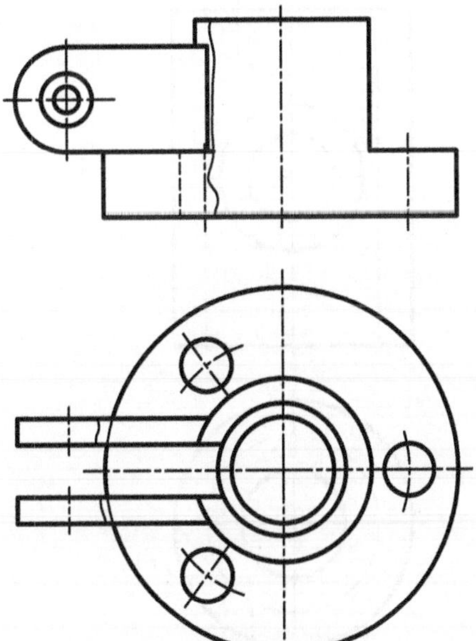

答案图

班级________ 姓名________ 学号________

7-24　试将机件的主、左视图改画成局部剖视图

原题图

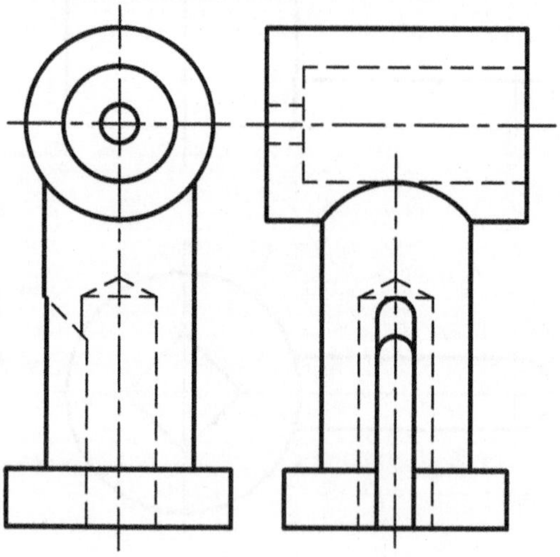

答案图

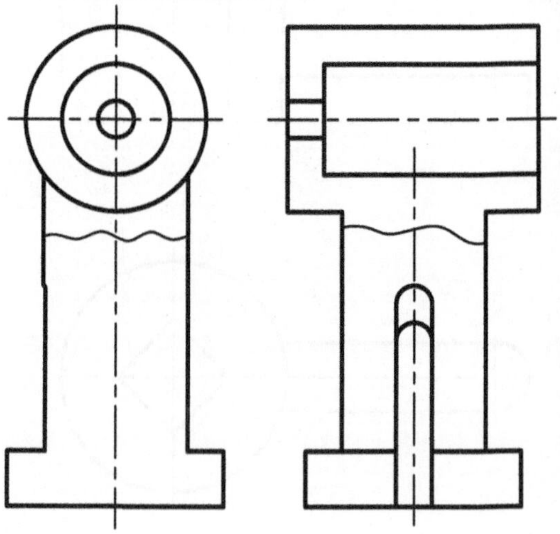

7-25　试在机件的主、左视图上的适当位置作局部剖视

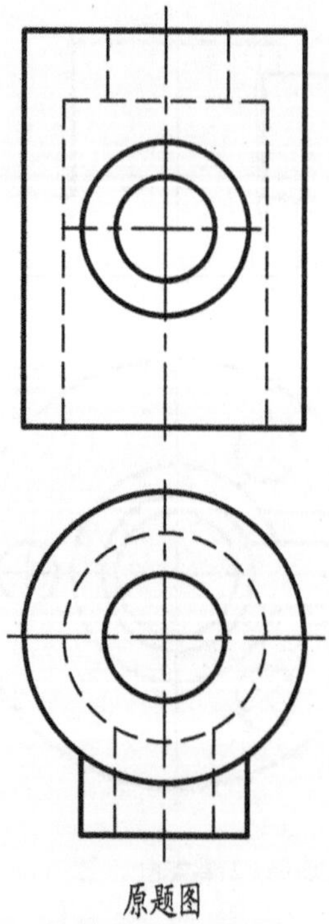

原题图

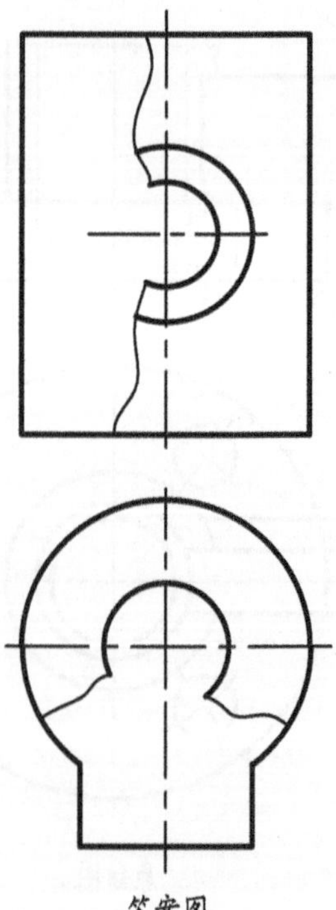

答案图

7-26 试将机件的主、俯视图改画成局部剖视图

原题图

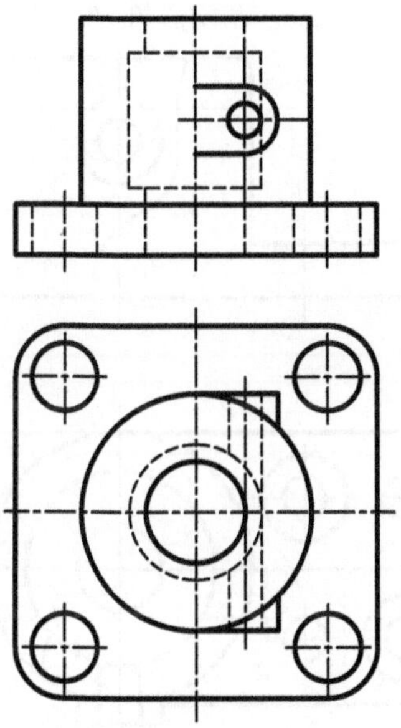

答案图

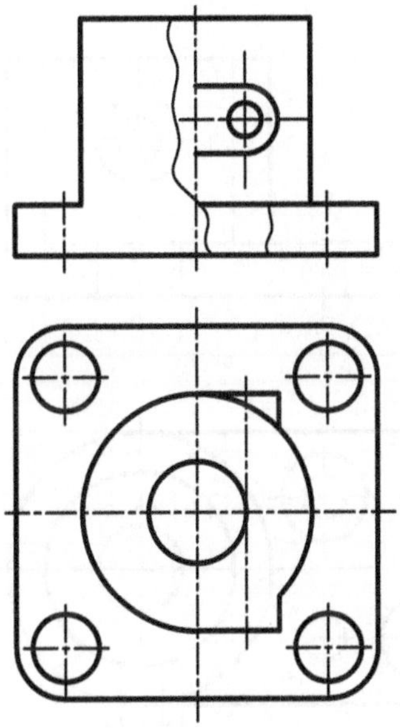

7-27 在机件主视图的适当位置作局部剖视

原题图

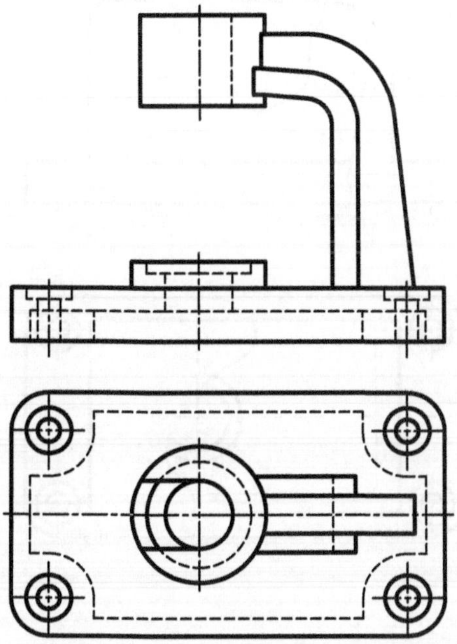

答案图

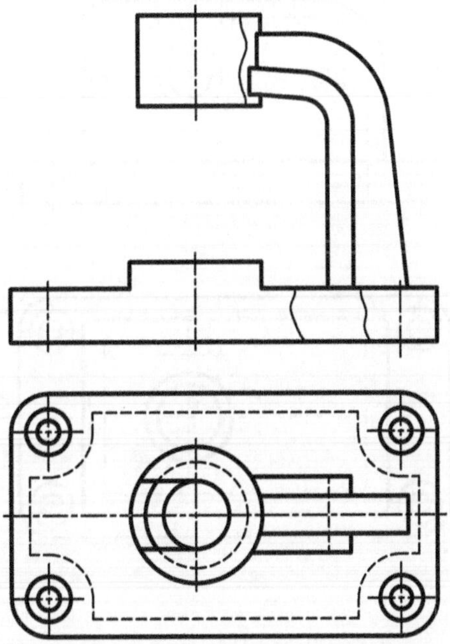

班级________姓名________学号________

7-28　试将机件的主、俯视图改画成局部剖视图

原题图

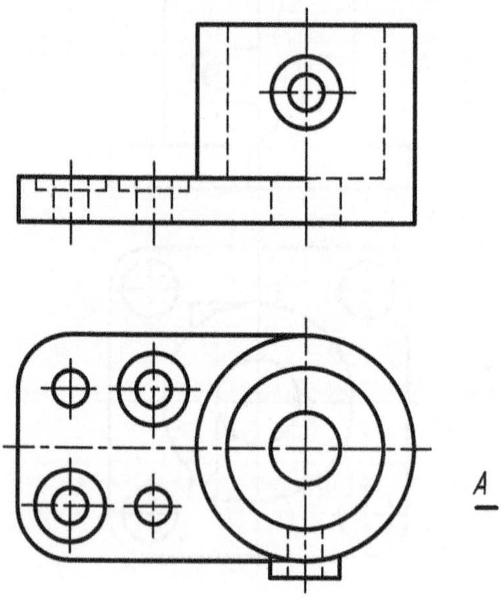

答案图

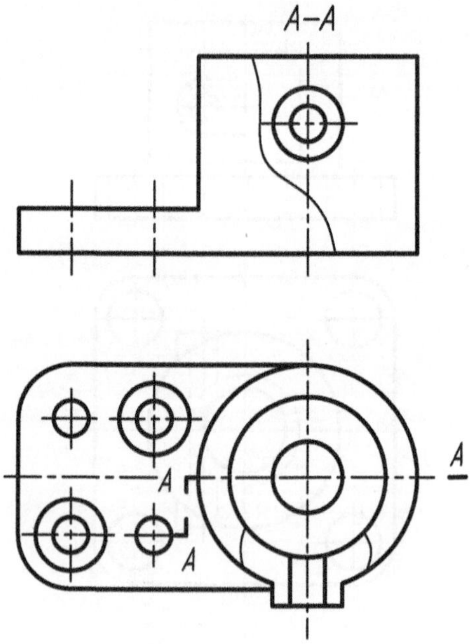

原题图

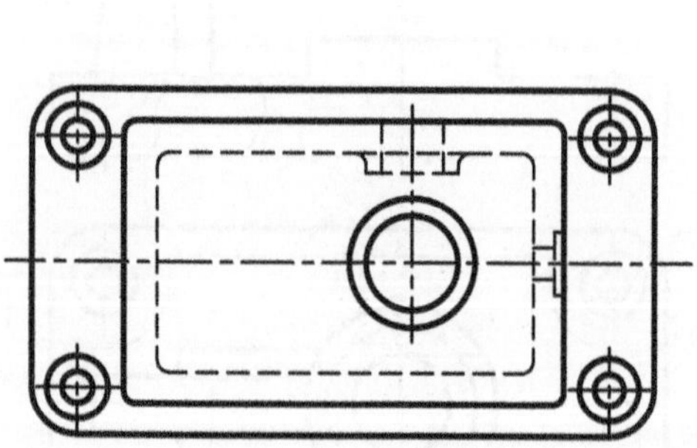

答案图

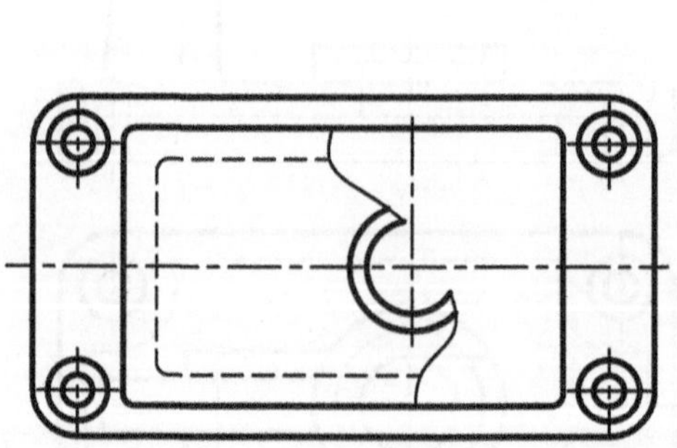

7-29 画出指定的断面图(左边键槽深4mm，右边键槽深3mm)

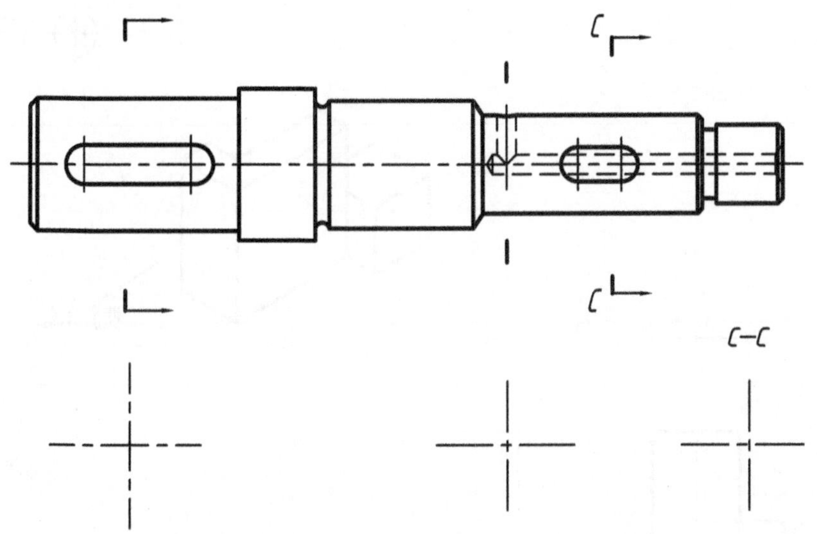

7-30 在指定位置画出机件的移出断面图

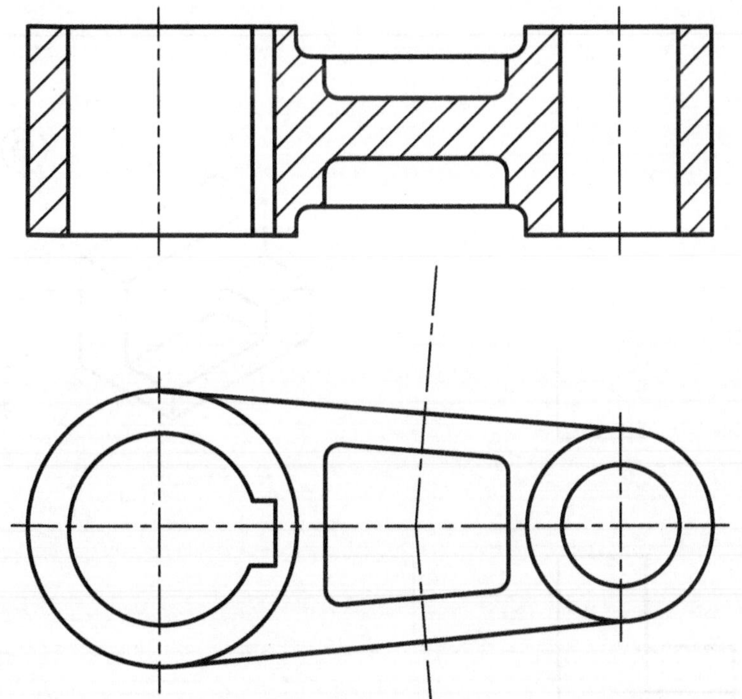

班级________姓名________学号________

7-31 根据投影方向和已知视图，用第三角投影法画出立体另外两个基本视图

1.

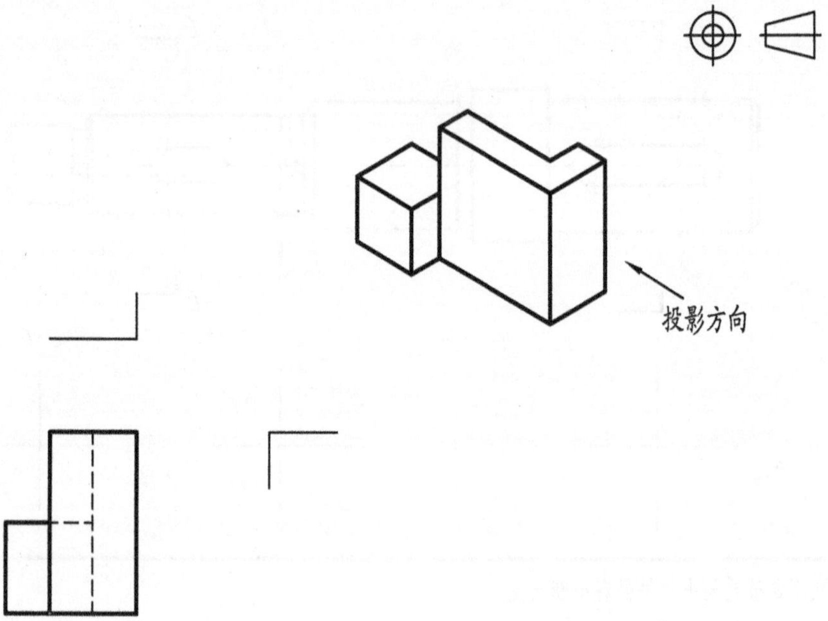

2.

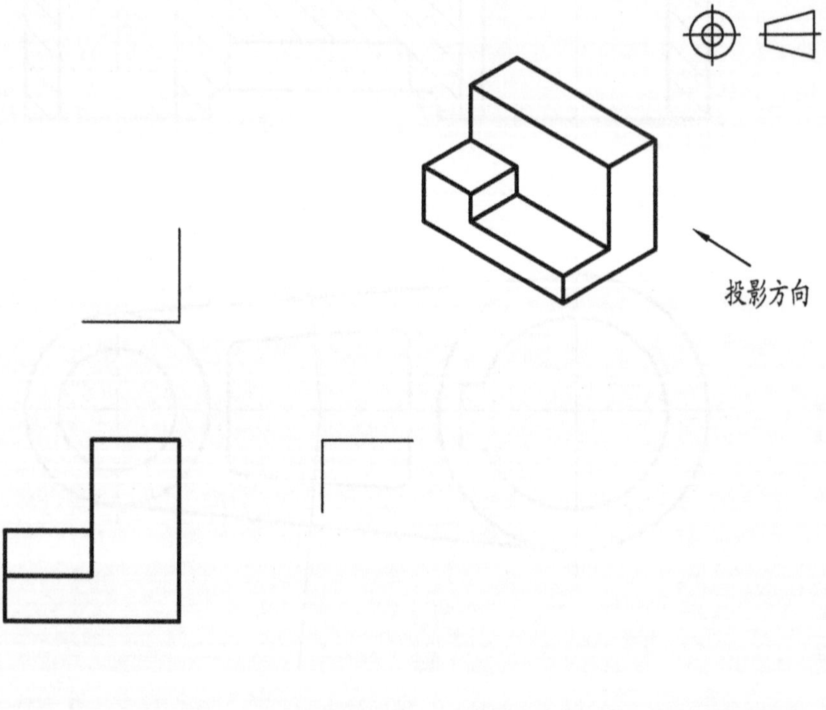

班级________ 姓名________ 学号________

8-1　判断下列螺纹画法的正误，正确的在括号内打勾，错误的在括号内打叉

1.

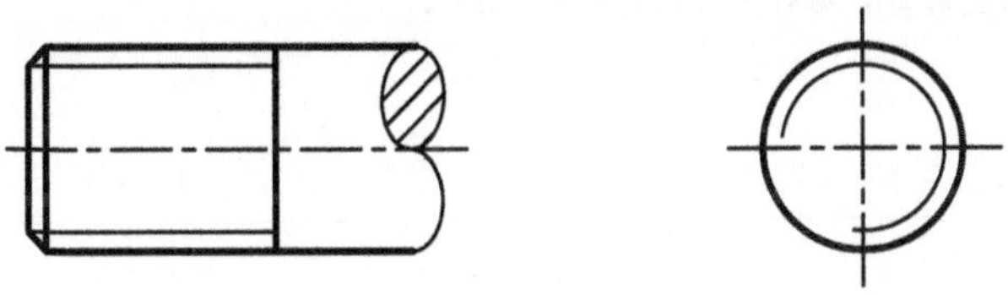

(　　)

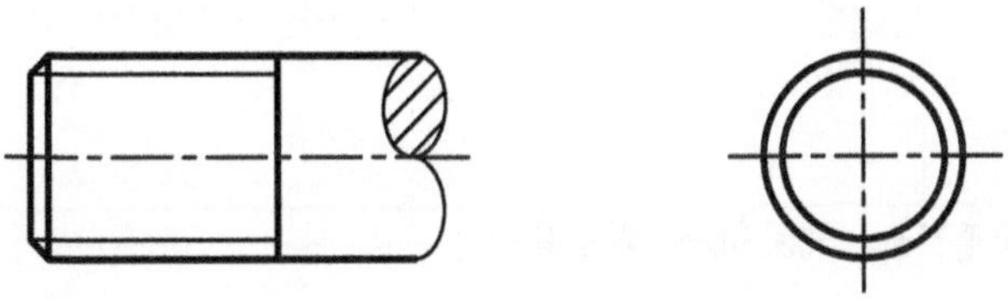

(　　)

2.

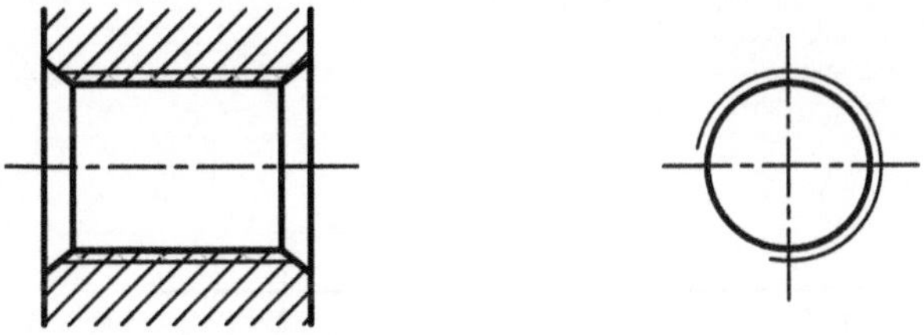

(　　)

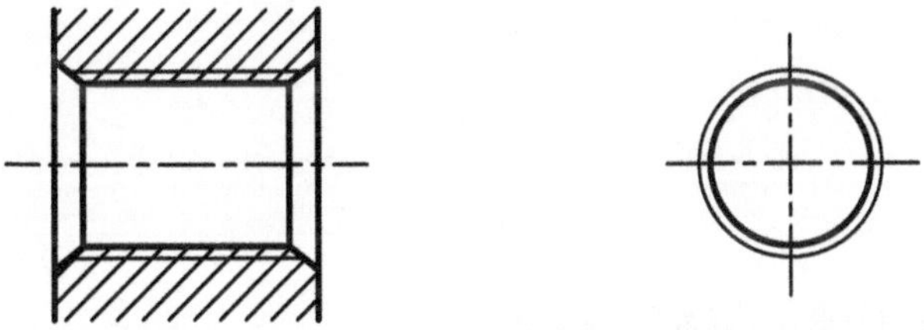

(　　)

3.

(　　)

(　　)

班级________姓名________学号________

8-2　按照已知条件绘制螺纹视图

1. 外螺纹，大径M20，螺纹长度20mm，螺杆长30mm，螺蚊倒角C2

2. 内螺纹，大径M20，螺纹长度25mm，孔深30mm，螺蚊倒角C2

3. 画出上述内、外螺纹的旋合联接图，左视图采用剖视画法

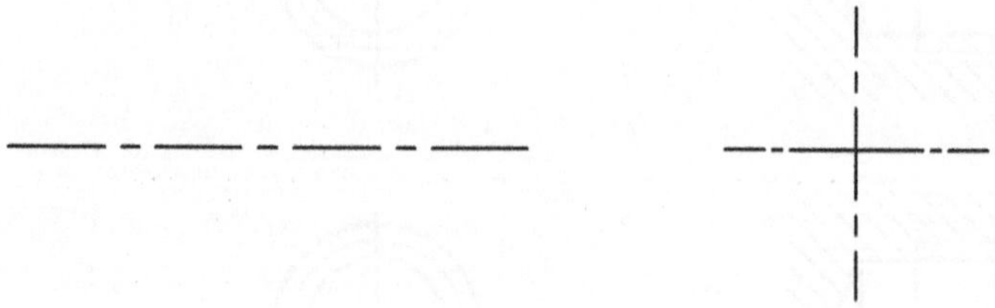

8-3 按照所给条件标注螺纹代号

1. 粗牙普通螺蚊，公称直径22。单线，右旋，螺蚊公差带：中径、小径均为6H

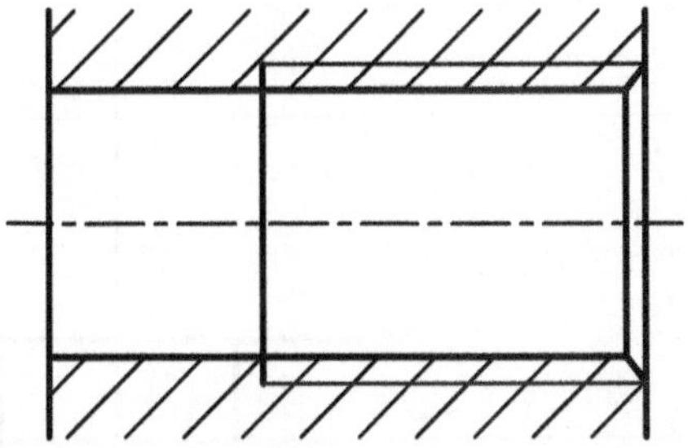

2. 细牙普通螺蚊，公称直径30，螺距2。单线，右旋，螺蚊公差带：中径5G、小径均为6G

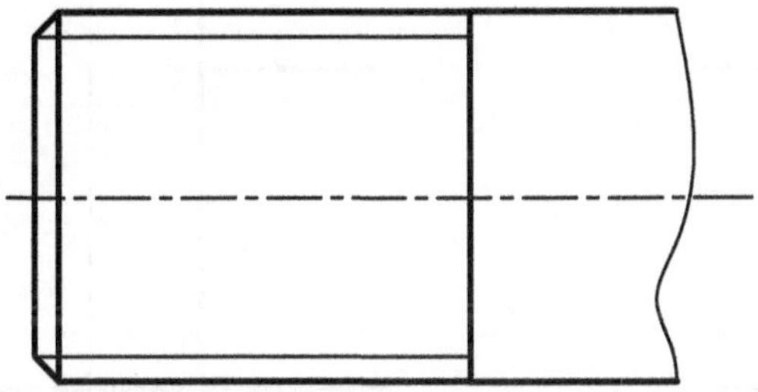

3. 非螺蚊密封的管螺蚊，尺寸代号3/4，右旋，公差等级A

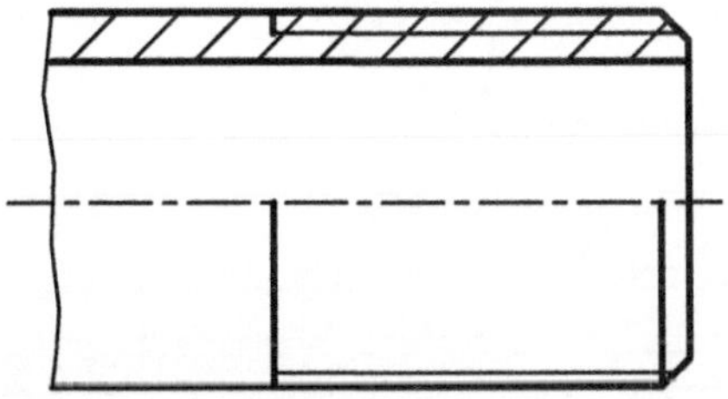

4. 梯形螺蚊，公称直径34。螺距6，双线，左旋

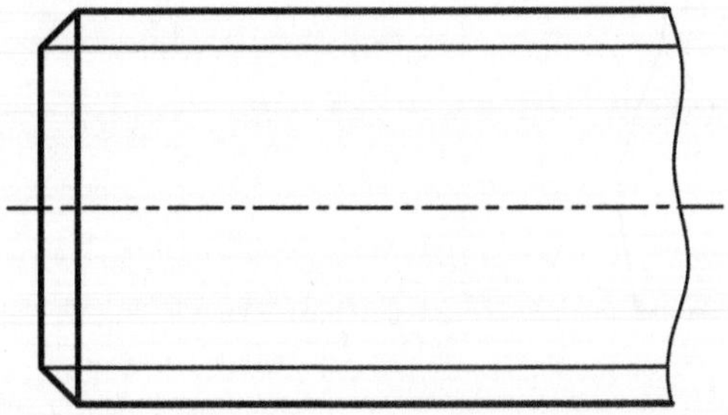

班级________姓名________学号________

8-4 用简化画法表达螺栓连接图，本章结束后运用AutoCAD绘制该连接件图

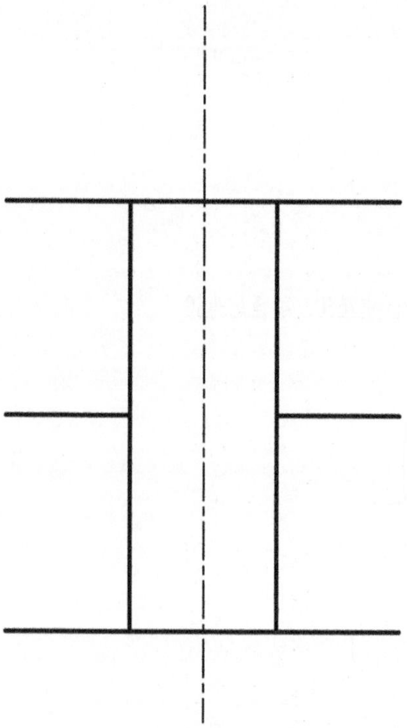

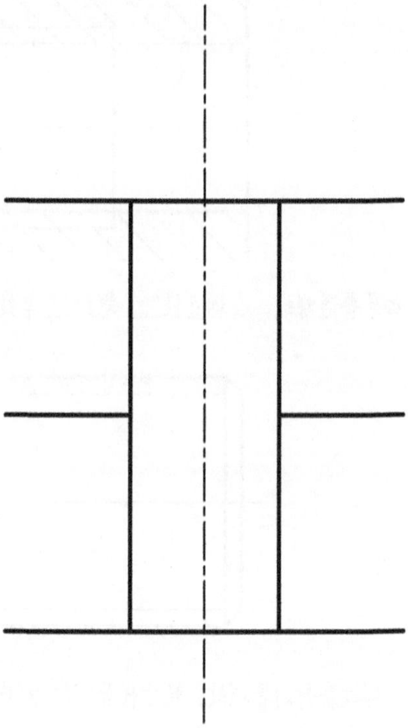

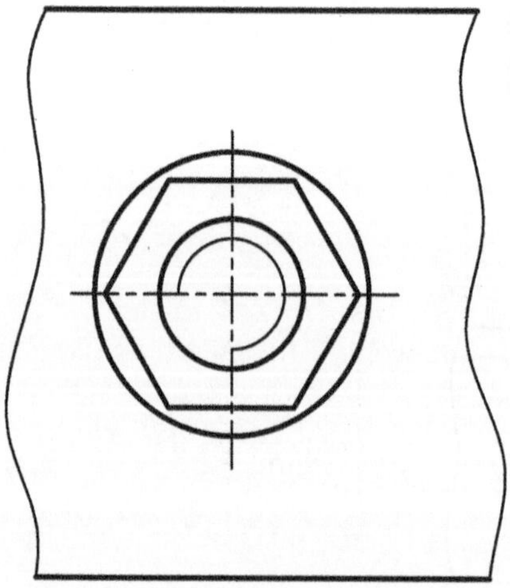

8-5 用简化画法补画螺柱连接图

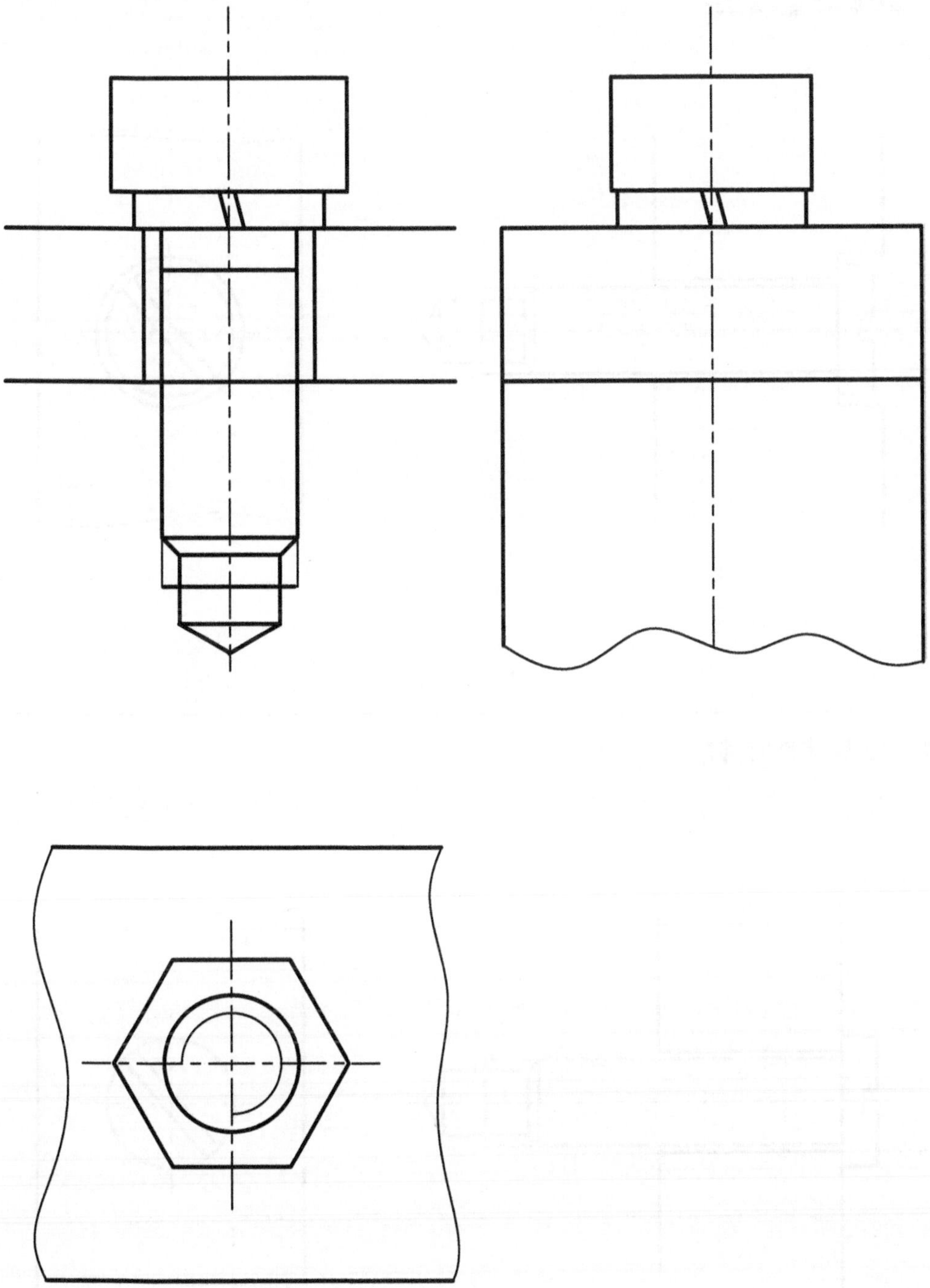

班级________ 姓名________ 学号________

8-6 用简化画法补画螺钉连接图

1. 圆柱头一字槽沉头螺钉

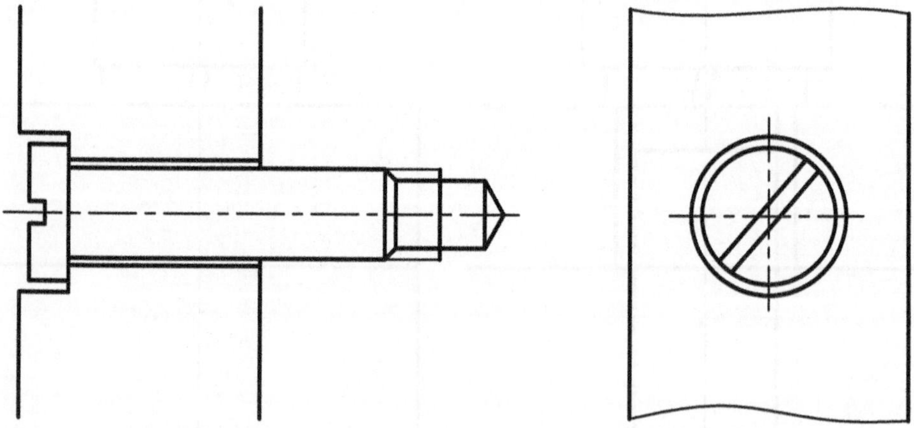

2. 圆柱头一字槽出头螺钉

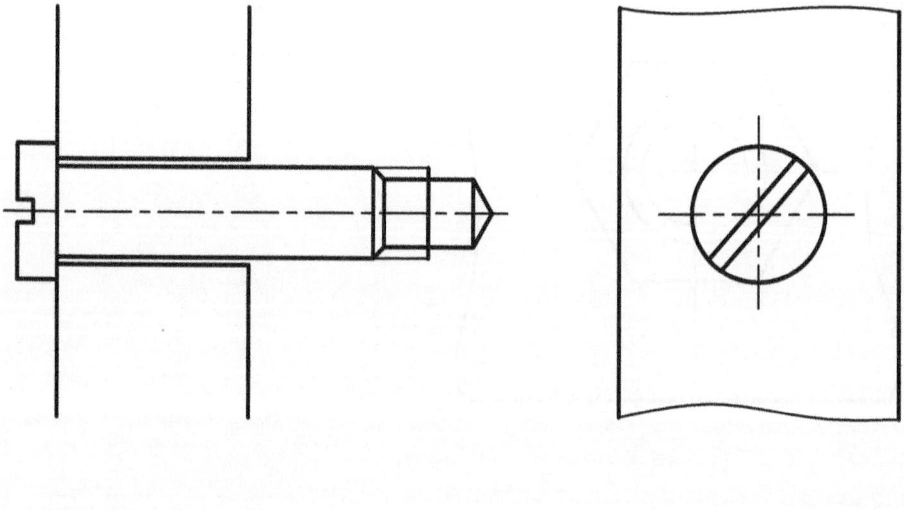

8-7 检查螺纹紧固件连接图中的各种错误，并在右边画出正确画法

1. 螺栓连接

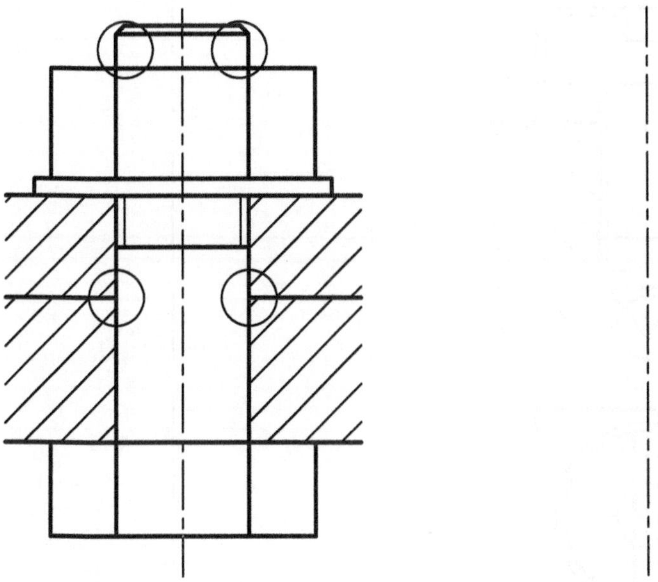

2. 螺柱连接

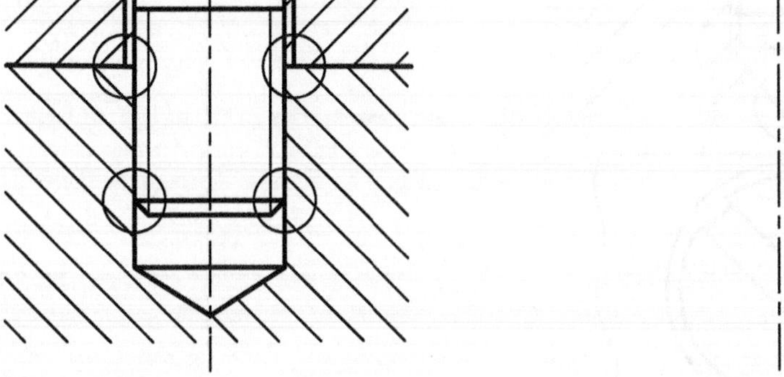

班级________姓名________学号________

8-7 （续）

3. 圆柱头一字槽沉头螺钉

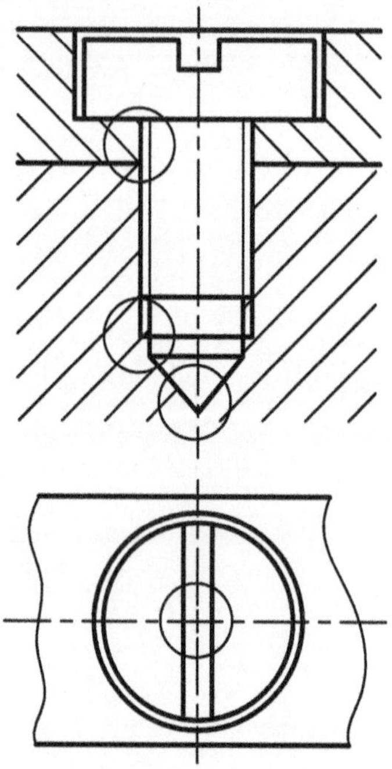

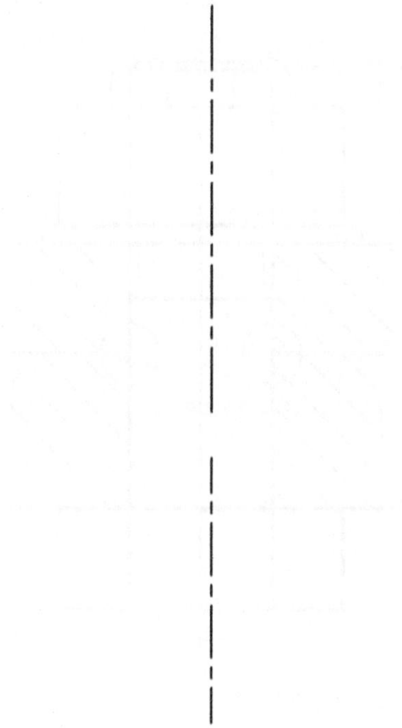

4. 圆锥头一字槽沉头螺钉

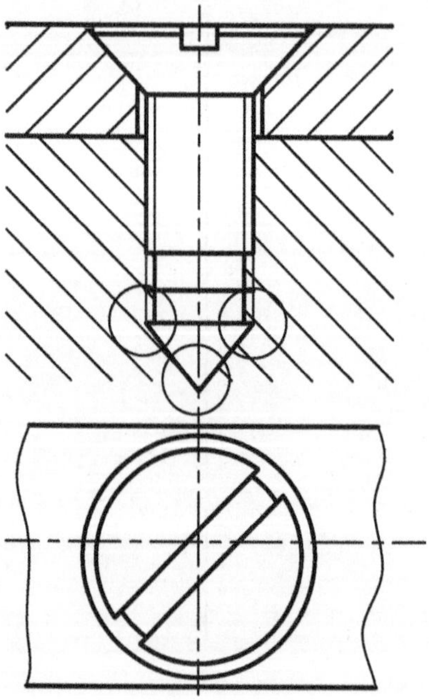

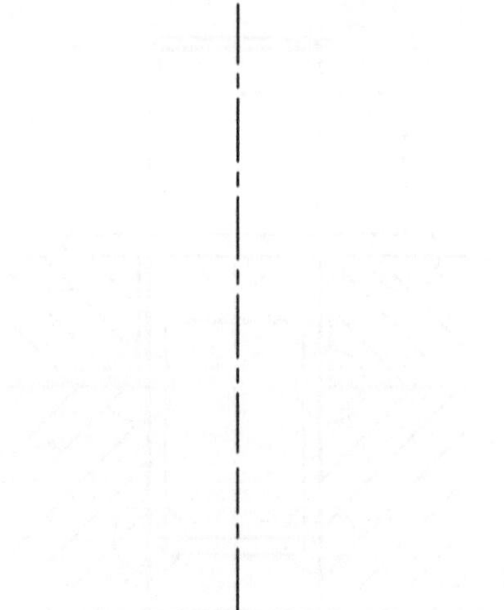

8-8 用A型普通平键连接已知齿轮和轴，键的规定标记为：键 12×40 GB/T1096-2003，试完成下列三道作图题

1. 查表画出轴上键槽结构

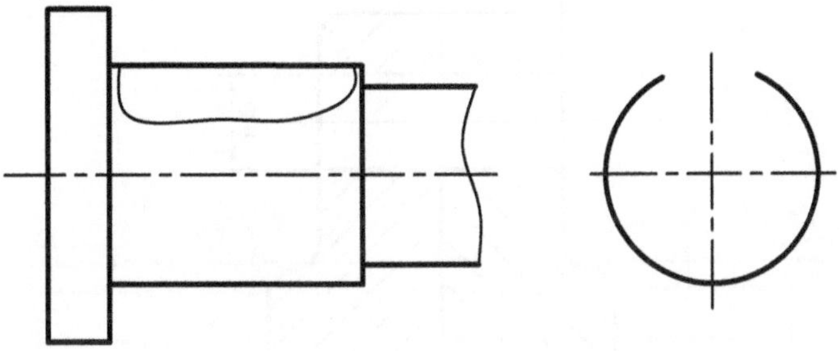

2. 查表画出齿轮上键槽结构

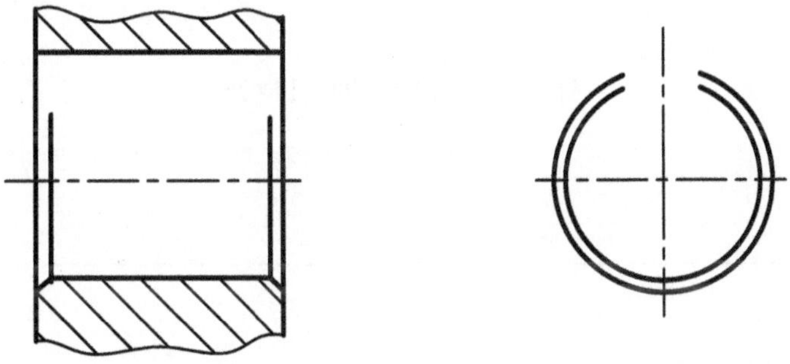

3. 画出键联接图

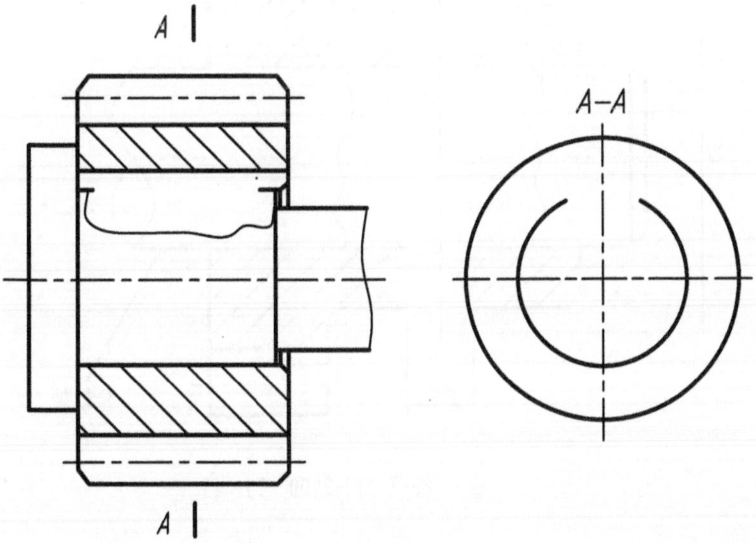

班级________ 姓名________ 学号________

8-9 根据已知条件，画出圆柱销、圆锥销的连接图

1. 圆柱销定位

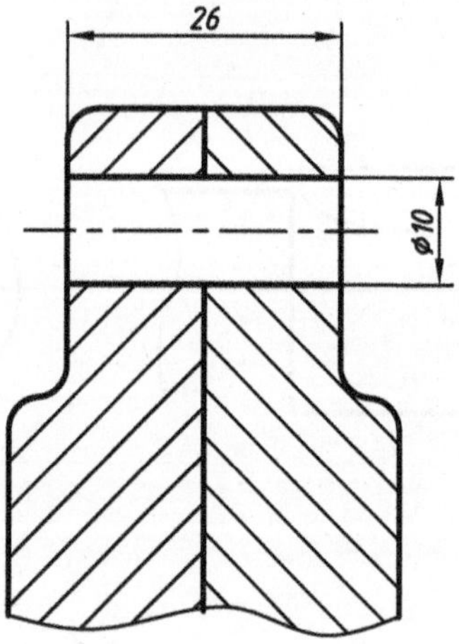

销 GB/T 119.1-2000 10×26

2. 圆锥销联接

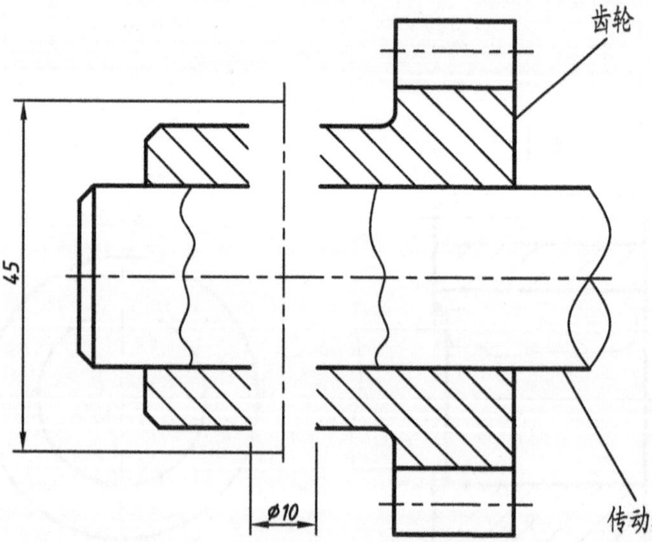

销 GB/T 117-2000 10×45

8-10 已知一直齿圆柱齿轮，m=3，Z=20，试计算其主要尺寸，并用简化画法画全齿轮的两个视图，标注尺寸，其中倒角均为C1

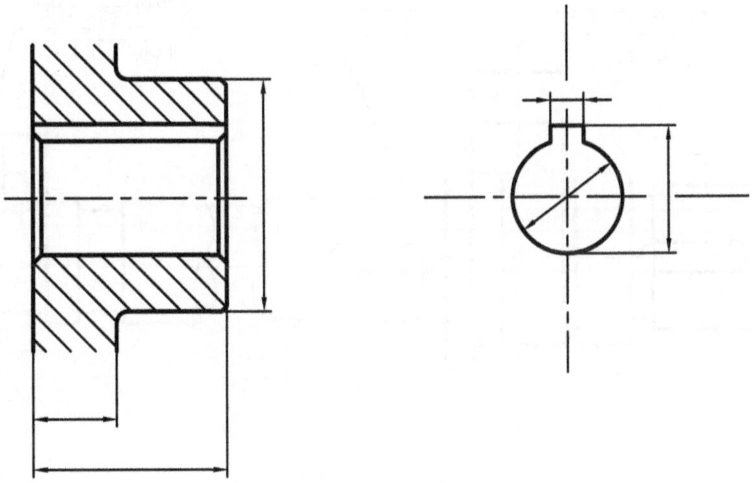

8-11 已知一对平板直齿圆柱齿轮啮合，模数为3，齿数都是23，试计算其主要尺寸，并用简化画法画出两齿轮啮合的两个视图

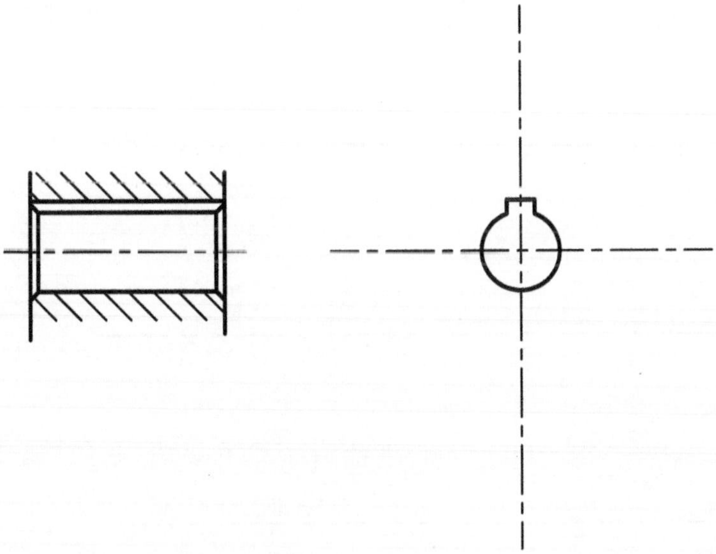

班级________ 姓名________ 学号________

8-12 已知阶梯轴上装配轴承处的直径分别为25mm和15mm，试用简化画法1∶1画出支承处的滚动轴承

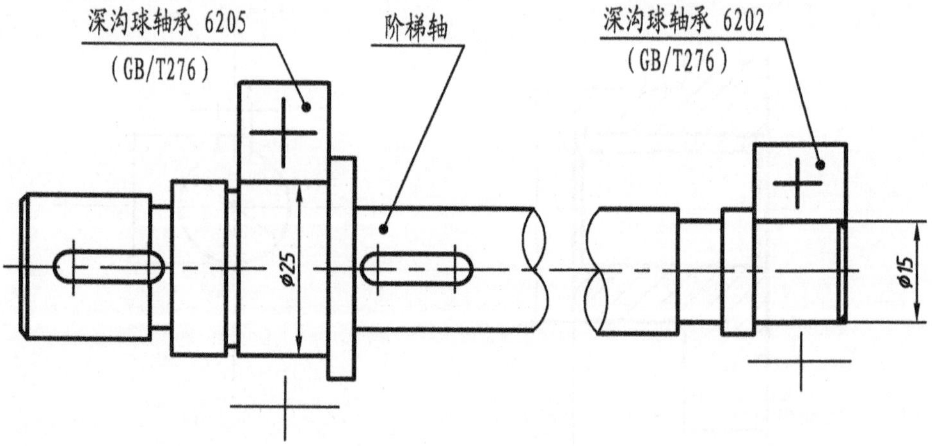

8-13 已知圆柱螺旋压缩弹簧的簧丝直径d=5mm，弹簧外径D=55mm，节距t=10mm，有效卷数n=7，支承卷数为2.5卷，右旋。试用1∶1画出弹簧的全剖视图（轴线水平放置）

9-1　将题图右边指定的表面粗糙度符号或代号标注在图中相应的表面上

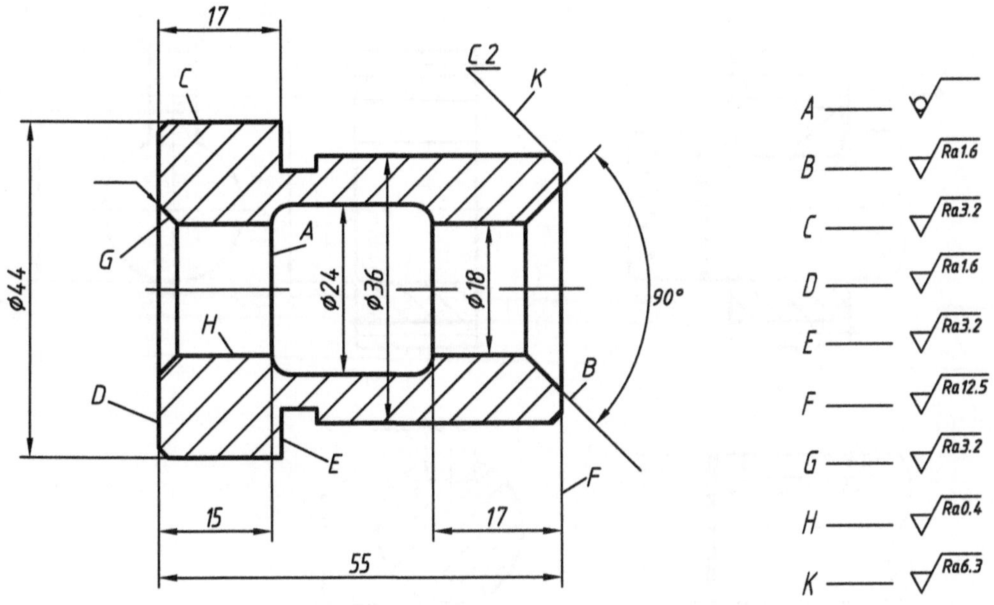

9-2　根据题图所给的配合代号，查表注出各零件配合面的尺寸偏差值并进行标注

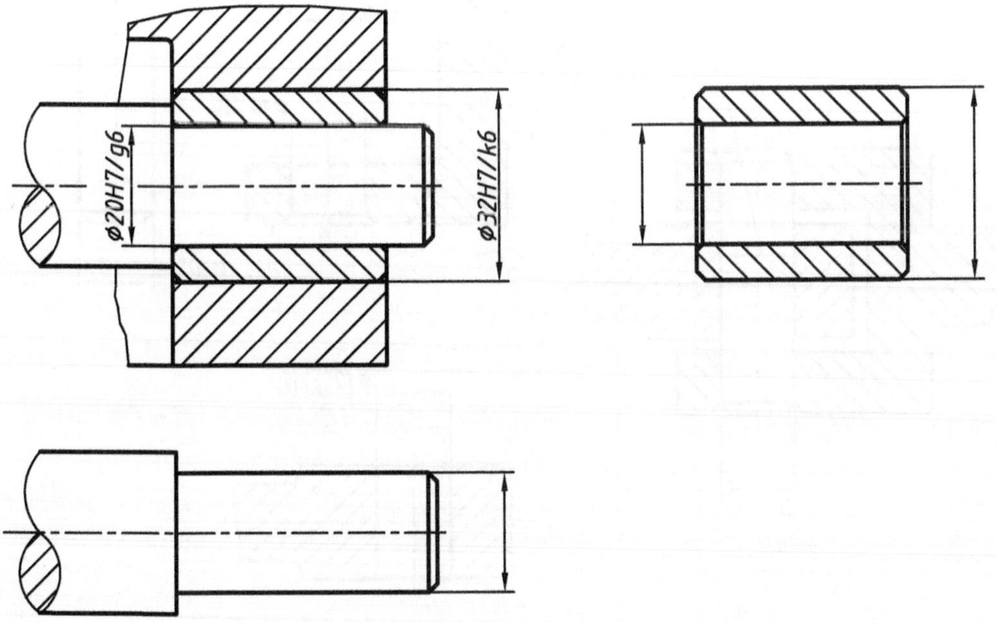

班级________ 姓名________ 学号________

9-3 根据配合代号，查表注出齿轮及轴的配合面尺寸偏差数值（包括键槽的尺寸及其偏差数值）

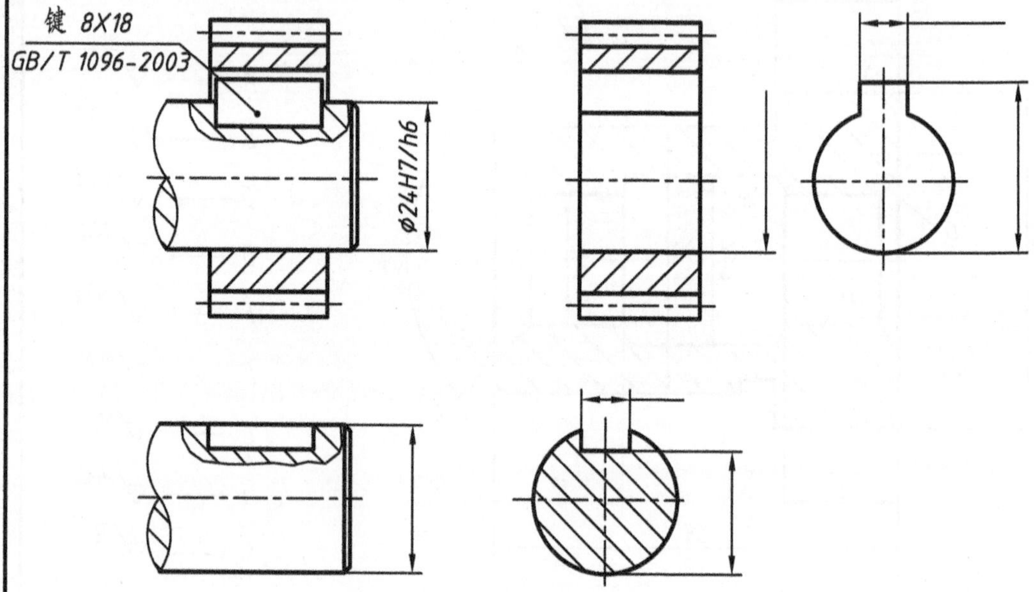

9-4 根据销和孔的偏差数值，查表后确定其在装配图上的配合代号并标注

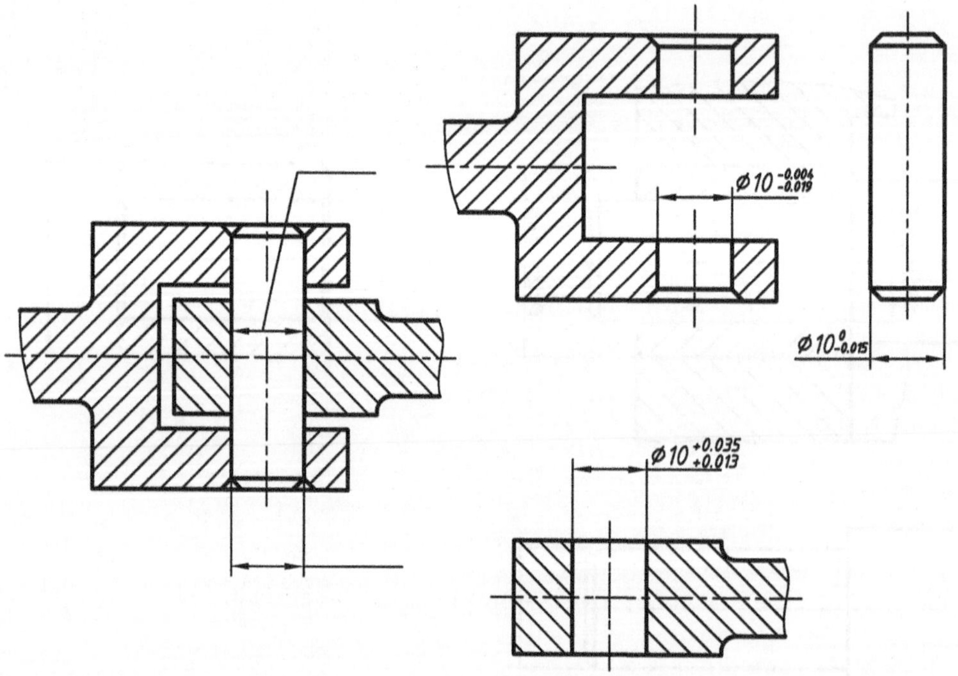

9-5 根据配合代号，查表标注轴和孔的基本尺寸及偏差数值，并在下方空白处填写正确答案

1. 衬套

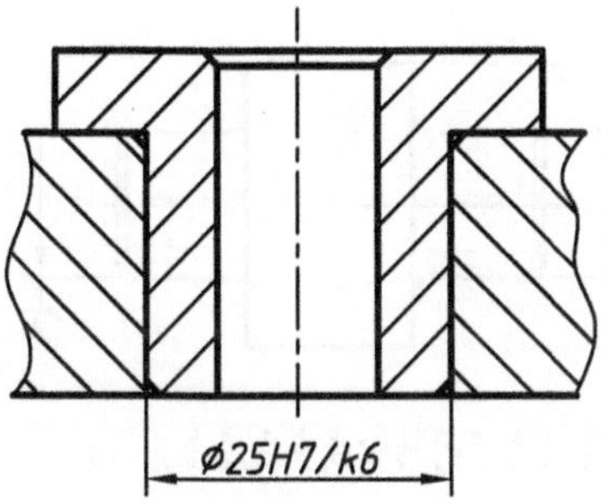

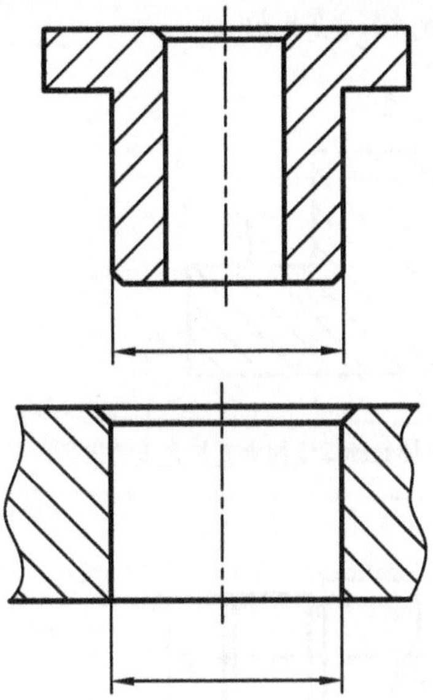

25表示________，H7表示____________，
k6表示__________，孔和轴的配合为
基___制_____配合。

2. 轴承孔及轴

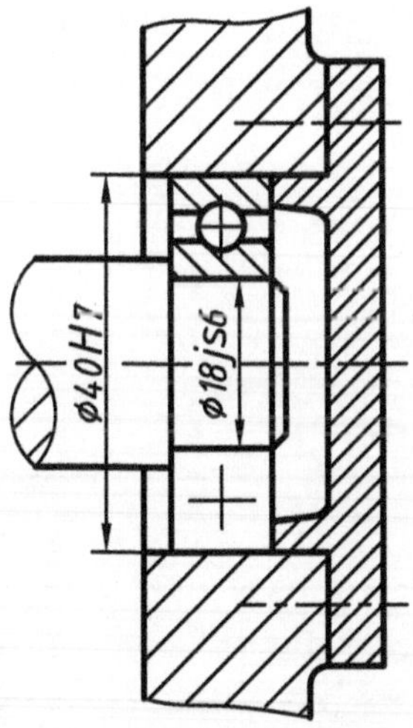

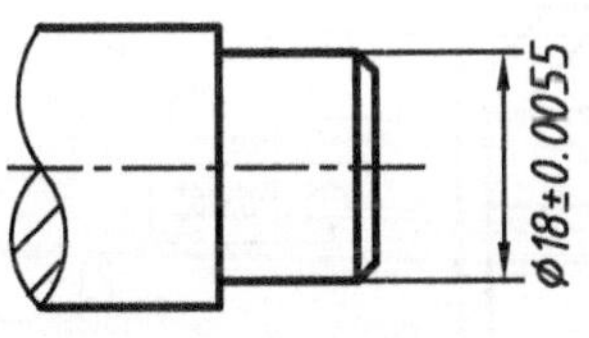

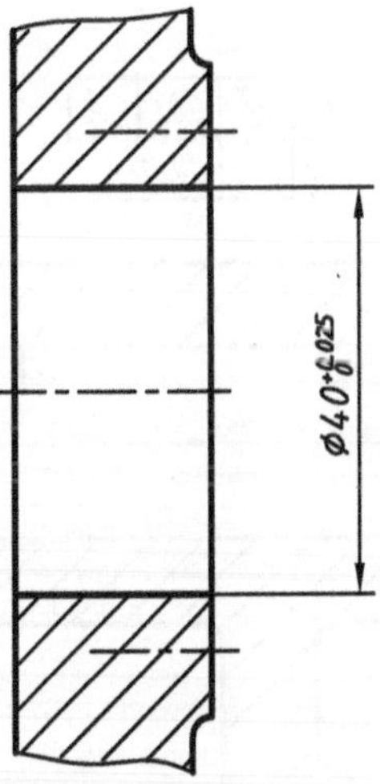

滚动轴承与座孔的配合为_______制，座孔的基本偏差代号为____，公差等级为____；
滚动轴承与轴的配合为_________制，轴的基本偏差代号为_____，公差等级为_____。

班级________姓名________学号________

9-6 试按照要求在图中标注形位公差

1. A面相对于B面的平行度允差为0.02

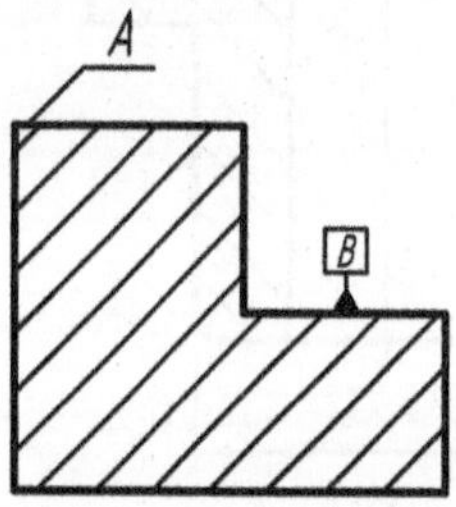

2. 两轴直径为15的轴心线的同轴度允差为0.01

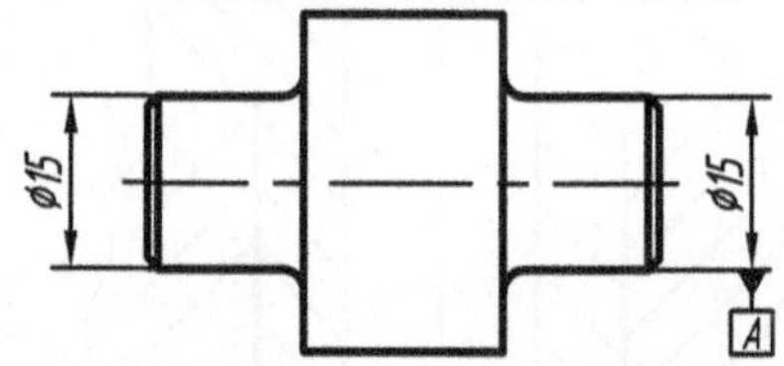

3. 端面A对直径为18的轴心线的垂直度允差为0.02

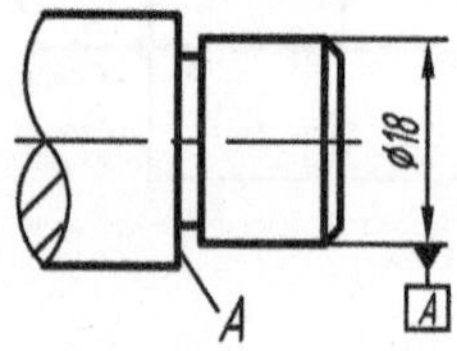

4. 直径为18的轴心线直线度允差为0.03

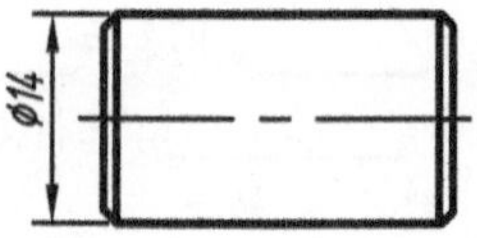

9-7 试用文字说明图中形位公差标注的含义

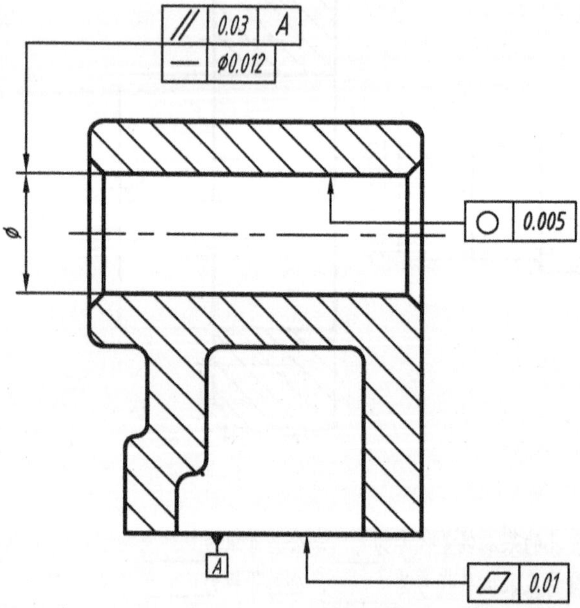

(1)________________________________;

(2)________________________________;

(3)________________________________;

(4)________________________________。

班级______ 姓名______ 学号______

9-8 阅读“齿轮轴”零件图，在指定位置补画A-A移出断面图并标注尺寸，完成下方的填空题，最后运用AutoCAD绘制该图

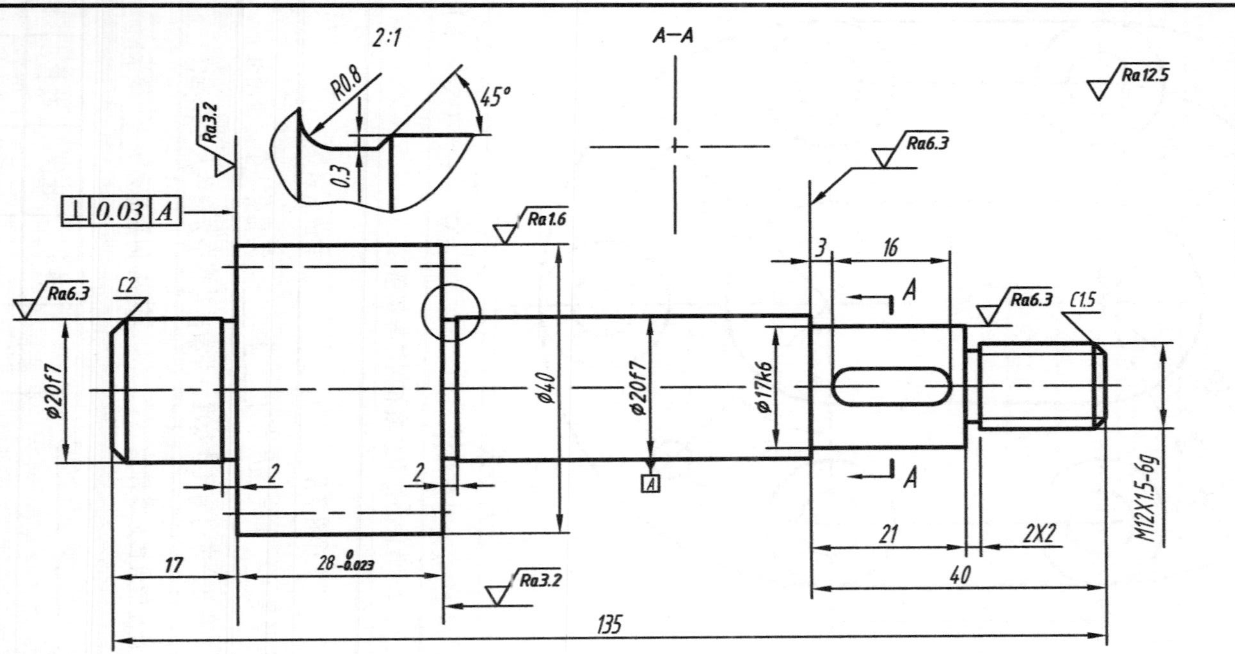

模数	m	2
齿数	z	18
压力角	α	20°
精度等级	8-7-7-FL	
齿厚	3.142	
配对齿轮	图号	6503
	齿数	25

技术要求

1. 调质处理26～31HRC;
2. 锐角倒钝。

填 空:

(1) 零件名称为______，材料为____；图中尺寸ϕ20f7的含义： 20为______， f为________代号，7表示________代号;

(2) 图中M12×1.5-6g的含义： M表示________，1.5为____， 6g为______________代号;

(3) 图中键槽的长度为______，宽度最大为_____，定位尺寸为______，其深度的基本尺寸为_____，公差值为_____;

(4) 齿轮部分的最大长度为______，定位尺寸为______，齿轮的模数为______，齿数为______，分度圆直径为_____;

(5) 图中表面粗糙度要求最高的是________和__________，Ra数值为______微米;

(6) 图中 ⊥0.03 A 的含义是:______________________________。

齿轮轴	件号	比例	数量	材料
		1:2	1	45钢

班级________姓名________学号________

9-9 阅读“泵盖”零件图，完成下方的填空题，最后运用AutoCAD绘制该图

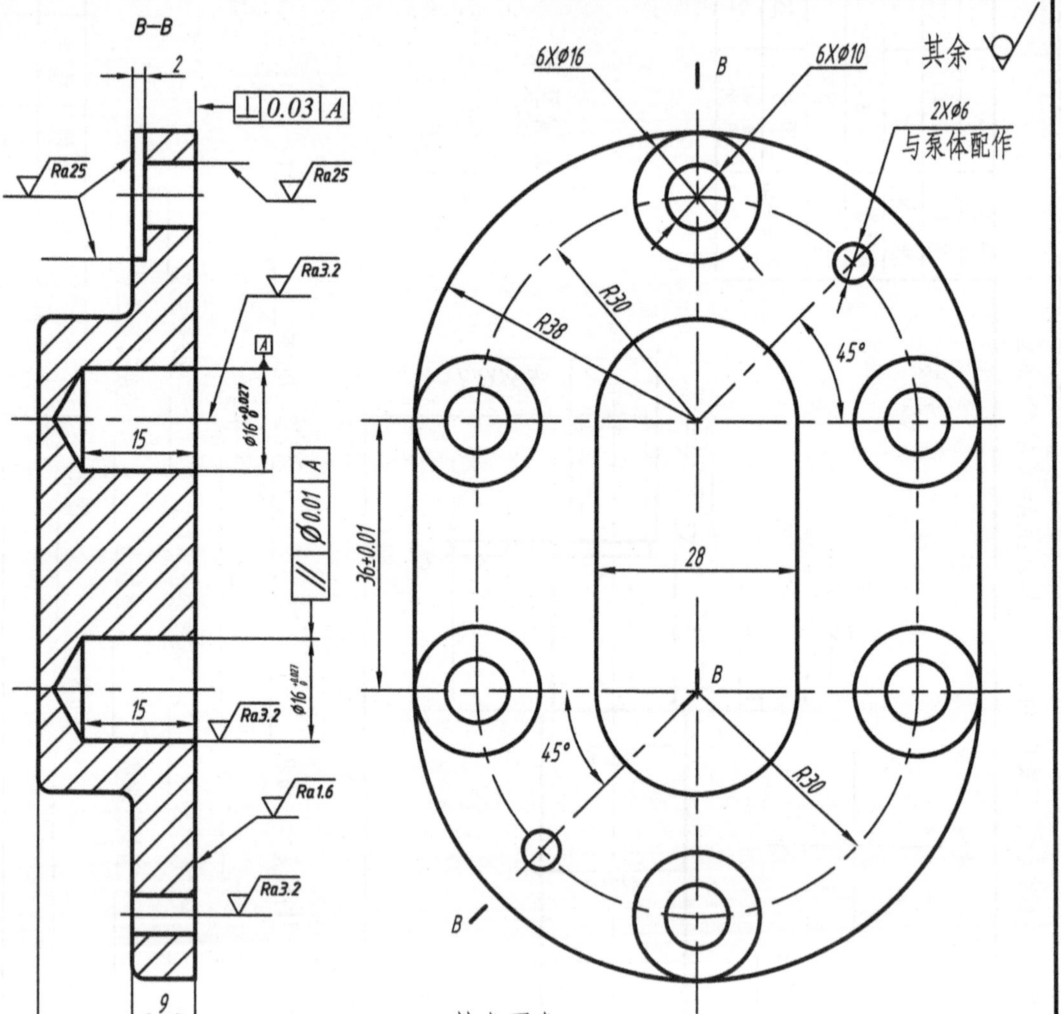

技术要求

1. 未注圆角为$R2$;
2. 铸件不得有沙眼和裂纹等缺陷。

填 空:

(1) 该零件名称是____________，主视图采用____________，它的材料是____________;

(2) 此零件有销孔____个，直径是___，其定位尺寸为___和___; 沉孔有___个，不通孔有___个;

(3) 用指引线标出零件长、宽、高三个方向的尺寸基准，并指出是哪个方向的尺寸基准;

(4) 此零件上表面粗糙度要求最高的表面是零件的________，其Ra的数值为______微米;

(5) 两处形位公差类型分别是________和________;

(6) 图中未注的圆角尺寸为________。

泵盖	件号	比例	数量	材料
		1∶2		HT 200

9-10 阅读“支架”零件图，完成下方的填空题，最后运用AutoCAD绘制该图

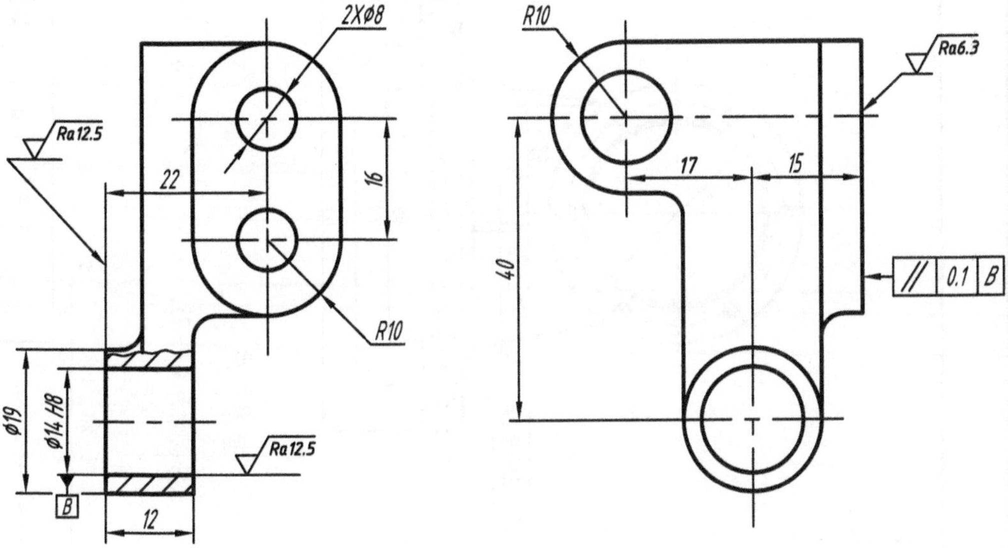

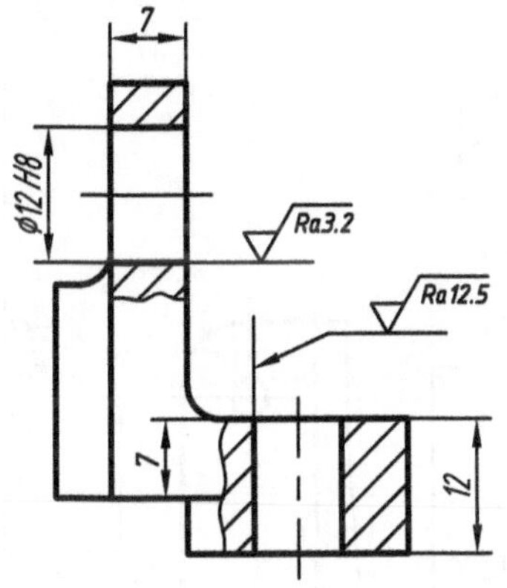

技术要求

1. 未注铸造圆角均为$R3$;
2. 锐边去除毛刺;
3. 铸件不得有气孔、夹砂。

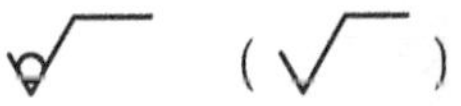

填 空:

（1） 该零件名称是_____，主视图突出表达了安装部分，并采用___________表达尺寸为_____轴孔;

（2） 零件上有___个直径为8的_____，其定位尺寸为___及___，其表面粗糙度*Ra*数值为_____微米;

（3） 用指引线标出零件长、宽、高三个方向的尺寸基准，并指出是哪个方向的尺寸基准;

（4） 该零件毛坯是用_____方法生产的，故其上转折处都用尺寸为_____圆角过渡;

（5） 图中形位公差 [// | 0.1 | B] 的基准是______孔的轴线，被测要素是零件的________;

（6） 支架上表面粗糙度要求最高的是_________内孔表面和__________的内孔表面。

支架	件号	比例	数量	材料
		1:1	1	*HT*150

9-11 阅读“座体”零件图，完成下方的填空题，最后运用AutoCAD绘制该图

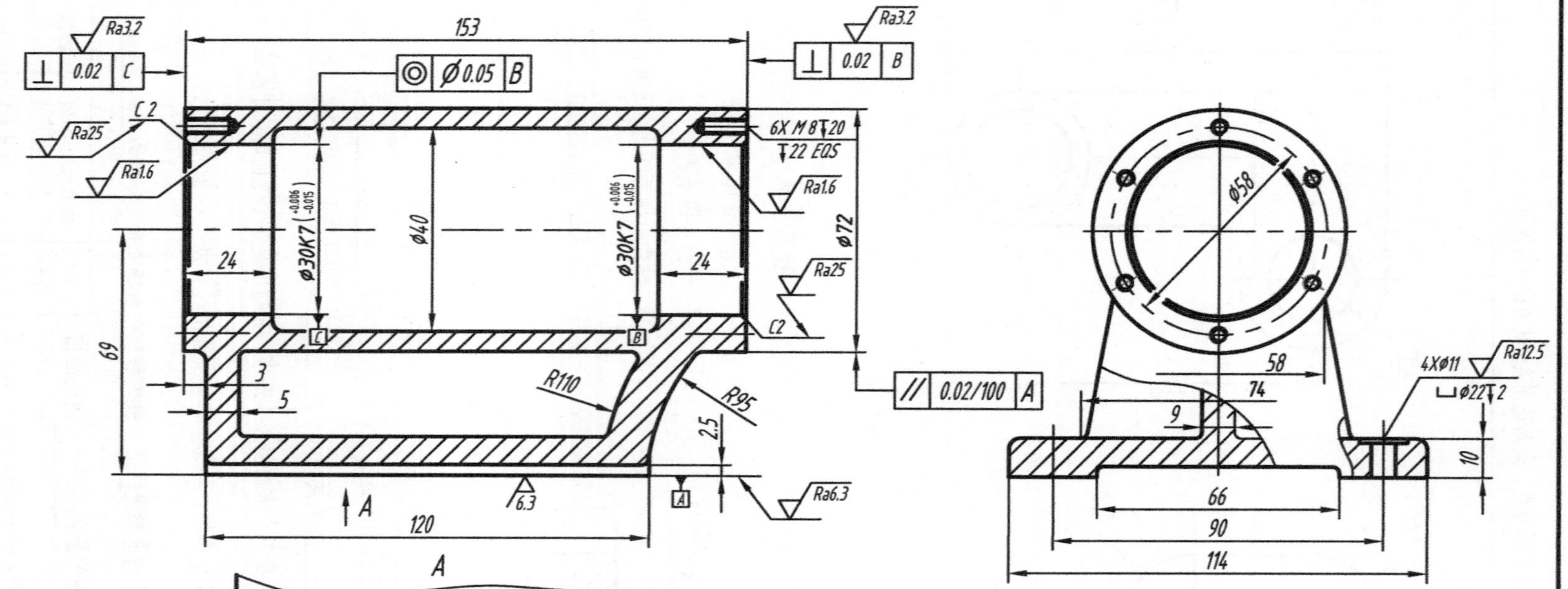

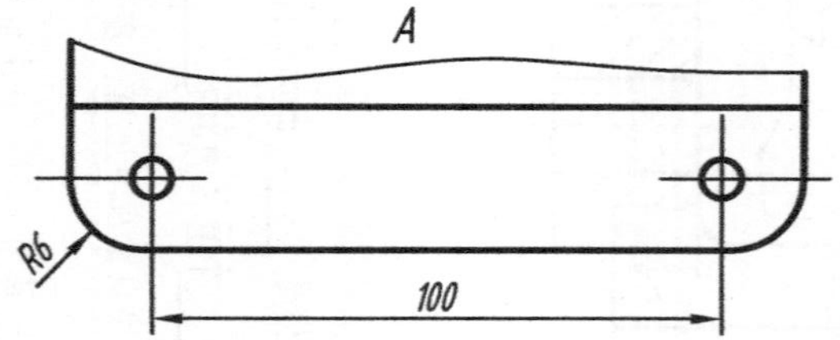

技术要求

未注圆角为$R3 \sim R5$。

( )

填 空:

(1) 零件采用了________、________和________，分别表达________、________及________和________；

(2) 零件材料为______，名称为______；图中$\phi 30K7$的含义为：30是________，$K7$是________；

(3) 底座孔的定位尺寸为____、____，定形尺寸为____；座体总体尺寸长、宽及高为____、____及____。

座 体	件号	比例	数量	材料
		1:2	1	HT200

10-1 阅读“弹性支承”装配图，并回答问题

1. 工作原理：

（1）弹性支承的功能是自动调节支承高度；

（2）支承柱4由于弹簧2的作用能上下浮动，调整螺钉，可调节弹簧力的大小，支承帽7能复位，故部件工作时可根据支承力的大小上下浮动和复位。

2. 回答问题：

（1）零件6的作用是什么？

（2）零件5的作用是什么？

（3）零件1的作用是什么？

（4）图中Ø18H8/f9形成何种配合，为何这样选择？

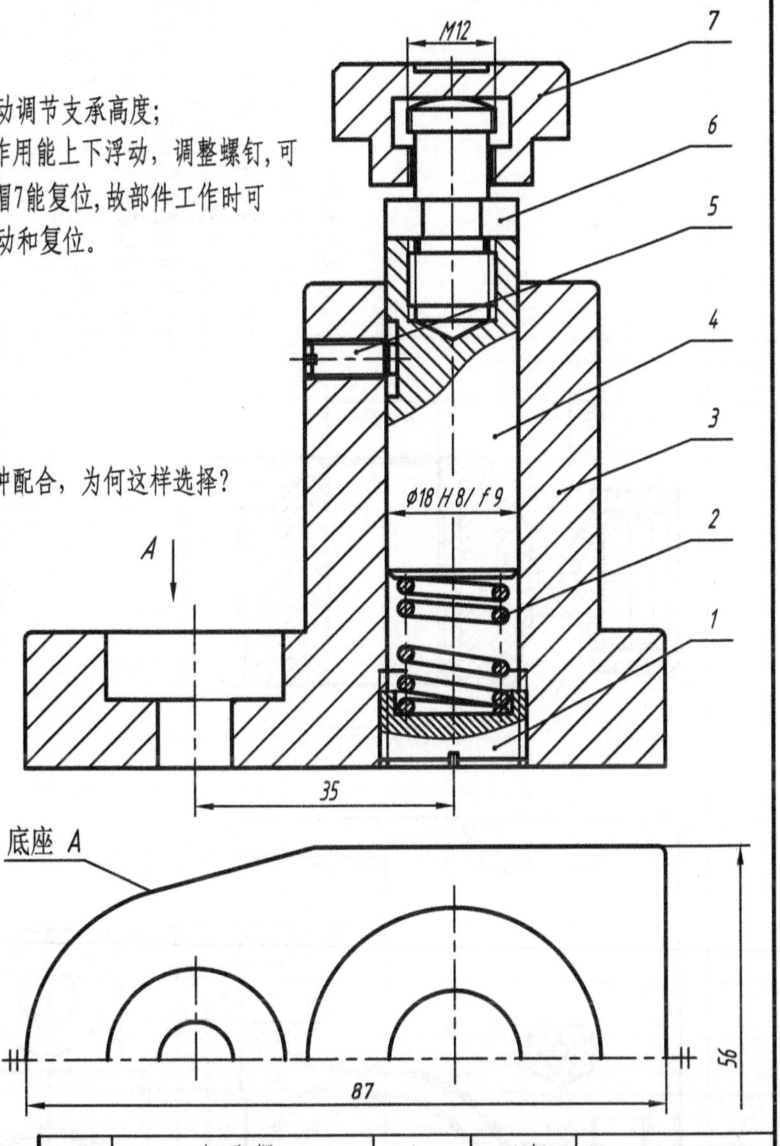

7	支承帽	1	45钢	
6	顶 丝	1	45钢	
5	螺钉M6×12	1	Q235A	GB/T 75-2000
4	支承柱	1	45钢	
3	底 座	1	HT200	
2	弹 簧	1	65Mn	
1	调整螺钉	1	35钢	
序号	名 称	数量	材 料	备 注

弹性支承		比例	1:1	共 张	第 张
制图	（姓名）	（时间）	（单位名称）		
审核					

班级________ 姓名________ 学号________

10-2 阅读“滑动轴承”装配图，并回答问题

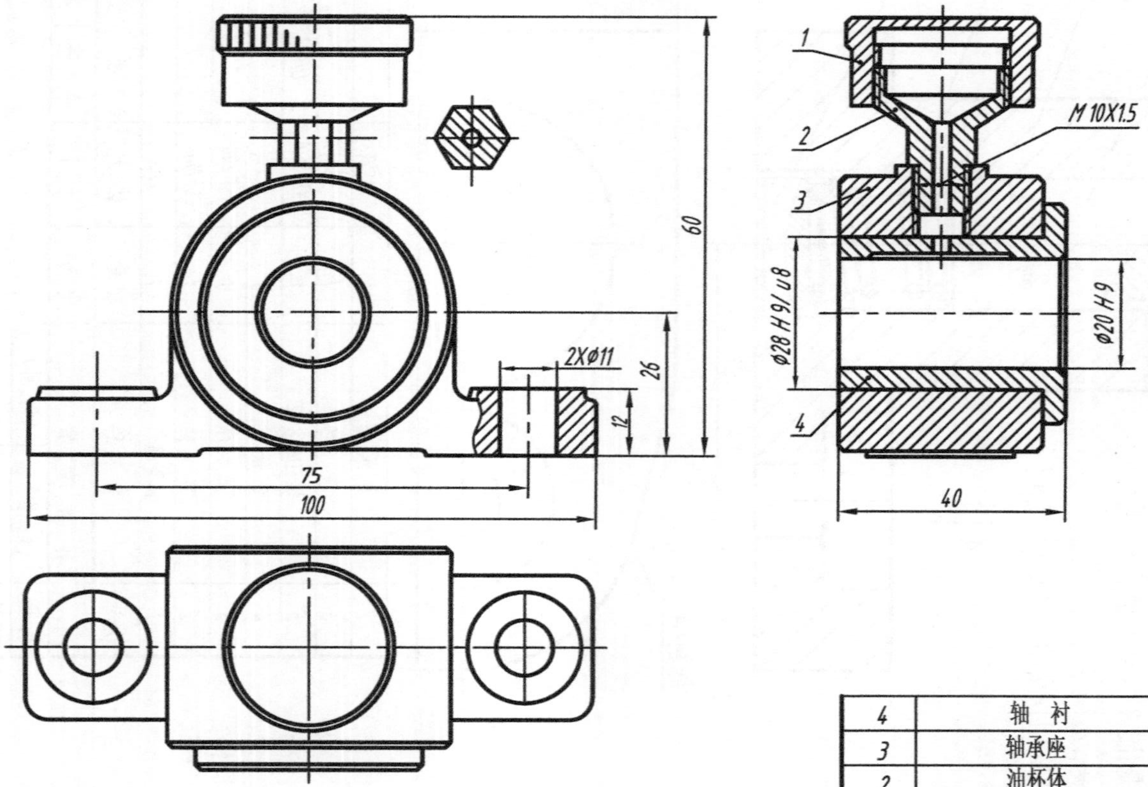

回答问题：

（1）该装配体共有几种零件？

（2）主视图采用什么剖视？

（3）左视图采用什么剖视？

（4）主视图左边的六边形是什么图形？

（5）如何在装配结构中加入润滑油？

（6）滑动轴承的安装尺寸是什么？

（7）滑动轴承的总体尺寸是什么？

工作原理：

滑动轴承是支承轴系的一个部件，轴伸进轴衬的轴孔中并在其中转动；油杯中的油通过油杯轴承座和轴衬的通孔，逐渐到达轴衬上的油槽，润滑轴衬和轴的接触面，使轴在转动时不断得到润滑。

4	轴衬		1	ZCuSn5Pb5Zn5		
3	轴承座		1	HT200		
2	油杯体		1	65Mn		
1	油杯盖		1	35钢		
序号	名称		数量	材料	备注	
滑动轴承			比例	1:1	共 张	第 张
制图	（姓名）	（时间）	（单位名称）			
审核						

参 考 文 献

林晓新. 2003. 工程制图习题解. 北京：机械工业出版社.

刘力，等. 2008. 机械制图习题集. 北京：高等教育出版社.

王冰. 2007. 工程制图习题集. 北京：高等教育出版社.

王兰美. 2004. 机械制图习题解答. 北京：高等教育出版社.

王巍. 2002. 机械工程图学学习辅导系统. 北京：机械工业出版社.

杨利明. 2007. 工程制图. 西安：西安电子科技大学出版社.

叶时勇. 2001. 机械制图习题解答. 天津：天津大学出版社.

左晓明. 2006. 工程制图习题解答. 北京：机械工业出版社.